全国高等学校外语教师丛书·教

职业口译教学与研究

Professional Interpreting: Teaching, Learning and Researching

刘和平 著

外语教学与研究出版社
FOREIGN LANGUAGE TEACHING AND RESEARCH PRESS
北京 BEIJING

图书在版编目 (CIP) 数据

职业口译教学与研究 / 刘和平著 . —— 北京：外语教学与研究出版社，2016.12
(2019.7 重印)
(全国高等学校外语教师丛书 . 教学研究系列)
ISBN 978-7-5135-8459-3

Ⅰ . ①职… Ⅱ . ①刘… Ⅲ . ①口译－教学研究 Ⅳ . ①H059

中国版本图书馆 CIP 数据核字 (2017) 第 019234 号

出 版 人　徐建忠
项目负责　段长城
责任编辑　毕　争
封面设计　锋尚设计　天泽润
出版发行　外语教学与研究出版社
社　　址　北京市西三环北路 19 号（100089）
网　　址　http://www.fltrp.com
印　　刷　北京九州迅驰传媒文化有限公司
开　　本　650×980　1/16
印　　张　19.25
版　　次　2017 年 2 月第 1 版 2019 年 7 月第 4 次印刷
书　　号　ISBN 978-7-5135-8459-3
定　　价　70.90 元

购书咨询：(010) 88819926　电子邮箱：club@fltrp.com
外研书店：https://waiyants.tmall.com
凡印刷、装订质量问题，请联系我社印制部
联系电话：(010) 61207896　电子邮箱：zhijian@fltrp.com
凡侵权、盗版书籍线索，请联系我社法律事务部
举报电话：(010) 88817519　电子邮箱：banquan@fltrp.com
物料号：284590101

记载人类文明
沟通世界文化
www.fltrp.com

致　谢

本成果受北京语言大学校级科研项目（中央高校基本科研业务专项资金）资助，项目编号为15HQ04。

目　录

图表目录

总　序

　　"全国高等学校外语教师丛书"是外语教学与研究出版社高等英语教育出版分社精心策划、隆重推出的系列丛书，包含理论指导、科研方法和教学研究三个子系列。本套丛书既包括学界专家精心挑选的国外引进著作，又有特邀国内学者执笔完成的"命题作文"。作为开放的系列丛书，该丛书还将根据外语教学与科研的发展不断增加新的专题，以便教师研修与提高。

　　笔者有幸参与了这套系列丛书的策划工作。在策划过程中，我们分析了高校英语教师面临的困难与挑战，考察了一线教师的需求，最终确立这套丛书选题的指导思想为：想外语教师所想，急外语教师所急，顺应广大教师的发展需求；确立这套丛书的写作特色为：突出科学性、可读性和操作性，做到举重若轻，条理清晰，例证丰富，深入浅出。

　　第一个子系列是"理论指导"。该系列力图为教师提供某学科或某领域的研究概貌，期盼读者能用较短的时间了解某领域的核心知识点与前沿研究课题。以《二语习得重点问题研究》一书为例。该书不求面面俱到，只求抓住二语习得研究领域中的热点、要点和富有争议的问题，动态展开叙述。每一章的写作以不同意见的争辩为出发点，对取向相左的理论、实证研究结果差异进行分析、梳理和评述，最后介绍或者展望国内外的最新发展趋势。全书阐述清晰，深入浅出，易读易懂。再比如《认知语言学与二语教学》一书，全书分为理论篇、教学篇与研究篇三个部分。理论篇阐述认知语言学视角下的语言观、教学观与学习观，以及与二语教学相关的认知语言学中的主要概念与理论；教学篇选用认知语言学领域比较成熟的理论，探讨应用到中国英语教学实践的可能性；研究篇包括国内外将认知语言学理论应用到教学实践中的研究综述、研究方法介绍以及对未来研究的展望。

　　第二个子系列是"科研方法"。该系列介绍了多种研究方法，通常是一本书介绍一种方法，例如问卷调查、个案研究、行动研究、有声思维、语料库研究、微变化研究和启动研究等。也有的书涉及多种方法，综合描述量化研究或者质化研究，例如：《应用语言学中的质性研究与分析》《应用语言学中的量化研究与分析》和《第二语言研究中的数据收集方法》等。凡入选本系列丛书的著作人，无论是国外著者还是国内著者，均有高度的读者意识，乐于为一线教师开展教学科研服务，力求做到帮助读者"排忧解难"。例如，澳大利亚安妮·伯恩斯教授撰写的《英语教学中的行动研究方法》一书，从一线教师的视角，讨论行动研究的各个环节，每章均有"反思时刻""行动时刻"等新颖形式设计。同时，全书运用了丰富例证来解释理论概念，便于读者理解、思考和消化所读内容。凡是应邀撰写研究方法系列的中国著作人均有博士学位，并对自己阐述的研究方法有着丰富的实践经验。他们有的运用了书中的研究方法完成了硕士、博士论文，有的采用书中的研究方法从事过重大科研项目。以秦晓晴教授撰写的《外语教学问卷调查法》一书为例，该书著者将系统性与实用性有机结合，根据实施问卷调查法的流程，系统地介绍了问卷调查研究中问题的提出、问卷项目设计、问卷试测、问卷实施、问卷整理及数据准备、问卷评价以及问卷数据汇总及统计分析方法选择等环节。书中各个环节的描述都配有易于理解的研究实例。

　　第三个子系列是"教学研究"。该系列与前两个系列相比，有两点显著不同：第一，本系列侧重同步培养教师的教学能力与教学研究能力；第二，本系列所有著作的撰稿人主要为中国学者。有些著者虽然目前在海外工作和生活，但他们出国前曾在国内高校任教，也经常回国参与国内的教学与研究工作。本系列包括《英语听力教学与研究》《英语写作教学与研究》《阅读教学与研究》《口语教学与研究》《翻译教学与研究》《职业口译教学与研究》等。以《英语听力教学与研究》一书为例，著者王艳博士拥有十多年的听力教学经验，同时听力教学研究又是她博士论文的选题领域，这本书浓缩了她多年来听力教学与听力教学研究的宝贵经验。全书分为两部分：教学篇与研究篇。教学篇中涉及了听力教学的各个重要环节以及学生在听力学习中可能碰到的困难与应对的办法，所选用的案例均来自著者课堂教学的真实活动。研究篇中既有著者的听力教学研究案例，也有著者从国内外文献中筛选出的符合中国国情的听力教学研究案例，综合在一起加以分析阐述。

    教育大计，教师为本。"全国高等学校外语教师丛书"内容全面，出版及时，必将成为高校教师提升自我教学能力、研究能力与合作能力的良师益友。笔者相信本套丛书的出版对高校外语教师个人专业能力的提高，对教师队伍整体素质的提高，必将起到积极的推动作用。

文秋芳

北京外国语大学中国外语教育与研究中心

2011 年 7 月 3 日

前　言

根据《教育部关于公布 2005 年度教育部备案或批准设置的高等学校本科专业结果的通知》，"翻译"专业获得批准，广东外语外贸大学、复旦大学和河北师范大学等三所高校自 2006 年开始试办翻译本科专业。截止到 2015 年底，除了将翻译作为一门课程或作为一个专业方向外，全国已有 196 所高校设置翻译本科专业并已招生培养。2007 年国务院学位办批准设立翻译专业硕士学位（Master of Translation and Interpreting, MTI），全国已有 205 所高校开设了翻译专业硕士[1]，包括汉英、汉法、汉日、汉俄、汉韩、汉德等 6 个方向，分设口译或笔译。上海外国语大学 2003 年率先在国内设立翻译学二级学科，招收翻译学硕士和博士研究生，这是中国翻译学科发展进程中的重要历史事件，也是翻译学学科建设的重大成果。截止到 2015 年，全国五所学校[2] 在外国语言文学一级学科下设立了翻译学二级学科。据统计，1992-2013 年全国范围内完成翻译学和翻译研究方向相关研究的博士论文近 700 篇，其中 3 篇获得全国百优博士论文（穆雷、邹兵，2014：14-18）。翻译学科建设、翻译教育和职业培训随着中国经济社会的进步得到空前发展。

《中国翻译服务业分析报告 2014》（以下简称《报告》）[3] 显示，中国大陆地区目前以翻译或本地化服务为主营业务或主营业务之一的企业为 5,287 家，其中 70% 位于北京、上海、广东、江苏、湖北等五个省市区。截至 2013 年底，在 64% 的翻译服务企业中，中译外业务量占业务总量的一半以上，明显高于外

1　编校时期该数据已有变化，最新数据如下：截止到 2016 年底，除了将翻译作为一门课程或作为一个专业方向外，全国已有 233 所高校设置翻译本科专业并已招生培养；有 215 所高校开设了翻译专业硕士，包括汉英、汉法、汉日、汉俄、汉韩、汉德、汉西等方向，分设口译或笔译。

2　上海外国语大学、广东外语外贸大学、北京外国语大学、武汉大学和北京语言大学。

3　中国译协网，2015，中国翻译服务业分析报告，http://www.china.org.cn/chinese/catl/2015-06/04/content_35737213.htm（2015 年 9 月 28 日读取）。

译中。《报告》还发现，96% 以上的全职员工拥有大学本科及以上学历，其中拥有硕士及以上学历的员工占 32%，但约一半的全职人员薪酬水平却在社会平均工资水平及以下。《报告》针对以上问题提出了以下建议：第一，鼓励行业创新和创新成果的推广应用；第二，建立翻译服务企业资质评估体系；第三，大力培养多元化人才队伍，提升行业地位。由此看来，高端语言服务人才匮乏、中译外人员短缺、具有一定专业知识和能力的译者严重不足等成为翻译教育亟待关注和解决的重要问题。

应该说，中国的翻译教育遇到前所未有的发展机遇，但挑战与机遇并存。外文局前副局长黄友义在一次暑期教师培训班致辞中指出，"近年来，我国翻译学科建设取得了历史性的突破和发展，特别是随着大学本科翻译专业、翻译学硕士、翻译学博士以及翻译专业硕士学位教育的创立，培养学术型翻译与翻译研究人才和培养应用型翻译人才的完整翻译教育体系已在我国基本建立起来。然而相对来说，训练有素的专业化的翻译师资队伍却普遍匮乏，这已成为制约和影响翻译学科发展的瓶颈和突出问题。培育高素质翻译师资队伍是翻译学科健康发展的基础和前提，也是翻译事业健康发展的基础和前提。"实际上，不管是用人市场缺人，还是所提供的人才与需求不吻合，都说明了师资队伍存在不同程度的问题。在中国高校教授翻译的教师大多为语言学或文学背景，其中相当一部分人不仅没有任何职业翻译实践经验，也没有接受过任何专门的翻译教学法培训，翻译课无非是语言教学的名称更替。另外，由于种种客观原因，教学班学生人数不断增长，知识类课程几十人一个班的现象已司空见惯，而技能训练课程上百人一个班的现象也非常普遍，翻译能力培养完全让位于知识传授。抛开笔译教学的种种问题，笔者见过超过百人的同声传译学习班，也曾观察过逐字逐句教授交替传译／同声传译的场景，教师在课堂上不是组织学生之间、师生之间的互动训练，而是围绕语法或词汇侃侃而谈，词汇或语法讲解充斥整个翻译课堂。穿新鞋走老路、换汤不换药、语言教学替代翻译教学，这在诸多学校成为不争的事实。

按照传统理念，外语学习包括听、说、读、写、译，这意味着学习外语就是学习翻译，懂外语就会翻译，口语好则可以做口译。虽然翻译专业本科和翻译专业硕士在设立前已经过了专家长时间的反复论证，但对很多语言教师而言，翻译专业与外语专业似乎不存在本质区别。与此同时，中文的"教学"不知道从什么时候开始成为一个单词，不再是"教"和"学"两个概念，甚至在不同程度上用"教"替代了"学"。那么，职业口译与语言教学中的"口语"和"口译"有何不同？如何教授职业口译？如何真正做到"以学生为中心、以实践为抓手、以职业口译能力不断提高为目标"？口译需要什么样的教材？高校培养"万金油"职业口译员还是专业译员？如何处理口译课程难度与学生母语和外语语言水平的关系？诸多困扰一线教师的问题需要得到澄清，以保证教学目标清晰、内容合理、方法到位、结果令社会满意。

近年来，不少专家学者对以上问题陆续给出了自己的答案，口译与教学研究方面的书籍也不断问世，尤其是英汉和汉英口译教材不断推陈出新。在此情况下，笔者为什么还要撰写这本口译教学与研究的专著呢？主要原因有以下三点：

第一，众所周知，按照全国翻译专业硕士（MTI）学位教育指导委员会和教育部翻译本科专业协作组的要求，承担专业实践教学任务的教师必须具备丰富的口笔译实践经验，即需要翻译任课教师实践、教学、科研三者兼而有之，这一要求对很多年轻教师来说确实偏高偏难，可谓"心有余而力不足"。我本人 30 多年来始终在口笔译实践一线，同时从事口笔译教学工作，因此想试着将口译实践与教学实践结合在一起探讨口译教学法，从一定的理论高度审视和分析口译实践与教学实践，思考结果也许会为缺乏实践经验的教师提供一些有参考价值的想法或思路。

第二，已经出版的教材可以分为两大类，一类是以传统理念为基础设计的，延续着语言学或比较文学的一些概念和原则，例如早期的语法词汇比较与转换、文体与翻译等；另一类是以主题为线，厚厚的教材不乏丰富的（音像转写）练习材料。在这些教材中，口译能力的训练和培养主线并不突出。少数教材即使以口译技能为主线，教学目标、内容、过程、手段和评价标准尚不分明，可操作性有待商榷。本书不是传统意义上的教材，而是一定意义上的"教学手册"，或称口译课程的"教师用书"。

第三，现在的大学教师面临着愈发沉重的科研压力，将口译教学与口译研究相结合开展口译教学研究成为教师必须面对的课题。如何从口译教学中发现问题并进行思考，如何将研究成果运用于口译教学，这是作者撰写本书的重要动力之一。

应该说，口译教学目标的实现有明显的阶段性，确定口译能力的分级发展，了解其阶段特征，根据认知心理发展规律设计口译教学大纲势在必行。笔者分别在 2001 年和 2005 年撰写出版了《口译技巧——思维科学与口译推理教学法》及《口译理论与教学》，但当时主要针对的还是外语专业的口译教学，推出的交替传译教学大纲和课程是以 72 课时为基础设计的。而在口译专业教学经验和研究基础上撰写一部从口译能力发展研究出发，涵盖交替传译、视译、同声传译等新形式的口译教学法书籍成为作者与外研社的共识。本书意在抛砖引玉，以此契机与同行交流教学经验和相关思考，为促进不同层次、不同类型的口译教学与研究发展贡献绵薄之力。

慕课或微课程受到热捧后，我也查看了一些学校网站上的相关课程，几乎都还是知识型课程，能力训练课程甚少。应该说，能力提高和训练类课程很难完全依赖网络教学实现。口译课的微课程形式只能成为"指导性"课程，大量的训练还有赖于师生和学生之间的互动，学生口译能力的培养更需要大量的实践和实战方能奏效。

翻译学研究属于人文学科，人文学科的基础是认识论，而认识论的基础是哲学。讲哲学离不开逻辑思维，而逻辑思维的核心是思辨能力。培养学生的双语、双文化能力特别是跨文化思辨能力是口译教学的基础。翻译学研究对象应该是译者或译员，同时研究其翻译的过程和产品。一旦涉及人，心理学和认知学是必不可少的。鉴于《口译教育的基本建构：课程与测试》[1]对口译课程与测试有比较详细的阐述和研究，本书主要借鉴心理学、认知心理学、二语习得理论和翻译理论等研究成果，介绍并重点讨论教学模式和教学方法，通过系统和具体的阐述，让读者了解口译教育的基本原则，口译能力的发展过程、特征、常见问题与解决方法，并借助具体实例对口译教学法进行思考。笔者力争在语言表述上做到理论陈述简洁明快、实践描述易读易懂。

1　David B. Sawyer, *Fundamental Aspects of Interpreter Education, Curriculum and Assessment*，该书于 2011 年 3 月由上海外语教育出版社出版。

全书共分两大部分："口译教学篇"和"口译教学研究篇"。

"口译教学篇"包括四章：第一章"外语教学与口译教学"重点讨论两者的区别，通过对比进一步明确两者的性质和任务。第二章"口译职业与口译市场"介绍国际国内口译职业发展趋势，阐述职场对口译人员的要求，从而进一步梳理职业口译的教育目标。第三章"职业口译能力与发展特征"从口译能力的定义和构成入手，阐述其发展特征，并将汉外交替传译、视译、同声传译等切分成不同阶段，描述各个阶段的教学重点。第四章"职业口译教学法"集中阐述口译教学的特殊性，其原则、过程、形式、方法、难点与对策，并针对不同类型、不同对象的口译教学法进行思考。

"口译教学研究篇"由三章组成：第五章"口译理论研究现状与趋势"介绍国内外口译研究主要成果，从 Daniel Gile 教授在 *CIRIN Bulletin*（《公报》）第50期上发表的最新数据，到鄢秀教授对国外十年口译研究的分析，从本书作者及博士生对国内十年口译研究的统计分析，再到仲伟合教授对博士生口译论文完成情况的分析，既有对研究成果的梳理，也有对口译研究未来走势的基本判断。第六章"口译教学研究"将围绕心理学和认知学探讨口译教学方法，结合口译能力的培养，思考口译教学面临的问题和可能的解决方法。第七章"口译理论研究与教学实践"旨在通过本人多年对口译教学与研究的思考呈现口译与教学研究的相关性、连贯性和理论与实践结合的重要性，并通过若干篇论文，展示研究视角与方法，为读者提供研究线索，使其能够着手启动自己感兴趣的研究课题。

笔者由衷感谢外研社多年来给予的各种支持，与该社各个层面的合作都取得了令人满意的成绩。由于诸多原因，本书写作过程漫长，非常感谢出版社超常规的耐心和宽容。外研社给我提供了与读者交流的珍贵机会，我要特别感谢外研社编辑段长城、毕争、王丛琪在写作过程中提出的建设性的意见和认真细致的审校。

借此机会，我还要感谢鄢秀教授和徐子韵博士。第一时间拿到他们的论文，如饥似渴的学习让我受益匪浅，本书中大量引述了他们的研究成果，写作中产生的很多想法也受到他们的启发。当然，撰写本书还参考或引用了很多其他论文，在此，我向所涉及的论文作者致以崇高的敬意。

　　在多年的翻译研究中，《中国翻译》成为我与同仁交流的主要桥梁，几乎每年都是通过这本杂志与大家分享成果。本书将若干篇论文收集在一起，旨在呈现研究主题的衔接。当然，我更不会忘记《中国翻译》杂志的编辑和读者，是你们的鼓励和支持让我难以辍笔。

　　付梓成书并不是学习和研究的结束，诚邀各位专家学者和普通读者一如既往，不吝赐教。

刘和平

2016 年 2 月于北京

第一部分　口译教学篇

　　口译教学部分包括四章：第一章"外语教学与口译教学"重点讨论两者的区别，通过对比进一步明确两者的性质和任务。第二章"口译职业与口译市场"介绍国际国内口译职业发展趋势，阐述职场对口译人员的要求，从而进一步梳理职业口译的教育目标。第三章"职业口译能力与发展特征"从口译能力的定义和构成入手，阐述其发展特征，并将汉外交替传译、视译、同声传译等切分成不同阶段，描述各个阶段的教学重点。第四章"职业口译教学法"集中阐述口译教学的特殊性，介绍了其原则、过程、形式、方法、难点与对策，并针对不同类型、不同对象的口译教学法进行思考。

　　讨论口译教学必须首先弄清其与口译教育的关系。应该说，口译教学是口译教育不可或缺的内容，是口译教育的一个重要环节。2011 年，David B. Sawyer 的《口译教育的基本建构：课程与测试》首次将"口译教育"作为标题内容使用，英语为 Interpreter Education。该书作者还对口译教育面临的挑战提出了自己的看法和应对措施。当然，最重要的措施是课程体系的调整，尤其是科学测评方法，因为"高质量的教育建立在完善的评估体系基础上"（2011：5）。我们将在第六章围绕口译教育与口译培训进行专门讨论。

　　讨论口译教学必须对语言教学与翻译教学的差别加以区分。20 世纪 90 年代，教学翻译与翻译教学概念一经引入中国便争鸣不断。随着翻译学学科的发展，论述教学翻译同翻译教学区别的文章陆续在翻译研究刊物上发表。应该说，"教学翻译不能替代翻译教学"这一观点最终被翻译界众多学者所接受。为区别外语教学和翻译教学，当然也是为了满足市场日益增长的需求，越来越多的院校以建立翻译专业本科或硕士或成立翻译系／学院为标志，用以区分两者的不同。然而，当我们认真比较各校招生简章后却发现，无论是外语院／系的翻译课程，还是翻译学院／系开设的翻译专业本科和硕士课程，教学目标描述虽略有差异，但似乎都是培养**高级翻译专门人才**，而且相关课程名称和内容也是大同小异，或只是在原来的外语教学大纲基础上增加了若干课时的翻译训练。谈及**翻译教学**手段，几乎还是一成不变的语言教学传统，即课上教师讲解，课下学生完成作业，知识讲解和掌握仍占主导地位，思辨和翻译能力培养始终没有得到应有的重视。

翻译是语言学研究的工具，而不是对象；翻译是比较文学研究的手段，也不是对象。翻译是翻译学研究的对象。同理，外语专业与翻译专业教学目标不同，教学内容和手段自然不同。前者以培养学生的外语交际能力为主，后者以培养学生的跨文化交际和翻译能力为主。前者依赖的是外语的语言知识，后者依靠的是母语和外语的跨文化交际能力，同时还需要语言外的相关主题知识、百科知识和翻译能力。

口译职业市场近些年发生了很大变化，传统的交替传译、视译、同声传译、手语翻译等需求也在发生变化，例如：在中国，外事活动越来越多地使用同声传译，各领域的远程在线口译等活动日益增多，手语翻译开始得到越来越多人的关注，社区口译、法庭口译、医学口译、法律口译等专业口译活动随着外国人在中国人数的增加而愈发活跃，不同领域的科技口译、央视新闻口译员的综述＋评论、在线口译等新形式增多，科学技术的发展更是助推口译职业的发展，借助大数据完成的语音自动识别生成与文字转换、语言自动翻译等开始进入日常生活，这也给口译职业的未来走向画上了问号。

口译职业的发展变化必然对教学提出新的挑战。如何区别语言教学与翻译教学？如何根据口译市场的变化修改教学大纲和课程内容？如何借鉴口译研究成果、采用更科学有效的方法培养社会需要的口译人才？这是本篇将回答的问题。

第一章 外语教学与口译教学

外语教学的主要任务是教授语言知识，帮助学生获得外语理解和表达的能力。外语教学法有多种，翻译法是早期外语教学经常使用的一种方法。教师带领学生用口头或笔头方式做逐句逐段的中译外/外译中，久而久之，这便成了学生理解的职业翻译。实际上，这是"教学翻译"，即将翻译作为一种教学手段，教师用以检查学生对外语的理解和表达，这与真正意义的翻译教学相去甚远。因此，讨论教学翻译与翻译教学的差别对理解职业口译非常重要。

最早区分"翻译教学"和"教学翻译"的是加拿大的 Jean Delisle：教学翻译或称学校翻译，"是为了学习某种语言或在高水平中运用这种语言和深入了解这种语言的文体而采用的一种方法。学校翻译只是一种教学方法，没有自身的目的"（1988：24）。鲍刚和笔者早在 1994 年提出，"教学翻译指语言教学中的中外互译，作为教学法，也指传统法——语法/翻译"（1994：20-22）。笔者在《翻译的动态研究与口译训练》（1999：28-32）一文中重点探讨了职业翻译的动态特点，进一步说明教学翻译与翻译教学的本质差异。一年后又在《再论教学翻译与翻译教学》中指出，"我们称本义和句子翻译为教学翻译或语言翻译。勿庸置疑，教学翻译作为一种教学方法曾在语言教学中发挥过重要作用。"……"语言教学中采用的翻译方法不是以交际为目的，而是帮助学生了解、学习并掌握语言知识，获得语言能力；而翻译教学则是在学生具备一定语言能力基础上进行翻译技能训练。因此，获得某种知识与培养技能所依赖的理论基础和采用的方法都是有差别的"（2000：40-44）。语言教学和翻译教学的培养目标不同，学生来源不同，其思维模式和心理因素不同，教学内容和方法自然也不同。尤其需要强调的是，教学翻译只是帮助学习掌握外语的教学手段之一，不能替代职业翻译教学。

---

1 该章第一部分节选自笔者的《再谈翻译教学体系的构建》一文，该文于 2008 年发表在《中国翻译》第 3 期。选用时作了部分修改。

本章分为两部分，首先分析语言习得特点，说明母语和外语学习的异同及外语教学目标，进而讨论口译教学与语言教学的差别。

第一节　外语习得与语法翻译法

我们先来看语言学习问题。应该说，除出生时伴有先天障碍，人生下来就有学习语言的能力。语言能力是人大脑机制中的一个组成部分，任何人都有学习语言的天赋和才能。讲母语无需特定的传授，语言原则是在不自觉的过程中实现的，大部分语言错误是在自己生活过程和语言实践中自我纠正的。但习得语言是一个长时间的内化过程。在这一过程中学习者不但能够区别母语与非母语的词或句子，而且还能懂得句子结构的深层意义。习得语言是有时间限制的。它随着生物个体发展中的上升运动条件转变而产生固有事物本性的潜能化（陈海庆、咸修斌，1996：7）。学习语言的能力与生俱来，但也需要特别的语言环境，包括家庭、学校、社会等，这种环境促使孩子们能够在自然环境中逐渐掌握母语，具备用这种语言交流和工作的能力。

外语习得则不同。外语教学旨在吸引学生的注意力，提高他们用外语进行观察、记忆、思维、想象的能力，包括借助传统／语法翻译法等手段。按照心理学观点，青春期（12 岁）前后学习的语言很有可能变为学习者的母语，例如欧洲很多国家的双语甚至多语环境。如果不是从小接受双语教育，成年人学习外语时习惯于借助母语理解，外语表达也常常建立在母语架构基础上，即使教师在课堂上阻止翻译，学生在心里完成翻译过程也是很难避免的。可以说，青春期后再学习一门语言，学习者所学外语一般情况下很难达到母语水平，或经过后天努力可以接近母语水平，但会保留明显的母语语音等痕迹。如何教授外语？如何帮助学习者掌握母语以外的一门外语？外语习得规律、心理变化和特征、教学法等成为研究者关注的问题，他们的研究成果对外语教学有十分重要的推动作用。

外语学习理论主要有听说习惯形成论和认知规范学习论。听说习惯形成论把语言的掌握和运用理解为刺激、反应的机械重复，认为这是形成习惯的过程。这些人主张听、说先于读、写，以句型操练作为基本教学手段，否认外语学习中的内在因素，把母语和外语的学习等同起来。而认知规范学习论则把外语学习看作是通过认识形成认知结构，强调外语学习主要是理解和掌握语言规则，主张听、说、读、写同时学习，以分析对比为主要教学手段，认为母语是外语学习中可利用的内在因素。

"Krashen 认为，认知的发展对第二语言的习得有滞后的影响。儿童和成人的第二语言习得涉及不同的过程。前者主要引用语言习得机制，如同习得第一语言一样习得第二语言，而后者除'自然'习得语言外，还侧重于利用一般的认知能力有意识地学习语言规则……成人学习外语时往往依赖其他的一些大脑机制，如逻辑和数理机制等，向已有的知识寻求总体的相似性，接受新事物慢。"[1]根据成年人这种心理，采用传统 / 语法翻译法不无道理。

但需要指出的是，语法翻译法只是一种外语教学手段，Delisle 把这种教学法定义为"教学翻译"，因为它只是一种教学方法或语言教学中常见的一种教学手段，目的是帮助学生理解外语，或帮助教师检查学生外语表达的准确性。

近些年，在讨论教学翻译与翻译教学中，有人提出教学翻译可以在外语教育中使用，具体讲，即在外语教学的翻译课程上采用。如果外语教学中的翻译课程可以与教学翻译同日而语，就意味着教学翻译可以替代职业翻译教学，且不谈这与翻译职业教育风马牛不相及，将教学法或手段与课程内容混淆也是值得深思的。如果把外语教学中的教学翻译作为层级，甚至作为翻译专业教学的基础，则是对职业翻译的误解。

众所周知，教学手段属于教学法范畴，与教学内容无关。之所以这样讲，理由有多种，在此主要想强调以下两点。

一、教学翻译不能作为一种翻译教学层次

教学翻译不是真正意义上的双语交际，它没有交际对象，缺乏交际场景，唯一目的是检查学生理解外语的水平和外语语法或词汇的掌握情况。虽然教学

1　杭州社区网，2011，少儿学习英语的优势及原则，http://www.19lou.com/forum-1994-thread-40421076-1-1.html（2015 年 1 月 10 日读取）。

翻译在外语教学中有其积极意义，但仅仅是外语教学的一种手段。

鉴于外语教学是翻译教学的基础，而国人学外语大都在青春期前后，尤其是英语以外的非通用语言教学大都在进入大学后才真正开始，而成年人学习外语习惯于借助母语，适度采用教学翻译方法完全可以。但是，不能将教学翻译视作外语教学中的翻译课程，无论是外语教学中的翻译课程，还是翻译专业中的翻译课程，教学翻译都是手段，不能成为翻译教学的一个层级。

教学翻译作为语言教学手段有其作用，但随着教学法研究的深入，随着外语教学目标的变化，适当改变传统 / 语法翻译法模式，在外语和母语互译练习中增加交际理念，这更符合交际法原则。这是因为，学习语法、句法、词汇等知识是必要的，但培养学习者的外语交际能力更重要。因此，在课堂教学中更多提供交际人、交际背景等信息对学习外语也是有帮助的。在交际情境下，尤其要避免让学生翻译独立的句子，应该逐渐从语法和词汇的学习过渡到语用（语篇）层面，根据交际场景用不同语言进行交流，从而帮助学生获得外语交际的能力。

中国的外语教学有其自身的特点。无论是中国早期的同文馆，还是 20 世纪 90 年代前的各类外语院校，外语是作为一门专业来教授的，其培养目标几乎都是掌握一门或两门外语的外语人才或翻译工作者。《高等学校英语专业英语教学大纲》（2000 年修订）是最好的例证。根据该大纲，翻译是听说读写的最终目标，也是掌握外语的一种直接体现。顺其推理，外语教学的终极即培养翻译，外语教学就是翻译教学。由此一来，虽然教学翻译只是外语教学的一种手段，但被很多人误认为是翻译教学。这也是对翻译教学认识混乱的重要根源之一。另一个原因是，长期以来，很多人认为外语好就能翻译，口语好就能当译员，因此外语教学中虽然开设了专门的翻译课，但每周只有两个小时，而且大多数院校只在四年级开设翻译课。在如此短的时间内该教授什么？怎么教？不少教师由于没有接受过专门培训，误以为自己当学生时学的就是职业翻译，故而仍把教学翻译当作翻译教学，忽视了翻译教育的根本任务。

当语言不再是一门专业，当语言变为工具的时候，调整教学大纲势在必行。翻译人才由外语院校而不是翻译院校培养，这在中国有其历史原因；把教学翻译错当作职业翻译教学也是不争的事实，但这些都不能成为翻译教学层次划分的理由和依据（关于教学层次问题的进一步讨论，请详见本书第四章第五节）。

二、学校性质和对象不能成为翻译教学层次划分的依据

中国高校的现状是，不是所有的外语类院校都建立了翻译院／系或进行系统的翻译教育，翻译课程一般还只是大三或大四开设，口译课程通常只有一个学年，每周两个课时。另外，理工科或文科综合类院校的翻译课程也有其特殊性。然而，这些都不是划分教学翻译和翻译教学的标准。换句话说，非翻译专业只能进行教学翻译的想法也是值得商榷的。

理由之一，中国的口译市场需求是多层次的，需要大量的社区口译、日常业务口译，当然也需要一定量的国际会议交替传译或同声传译译员。国际会议同声传译只是口译市场的一部分，不能承担此类工作并不意味着不能胜任具有一定难度的交替传译工作。客观地讲，交替传译和同声传译各有难点，对学员的逻辑分析和综述能力、反应速度、一心二用等特质的要求有一定差别。

理由之二，从目前国内外市场需求情况看，有一定专业背景的外语人才和翻译人才是最受欢迎的。因此，外语类院校和综合类院校中都有对翻译感兴趣的学生，这些人完全可以也应该接受职业翻译教育。

由此看，无论是否是翻译专业，只要教授职业翻译，就不能不改变翻译教学法原则和内容，并根据职业翻译的内在特点和规律组织教学。认为非翻译专业的翻译教学就应该搞教学翻译，或把教学翻译看作是翻译教学的初级阶段都存在偏见。这是因为，学校专业方向只能影响教学素材的选择，学生对象或水平不同只能影响教学素材的难度设定和教学目标的制定，但教授的翻译内容不应该有本质上的差别，即都应是职业翻译能力的培养和训练。

"翻译是一门独立的学科，翻译教学区别于纯正意义的语言教学，翻译需要进行专门的翻译训练"（Delisle，1988：96）。随着中国市场对翻译需求量的增加，翻译学科建设取得了令人瞩目的发展，大家对翻译教学的性质也有了清晰的认识。"翻译是以符号转换为手段、意义再生为任务的一项跨文化的交际活动"（许钧，2003：75）。"翻译的过程从本质上看是心理的、认知的，它不仅表现为原语输入和译语产出这一外在的言语行为和言语事实，而且也反映了译者语际转换的内在心理机制和言语信息加工的认知过程"（刘绍龙，2007:1）。

"翻译是一门科学，也是一种技巧，一种专业的交流工具。翻译人才的思维模式与一般外语人才有着明显的差别，需要经过专门的职业技能培训，教学模式也不是一般的外语教学可以替代的……翻译专门人才的培养起码需要涵盖三个方面：语言技能和知识，百科知识（尤其是国际政治、经济、法律等）和翻译技能训练（包括翻译职业知识）"（何其莘，2007：11-12）。由此可见，翻译训练不同于语言教学，外语和母语知识与能力只是学生接受翻译技能训练的必要和重要前提条件之一。如何更好地有效地帮助学生掌握翻译工作所使用的语言，这是语言教学需要解决的问题；如何让学生在掌握语言能力后有效地接受翻译职业训练，这是翻译教学要解决的问题。

第二节　口译教学与语言教学认知特征差异 [1]

如上所述，语言教学不是口译教学，因为语言教学目标是帮助学生获得一种语言的理解和表达能力，或是用这种语言进行交际的能力，而口译教学目标是借助至少两种语言的交际能力学习如何完美转换语言承载的信息。换一种说法，学习语言首先是获得相关知识，随后是将所学语言知识变为语言交际能力；学习口译是获得一种转换能力，或称技能，这种技能建立在已经获得的知识和能力基础上，是一种跨文化的信息交流能力。

一、能力与技能差异

汉语词典对能力作出如下定义：能力指掌握和运用知识技能所需的个性心理特征。一般分为**一般能力**与**特殊能力**两类，前者指大多数活动共同需要的能力，如观察力、记忆力、思维力、想象力、注意力等；后者指完成某项活动所需的能力，如绘画能力、音乐能力等。

高等学校英语专业培养具有扎实的英语语言基础和广博的文化知识并能熟练地运用英语在外事、教育、经贸、文化、科技、军事等部门从事翻译、教

1　该章第二部分节选自笔者的《论口译教学与语言教学的差异及口译教学的系统化》一文，该文于 2008 年发表在《语文学刊》第 3 期。选用时作了部分修改。

学、管理、研究等工作的复合型英语人才（参阅《高等学校英语专业英语教学大纲》，以下简称《大纲》）。这段对教学目标描述的文字既包括学习者知识的获取，也包括其相关能力的获得。我们的理解是，通过外语教育帮助学习者在获得相关语言知识的基础上，获得用外语进行交际和工作的能力。

从《大纲》对教学目标的描述看，外语教育包括翻译教育。当然，上面谈及的大纲是 2000 年版，后来进行了修订。近两年为进一步提高外语教学质量，全国各语种教学委员会又在进行教学标准化的制定。2006 年教育部批准三所高校试办翻译本科专业，2007 年国务院学位办批准首批 15 所高校设立翻译专业硕士学位教育（MTI）。这标志着翻译成为独立于外语专业的一个独立专业。这就意味着外语教育与翻译教育是有差别的。翻译教育的培养目标是什么？与（英语）外语专业有什么区别？

教育部高等学校翻译专业协作组在教学要求中指出：高等学校本科翻译专业旨在培养德才兼备、具有国际视野的通用型翻译专业人才。毕业生应掌握相关工作语言，具备较强的逻辑思维能力、较宽广的知识面、较高的跨文化交际素质和良好的职业道德，了解中外社会文化，熟悉翻译基础理论，掌握基本的专业笔译技能和口译技能，能熟练运用翻译工具，了解翻译及相关行业的运作流程，并具备较强的独立思考能力、工作能力和沟通协调能力。毕业生能够胜任不同领域的实用类文本（包括一般难度的科技、商务、新闻、法律等文本）的笔译、联络口译或其他跨文化交流工作[1]。

MTI 全国教育指导委员会制定的培养目标是："培养德、智、体全面发展，能适应全球经济一体化及提高国家国际竞争力的需要，适应国家社会、经济、文化、社会建设需要的高层次、应用型、专业性口笔译人才。"[2]

很显然，外语专业和翻译专业的教学目标是有区别的。掌握相关工作语言、掌握基本的专业笔译和口译技能、熟练运用翻译工具、能够承担不同专业领域和难度不同的口译或笔译工作是翻译专业本科硕士教育要实现的目标。翻译专业教学重点从语言知识学习转到语言知识的运用，从外语交际能力的获得

1　参阅《大纲》2015 年修订稿。

2　全国翻译专业学位研究生教育指导委员会，2013，翻译硕士专业学位研究生教育指导性培养方案，http://cnmti.gdufs.edu.cn/info/1015/1003.htm（2015 年 1 月 10 日读取）。

转换为双语转换能力，同时还要拥有相关专业领域知识和翻译工具的运用能力。我们接下来重点讨论口译技能。

关于口译技能，汉语词典中并未有语言技能的定义，但我们找到了"运动技能"，指按一定的技术要求完成动作的能力。具备良好的身体素质和机能的活动能力，是形成运动技能的条件，其形成有粗略掌握、改进提高及巩固和运用自如三个阶段，达到运用自如是运动技能形成的标志。

口译同绘画、音乐等类似，需要一种特殊能力。换句话说，口译需要译员在获得观察力、记忆力、思维力、想象力、注意力等一般能力基础上具备一种特殊的语言承载的信息转换能力，即用一种语言听，用另一不同语言表达同样信息的能力。这种语言信息转换能力是一种特殊的技能，需要一定的天赋和后天的训练。口译相对运动技能而言，可以称为心智技能。智能训练也包括粗略掌握、改进提高及巩固和运用自如三个阶段，而信息的灵活准确转换是智能形成的标志。口译教学是在学生获得双语能力的基础上帮助他们获得口译需要的相关知识和信息转换能力，并在双语交际中不断完善和提高工作语言水平。因此，口译技能训练有与运动技能训练相似的阶段性特征。

口译技能主要表现在信息的接收和转换上，具体讲，表现在其思维特点上，单语的言语理解和言语生成几乎同时完成，而口译理解和表述由于使用不同的语言，需要有意识的信息加工和处理。分析综合则是口译理解的基本特征，即知觉、注意、联想、分析、记忆、表述等多重任务的同时瞬间处理。从神经语言学的角度看，在语言交际中，说话者的表述动机不一定反映在字面上。同样，听话人的言语理解也往往不会停留在字面意思的掌握上，而会在记忆中的知识、经验体系的支持下，从字面意义推导出内在含义，也就是说，理解话语内在含义又是进行推导加工的过程（王德春等，1997：116）。按照认知心理学原理，多重任务的同时处理属于技能，"技能总是需要高度练习的"。"为什么练习能帮助提高双重任务成绩呢？第一，被试在练习过程中可能已经发展出新的策略使得干扰减少到了最低。第二，某一任务因练习而使得其对注意力或对其他中枢资源的需求减少。第三，尽管一项任务在开始时需要运用多个特定的加工资源，但练习可以减少这些必备资源的数量"（Eysenck & Keane，2002：201）。

二、语言习得心理与口译学习认知特点

生命意识和认知的本质是人的心理活动，对心理过程及心理活动特点和规律的研究属于心理学范畴。而语言的表征作用及实现明显地带有认知活动过程的本质特点，语言与认知过程密不可分。

认知规范学习论把外语学习看作是通过认识形成认知结构，强调外语学习主要是理解和掌握语言规则，主张听、说、读、写同时学习，以分析对比为主要教学手段，认为母语是外语学习中可利用的内在因素[1]。

学好外语的首要心理因素是学习动机，包括直接和间接动机，比如学习需要、学习兴趣与爱好、对学习必要性的认识、学习的情绪或意志因素等。研究表明，学习动机不是单一的结构，而是由各种动力因素组成的复合体。可以说，外语学习的基本过程是外语能力的形成过程，是与本民族语分化的过程，也是外语思维形成的过程。"认知语言学认为，语言理解就是从所接触的视听语言材料中构建意义的心理过程。换言之，从语音或文字中建构意义的内在过程就是语言理解的过程。…… 广义的语言理解不仅包括意义构建过程，而且也包括使用过程"（刘绍龙，2007：223-224），即语言识别、句子理解和篇章理解三个不同的层面。语言理解的心理加工过程通常为序列模型和相互作用模型，具有单一的向前推进的特征。

但"双语翻译理解的过程既不是单一方向的或单一加工方式的语言信息处

1　美国一些心理学家还把学习动机同需要联系起来进行探讨，如 H. A. Murry 认为，学习动机主要是个人想得到别人或团体的承认或肯定的"交往需要"（need for affiliation）与个人想取得优胜、自我改进的"成就需要"（need for achievement）。美国 J. M. Sawrey 和 C. W. Telford 把人的学习动机分为交往性动机和威信性动机（或称追求声誉的动机）。D. P. Ausubel 则把学习动机称为求成动机，认为是由认知需要、从属需要和自我提高需要构成的。前者指由学习活动本身或学科内容的吸引性而直接引起的内部动力状态，如对学习活动的好感、好奇心、兴趣、求知欲及克服困难的欢快体验等；后者则指由于了解学习的社会意义而间接引起的对待学习的态度，如希望满足成人的期望、博得集体舆论的好评、争取做优秀生、志愿升学或就业、为建设事业或实现人类理想作贡献等。直接的学习动机比较具体，带有更多的近景性，且有实效；间接的学习动机具有更多的社会性与理智色彩，既富有远景性，又有概括而持久的定向作用。两者虽有质的差别，但它们是相互制约的。教育者若能促进学生这两类动机的发展与有机结合，就会使它们成为推动学生学习积极性的巨大动力。

理过程，又不是一个毫无常规流向的完全重叠的信息处理过程。简言之，翻译的理解过程并不是'全单向'的线性序列过程，也不是一个无始无终的'全重叠'的循环过程"（ibid.：244）。应该说，翻译理解为多层次交互作用模型。按照翻译理解的过程模式，也称贝尔模式的基本假设是："（1）翻译过程是人类信息处理普遍现象中的特例；（2）它发生在人类记忆系统中；（3）它通过某些机制对原语进行编码并借助不属于任何特定语言的语义表征将解码后的语篇编码为目的语；（4）这种解码和编码过程是在小句层面进行的并以上述'中立'的语义表征为中介；（5）这一过程是非线性的：既自下而上，又自上而下，这意味着，一个阶段的分析或合成不必跟从另一个阶段的分析或合成；（6）每一阶段都需要经过，但次序并不固定，允许回溯、修改乃至取消先前的决定"（ibid.：254）。

另外，"译员在语流中的听辨过程是复杂的、富于变化的。"译员的听辨过程除"注意力"因素外"应该还有其他一些因素参与了进去，而且也许更具备典型性，更富有现实意义"（鲍刚，2005：94）。认知语言学认为，一心不能二用。所以人的意识过程如同照相机的镜头，必须聚焦。意识的焦点永远处于一个不断流动变化的过程之中，于内思考思维，于外观察外物，无时不处于"焦点的切换中"（刘润清，2001）。然而，口译活动中，原语话语主题和语境、译员个人经历、语言和社会经验、常识或百科知识、译员专业知识呈现出某种"整合"性质的智力加工模式。且不谈交替传译中的笔记、同声传译中的听说同步，也不谈临场压力和会场、设备等外界因素，译员不仅仅是"一心二用"，而且是一心多用。事实证明，"以上三种因素有着非常重要的意义，因为它们构成了译员听辨的重要心理努力方向之一，具有一定的方法论特征"（鲍刚，2005：97）。如果说在用母语或外语进行单语交流时，人们会根据交流目的、场合和对象调整自己讲话的口吻和内容，那么在口译时译员既不能有选择地倾听原讲话内容，更不能根据自己的好恶进行筛选性翻译，他／她还必须充分发挥以上三种因素的作用，不断进行认知补充，从而保证口译活动的良好进行。准确理解记忆讲话人陈述的信息、尽可能不掺入任何个人的评介和筛选，然后真实、客观地用另一语言形式加以表达，针对其间的认知过程开展研究对口译教学有重要意义。

三、口译学习认知特点与口译技能培养

按照心理学的观点，无论是动作技能，还是心智技能，都可通过训练获得。"技能形成的过程是有阶段性的，在不同的阶段表现出不同的特征。动作技能和心智技能在形成的阶段和各阶段的特征方面既有共同性，又有差异性……心智技能属于在头脑中进行的认知活动，它与动作技能的形成是不完全相同的……加里培林等人关于心智活动分阶段形成的学说认为，心智活动是一个从外部的物质活动向内部的心理活动转化的过程，即内化过程；并且认为，心智活动是分阶段形成的，一般来说要经历下列五个阶段：（1）活动的定向阶段，即预先熟悉任务，以构成关于活动本身和活动结果的表象，为活动本身的结果定向；（2）物质活动和物质化活动阶段，即借助实物、模象或图标等为支柱而进行心智活动阶段；（3）有声语言阶段，这里指不直接依赖实物而借助出声音言语进行心智活动的阶段；（4）无声的'外部'言语阶段，即以词的声音表象、动觉表象为支柱而进行心智活动的阶段；（5）内部语言阶段，即心智活动简化、自动化、似乎不需要意识参与而进行心智活动的阶段"（潘菽，1983：140-142）。"人们的技能都是经过学习形成的，练习是学生的心智技能和动作技能形成的基本途径"（ibid.：148）。

"翻译心理过程可分为译者的言语理解、形成表征和双语的转换等三个阶段"（杨鹏，2007：73）。口译技能属于心智技能，从借助一种语言理解信息、抓住意义到用不同语言表达理解了的信息，需要经历非常复杂的认知过程，除语言因素外，还有诸多语言外因素影响心智活动的进行，如背景、讲话人、语音语调、手势、投影内容、设备、文化、对主题了解程度、交际现场情况等等，另外，注意力分散、笔记的干扰、讲话的难度、记忆空白、心理因素等也会对口译结果产生影响。因此，有必要根据心理学理论，把口译过程分为听辨、理解、记忆、笔记和表达等不同阶段加以训练，在每个阶段训练相关的技能，例如注意力训练（包括听觉性集中注意、视觉性集中注意、注意力分配等）、记忆力训练（包括感觉记忆、图像记忆、声像＋短时记忆等）以及表达训练等。应该说，口译训练是一个分阶段且各有重点的心智训练过程，有其规律性和系统性。而任务的难度水平，即完成任务时所需的中枢能量值通常是影响

任务成绩的关键因素。

仲伟合认为，译员的知识结构应该包括三个板块：语言知识板块、百科知识块和技能模块（仲伟合，2007：52）。这三个板块在口译技能训练中相互影响、不可分割、缺一不可。根据口译理论和口译技能训练特点，按照语言难度和主题难度，可以考虑将训练划分为初、中、高三个阶段，并制定三个阶段的教学重点和方法。初为教学翻译改造型，中为本科阶段基础型，高为硕士阶段专业型。按照三个阶段的划分和衔接进行教学，可以逐渐形成中国口译教学的系统性，即从初级的基本感知和了解，到中级技能的基础训练，再上升到高级的自动化训练，最终使学生职业化，成为各领域各层次具有不同特长的高水平跨文化交际和翻译人才。

教学翻译的改造型：改变传统的语言教学模式，在语言学习阶段的外语和母语互译练习中尽可能摆脱词句互译，增加交际理念，在练习中提供交际人、交际背景等信息，逐渐从语法和词汇翻译对比过渡到简单的符合交际要求的陈述句翻译，或称篇章翻译，例如同样一句话在不同交际环境中的运用。还可以根据学生的母语和外语水平考虑教授简单的职业口译技能，例如译前准备方法、内容，交际中注意听信息，而不是只听语言，等等。

翻译专业本科阶段基础型（含现在开设的外语专业口译课）：主要进行职业交替传译基本技能训练，包括注意力训练、记忆力训练及表达训练。该阶段与专业型训练的最大区别在于：（1）训练分节进行，训练后技能的自动化程度还有待于提高；（2）涉及的主题和内容的广泛性和语言难度仍有较明显差异，即处于初级阶段。

翻译专业硕士阶段专业型：重点提高交替传译技能的自动化程度，随后开始视译和同声传译训练。训练详细内容见仲伟合《翻译专业硕士（MIT）的设置——翻译学学科发展的新方向》一文。

综上所述，语言教学旨在帮助学生获得一种语言能力。教学翻译是传统语言教学的一种手段，优化后可以帮助学生更好地掌握习得语言。翻译教学强调技能性，技能训练着重阶段性、协调性和自动化过程。职业口译教学的系统化训练正是感知、内化、体验、协调和自动化过程。基于职业口译的种种特点，基于口译教学的心理学、认知心理学特点，应该说，无论口译涉及哪两个语种和文化，其基本规则是一致的。换句话说，无论使用哪两种语言进行翻译或教学，学生学习心理是一致的，技能训练内容是一致的，训练方法也是一致的，唯一的差异是特定语对的语言和文化的特殊性，这有待相关教师进行具体研究和处理。关于这一点，笔者曾从理论上探讨了编纂口译教学统一纲要的可行性、合理性、科学性和必要性，也从翻译的性质、对象、任务、过程、双语思维特点和方法以及口译技能训练法和市场需求等方面作了详细论述（2002：56-58），在此不再赘述。

第二章　口译职业与口译市场

　　翻译是一种职业[1]，职业意味着行业规则和对从业人员有特殊的职业能力要求。"翻译"作为一种跨文化交流工具，其概念已经发生了很大变化，翻译活动不再是简单的文字转换。国外从事翻译活动的机构有翻译公司、中介公司、翻译事务所、调研部门、语言服务公司、语言或翻译培训学校等。与该活动有直接联系的包括：翻译项目提供者（含监理和项目经理）、财会部门、采购部门、笔者或设计者、校对（含审校）、技术人员、信息提供者、公司（含同事/同行）。信息革命与产业化对翻译职业提出巨大挑战：内网和互联网的使用、信息技术革命（如自动化处理）、翻译软件的推出、特殊翻译工具的开发和应用、翻译量的增加、材料更高的可处理性、翻译供应和处理的集中化、产业化工作流程和组织形式、产品的标准化（尤其是科技类）、质量管理、国际化—异地化—英语化（远程翻译、翻译业务外包）、翻译公司的集中化和资本化、翻译分工与翻译人员的专业化、项目负责人的发展、术语专家与信息处理工程师的需求增长等，这些都不可忽视。译者承担的任务和参与的活动也随着社会的发展变得更为丰富与多样化。在国外，"职业译者"一般指以翻译作为主要收入来源的人，含工薪译者、自由职业者、出版翻译译者、不符合纳税条件的译者及隐形译者及其他（兼职译者、临时译者、远程译者等）。在语言服务公司内部，分工更为细化：译前准备人员、档案员/资料查找员、术语专家（含

1　中国和西方对职业翻译的定位存在差异：西方认为以翻译为主要谋生手段的（自由职业者为主）人员是职业翻译，包括在高校和翻译公司兼职的部分人员（例如国际会议口译员协会〈AIIC〉和国际翻译工作者联合会〈FIT〉成员）。而以教学为主要谋生手段的高校教师和其他人员不属于职业翻译。按照这样的定义，截止到 2015 年，全球有 138 名中文为母语的 AIIC 成员，大陆有近 30 名，但集中在北京和上海。由于笔译很难统计，我们无法给出具体数据。2014 年中国拥有近 6,000 家翻译公司，其中不乏声称拥有上千名职业翻译的公司，对此我们应持谨慎态度。本文使用"职业翻译"指符合职业要求、按照职业规则和标准从事这一职业的人，除以上特指的 AIIC 成员外，还包括部分高校教师或市场承认的部分兼职人员，即包括那些并不以翻译为主要谋生手段的人。换句话说，本文使用"职业翻译"更多强调的是其"职业行为"特点和规律，而不是对翻译者社会职业归属的划分标准。

惯用语)、校对与审校人员、译者(含复合型译者)、排版员、编辑、项目负责人(管理对接人)、多语种和多媒体传播工程师(Gouadec，2011：48-58)。

口译职业近些年发生了很大变化。可以根据 Pöchhacker 的社会互动场景或者场合原则对口译进行分类(2000：25-28)，也可以根据其特征将其划分为国际会议口译(含远程会议)、社区口译、商务类联络口译、远程在线口译、电话口译、电视等媒体口译等。还可以按照领域将其分为科技口译、医学口译、法庭口译等。总体而言，越来越多的场合使用同声传译，传统的"忠实性"口译在某些场合被综述、摘要、评述 [1] 等形式代替，译员的身份也根据交际场合和客户要求发生变化，由单纯的译员变为"项目管理协调员"或"助理"，甚至是"谈判人员""新闻评论员"或"商务顾问"等。这些变化给翻译研究带来了新的课题：与原来以产品为主要对象的研究相比，职业化背景下的翻译研究应该更多关注翻译行为人和其行为过程，包括行为发生的背景与大环境。

大众常用"翻译"称谓译员或译者。实际上，"翻译"应该特指翻译活动或文本翻译。可以用"译员"和"译者"对口译和笔译工作者加以区别，译员做的是口头翻译，在特定交际场合工作。无论是译者还是译员，两者在智力上的要求是相近的，工作形式有一定差异，译者和译员应该拥有的能力也有所不同，但他们的工作都不是简单的语言词汇或称代码转换。"翻译"是能够借助语言工具、拥有跨文化交际能力和相关专业知识的"万金油"。

第一节　翻译职业要求与人才定义

本文所谈的翻译职业化定义包含两个层面，即宏观和微观。宏观层面指以语言翻译为基本特征，借助现代化手段提供各类语言服务；微观指在语言服务程序中从事相关工作的人员，需要为他们提供系统的专业训练。国际上 200 多个翻译学校都在培养职业翻译，但不局限于某一个专业。鉴于中国幅员辽阔、区域特征明显、需求广泛、要求差异性大等特征，今后的语言服务人员应该是

1　中央电视台在重大国际事件转播中会有同声传译译员的声音，但考虑到收视效果和时间，越来越多的是译员对事件进行回顾性综述和介绍，而不是传统意义上的同声传译。

职业化＋专业化，否则很难满足市场发展的需要。

国际译联发布的 2015 年国际翻译日主题是：变化中的翻译职业。

从钢笔到打字机再到语音识别工具，从索引卡到电子词典和知识高速公路，从纽伦堡审判中的首次现场同声传译到如今的电话和视频远程同传，世界在变，翻译工作也随之发生诸多变化。

今天的毕业生们很难相信，仅仅 30 年前他们的前辈们面临的是一个多么不同的工作环境！而如今，我们动动手指就可以获得海量的信息。我们可以利用诸多工具让翻译速度变得更快，前后更加一致。我们可以足不出户便与全球各地的同事对话交流。

……

这些变化带给我们的是新挑战和新机遇。业界经常提及速度、成本和数量，但这远远不够。对于翻译从业者来说，这种变化意味着他们需要更加智慧地开展工作，更加开放地迎接变化，适应不断变化的新角色，学习新技能，掌握新工具。

然而，翻译的基本规则并没有改变。今天，口笔译工作者的角色与一千年前相比没有什么变化，即让人们更好地进行沟通。质量仍然是每一项翻译任务的检验标准，它依然取决于译者的技能、经验以及与任务的匹配度。客户仍需向译者清晰准确地表达其需求，而译者仍要根据译文的用途精心打磨每一份文稿。同时，译者还需通过持续不断的职业充电来保持精力充沛、更新相关知识和维持敏锐的反应。

翻译在未来将是何种面貌呢？几千年来，一代又一代的翻译工作者展示出了无与伦比的语言技能、专业风采、职业操守和工作热情。最好的工具可以帮助他们把翻译工作做得更好，但工具无法深入文字的核心和灵魂，或体现出谈判过程中的细微差别。[1]

译者和译员是翻译事业的核心，是他们让这个世界变成了一个地球村，一个保留了人类丰富历史、现实和未来多样性的共同家园。随着经济全球化和文化多元化的发展，时代对翻译工作者的要求也会有所不同。

---

1 中国网，2015，2015 年国际翻译日主题：变化中的翻译职业，http://www.china.org.cn/chinese/2015-06/29/content_35932321.htm（2015 年 7 月 30 日读取）。

按照 Daniel Gouadec 的说法，现在市场上招聘一个真正的翻译时通常考虑九个方面的因素：

（1）职业性，即翻译主体的多功能性（译者 / 译员、编辑、译者 / 术语工笔者、项目经理、本土化人才、术语专家等）；

（2）母语与工作语言。市场通常需要特殊语对的翻译。准备做翻译的人最好除母语外还能使用两种（中国市场）、甚至三种以上语言（欧洲市场）；

（3）特殊专业领域。无论是企业或机构招聘，还是作为这些企业或机构的长期合作翻译，某些专业领域的翻译需求是很高的，尤其是科技前沿领域；

（4）译者 / 译员的专业背景。无论是在企业谋事还是自由职业者，如果你是某一专业领域的专家，评价时自然会得到加分；

（5）工具的使用。企业信息化程度越来越高，因此，当企业考虑引进新设备和工具用于机器辅助翻译时，最希望的是译者能够使用这些工具，以提高效率和质量；

（6）教育背景。市场对翻译培训机构的特长和质量都有一本账，会根据口碑和需求招聘他们认为合适的专业硕士，或者说与其专业结合的翻译专业硕士（成熟市场特征之一）；

（7）经验。经验是任何时候都十分重要的打分标准之一。当然，也不排除有机构或企业有意愿和能力在招聘后再对译者进行专门的培训。但对大多数企业而言，应聘者拥有相关领域的经验是必要条件之一。培训期间的实习则是获得经验的重要途径；

（8）能力。企业采用测试或考试方法对应聘者进行筛选已是家喻户晓的事情，除非一个应聘者的各方面条件与招聘岗位描述的能力完全吻合才有可能免于这一流程；

（9）计算机等工具的使用。真正意义上掌握"信息工具"（格式、软件、材料、平台、数码、转换、文档使用、安装和卸载、系统设置、提取、建立模型、宏观操控、语言编程功能与特性等等）已经成为应聘和招聘不可或缺的条件（Gouadec，2009：260-261）。

翻译职业的变化自然影响到对翻译人才的要求。当今的译者应具备语言运用能力、分析综合抉择能力、语篇处理能力（跨文化交际能力）、职业能力（工具、资源的使用和道德等），最后一项即包括项目执行和管理能力、编辑审校能力、现代化工具使用能力等。

概括地讲，翻译人才培养的核心是翻译能力。"西班牙 PACTE（Process d'Adqusisició de la Competència Traductora i Avaluació）小组针对翻译能力习得提出了三点假设性结论：（1）翻译能力习得与其他学习过程一样，是由新手知识（译前能力）向专家知识（翻译能力）不断演进的一个动态的、螺旋上升的过程，需要通过学习能力（学习策略）整合、发展和重构陈述知识和程序知识；（2）翻译能力习得是重点发展程序知识、最终形成策略能力的过程；（3）翻译能力习得是重构和发展翻译子能力的过程……译者能力实质上存在于有环境、译者、知识等要素交互的多维空间，是译者依托翻译问题求解空间不断养成高阶思维能力的过程。译者能力是一种动态结构、寓于环境驱动的认知空间之中，是由初始态、中间态和目标态构成的一个连续体，呈现逐次发展和演进的动态特征（李瑞林，2011：47-49）。总之，翻译是一种心智技能，其训练也包括粗略掌握、改进提高及巩固和运用自如三个阶段，对语言承载的信息的灵活准确转换是智力技能形成的标志。

第二节　口译职业要求与人才定位

一、国际会议口译员协会（AIIC）[1] 对职业译员的要求

1945 年 2 月的雅尔塔会议作出的决议之一是组建联合国。同年的旧金山会议通过了《联合国宪章》。该宪章规定，联合国的官方语言为汉语、法语、俄语、英语和西班牙语，后在 1973 年增加了阿拉伯语。联合国的多语环境就此形成。

联合国第一代口译译员（1945-1960）以波多黎各人 Guillermo A. Suro 为代

1　国际会议口译员协会（L'Association Internationale des Interprètes de Conférence, AIIC）成立于 1953 年，现在 90 个国家和地区的 250 个城市拥有 3,000 多名会员。该协会还为国际机构提供咨询服务。协会采用会员制，分为预备会员和正式会员，分别需要至少 100 天和 150 天的工作经验，同时需要至少两名或三名正式会员的推荐。申请入会需要缴纳一定费用。

表，主要从事交替传译。而纽伦堡会议采取的同声传译令人耳目一新，而且大大缩短了会议时间，随后联合国就采用交替传译还是同声传译问题展开论战，结果是将两个部门合二为一，由 Georges Robinovich 担任口译部主任，交替传译和同声传译并用，但后者使用量逐渐增加，优势凸显。

第二代联合国译员（1960-1980）为口译职业化的关键时期，与第一代译员相比，第二代译员绝大多数都经过专门学校的培训，这意味着口译走向职业化。当时遴选联合国译员有测试和其他程序方面的要求。测试要求主要是能准确无误地讲母语、能完全理解两种以上的其他语言，还包括出色的记忆力、精神高度集中的能力、良好的教育背景，并具备政治、经济、历史等方面的广博知识（郭兰英，2007：44-46）。早期进入联合国的译员中有的曾在瑞士日内瓦大学翻译学院（University of Geneva）接受过培训。50 年代后，美国蒙特雷国际研究学院（Monterey Institute of International Studies）、法国巴黎高等翻译学校（Ecole Supérieure d'Interprètes et de Traducteurs）、俄罗斯国立语言大学（Moscow State Linguistic University）、英国纽卡斯尔大学（Newcastle University）、意大利特里雅斯特大学翻译学院（School of Modern Languages for Interpreters and Translators, the University of Trieste）、奥地利维也纳大学翻译系（University of Vienna）、美国乔治敦大学翻译学院（Division of Interpretation and Translation of Georgetown University）、澳大利亚昆士兰大学（The University of Queensland）等专门的译者 / 译员培养机构成立。1979 年联合国还专门与北京外国语大学签署联合国译员联合培养项目 [1]。台湾辅仁大学、香港浸会大学等也成立了相关机构，专门培养口译人才。译员培训助推口译的职业化及其标准的建立。1980 年后译员职业得到迅速发展，无论是国际机构还是各国对外交往，对职业译员的需求不断加大，这为译员培养提供了发展时机。

为保证口译职业的良好发展、充分保障译员的权利和义务，国际会议口译译员协会于 1953 年宣布成立。按照该协会的规定，其成员必须遵守口译职业

1　该项目在举办 12 个班并培养 200 名译员后结束。培训期间，交替传译训练为 360 小时，同声传译为 1,440 小时，兼顾视译。

伦理道德和职业标准，绝对恪守职业机密。国际会议译员为寻求高质量沟通的客户提供口译服务，其主要客户是私有企业、各类协会、国际会议组织者、政府和国际机构。自由职业者译员可以被企业直接聘用，但译员通常是以会议组织者的中间人或译员顾问身份出现。

谈及国际会议口译，必须对译员的工作语言加以描述。其工作语言分"主动语言"和"被动语言"，前者指能够完全自然理解和表达的语言，后者指能够完全理解但不能娴熟自然表达的语言。人们通常用A、B、C三个字母加以表述：A语言指母语，国际上的交替传译和同声传译都要求由B语言翻译成A语言，这样的语言组合在信息表达上能够实现忠实可靠；B语言指译员能够自然理解和表达的语言，B语言虽然不是母语，但译员不仅可以从其他外语翻译成B语言，也可以做交替传译和同声传译的A-B互译。因为B语言也是译员的"主动语言"，凡主动语言原则上都应该能做A-B的互译。译员可以有双母语，也可以有双B语；C语言是译员用来理解的语言，译员可以把C语言翻译成A语言或B语言。从这种角度看，C语言是译员的"被动语言"，很多欧洲AIIC成员拥有2个以上的C语言。译员会根据大会使用的语言组建译员团队，但当会议使用多种语言时，译员队伍的组建也就不那么简单了，译员将会使用接力形式完成多语种的口译任务。

口译服务因所在地的不同而存在差异，例如在日本，译员主要是A-B语（日英）互译。在布鲁塞尔，欧盟机构则要求译员掌握除母语外的多种B语。很多国际会议之所以选在巴黎、布鲁塞尔、纽约、内罗毕举行，主要因为这些城市可以找到足够的多语译员。然而，世界上只有三千多名国际会议译员，且主要集中在大城市。由于历史原因和语言的多样性，欧洲仍是译员最多的大陆。亚洲等地对译员的需求则出现迅猛增长的趋势。

国际会议译员大都为自由职业者，少数在国际机构或跨国公司就职，属于工薪译员。自由职业者一般与雇佣者签订短期项目合同，为不同的客户提供口译服务。这些人在不同领域与众多人合作。顾问译员会出面组织译员团队为某个项目或重要事件提供口译团队服务。他们根据客户对语言、主题的需求选择相匹配的译员，可以提供订单式服务。长期为国际机构或跨国公司服务的译员有固定收入，但支配时间的自由度相对较小。

除根据会议情况、使用语言和设备需求组建译员团队外，口译工作形式的选择也十分重要。国际会议通常使用同声传译或交替传译，但也会根据需要安排耳语传译或手语翻译。

首先是同声传译。译员坐在口译厢内，使用耳机倾听讲话人陈述，同时迅速用另一语言表达信息，与会人员借助会场的设备可从耳机内听到译员的声音。使用两种或多种语言开会可采用同声传译形式，其优势在于不会延长会议时间，使得讨论更真实，讲话人发言更自然。但同声传译要求译员精力高度集中，需要边听边分析讲话结构和内容，并同时控制口头信息的产出。正因如此，同声传译译员一般为三人一组，轮流翻译，每轮工作 20-30 分钟。其工作时长一般为每天六小时，报酬标准基本统一。

其次是交替传译。译员坐在讲话人旁边，借助笔记边听边加工记忆听懂的内容，然后用另一语言向听众表述理解后的信息。交替传译中笔记是很重要的，译员边听边整理思路，并把讲话结构和重要内容用语言或符号记录下来，笔记为工作记忆提供支持，但表达时绝不能照本宣科。

耳语传译是另一种口译形式。换句话说，会场没有同传厢，译员坐在服务对象旁，低声即时翻译讲话内容。一般需要两位译员轮流工作。这种工作形式对耳朵是很大的考验，会议时间不宜过长。超过两个人时不建议使用耳语传译，因为如果几位译员同时在会场工作，"七嘴八舌"会让听众不悦，也让译员迅速疲劳，无法长时间集中精力。

手语翻译主要针对生理上有听觉障碍的人群，译员把听到的信息用聋哑人能够理解的手语加以表达。这里有两点需要特别指出，一是每一种语言都有独特的手语，换句话说，虽然都是手语，但还没有一种"国际化"手语；二是译员使用的通常是各国官方手语而不是日常手语。

此外还有远程口译（如通过电视转播形式进行同声传译）、重大新闻报道口译（如马航 MH370 航班失联后的报道）或由译员完成的综述口译（如体育赛事等）、在线咨询口译（如远程医疗诊断）等等，随着科技的发展，应该会有新的口译形式出现。

口译同笔译相比其特点鲜明：首先是口语特征，即口译使用特别的语言通道，讲话内容通过声音和韵律实现，同时涉及修辞学、手势和语调。另外，口译有其特殊性。同声传译和交替传译都在真实的交际环境中进行，译员无法像译者那样，遇到问题查找资料，因此上会前的准备至关重要。另外，讲话语速和节奏要求译员立刻听懂、组织信息并加以表达。译者每天可翻译 3,000 字 / 词左右的文本，而译员每分钟要听 150-200 个字 / 词左右的讲话。口译中，交际行为是瞬间完成的，讲话人、听众或与会者的互动是即时的，信息转达有误便会导致交际的中断，很难弥补。

二、中国口译从业人员与市场

截至 2015 年 1 月，全球共有近 140 名与中文相关的具有国际会议译员资格的 AIIC 成员，大部分成员分布在北京、上海、香港等国际化城市，一小部分长期在全球各地国际机构从业。这些译员涉及的语言主要是汉—英和汉—法，另有汉—粤、汉—闽南、汉—粤—英、汉—德、汉—马来等 [1]。

除 AIIC 成员外，国内从事口译工作的人还包括以下几类人：

（1）活跃在一线的非 AIIC 成员。这些人一般曾就职于某国家机构的翻译室，辞职后成为自由职业者。随着中国口译事业的发展和就业的多样性，加之口译职业的灵活性等特点，这支队伍的人数有逐渐增多的趋势。目前这部分译员仍以英—汉为主，日—汉、法—汉、德—汉、韩—汉等为数不多，少数从国家机关退休的翻译人员也仍然活跃在口译市场上；

（2）在各大部委或企事业单位翻译室 / 处工作的译员或不在译员岗位但随时能承担口译任务的人员。这部分人的数量很难统计；

（3）高校教师兼职做口译。翻译专业本科和硕士任课教师条件之一是具有比较丰富的口译或笔译实践经验，这一要求也会促使更多的教师参加翻译实践活动，积累经验，以便能够更好地开展有针对性的教学活动；

（4）在校研究生和少数优秀本科生。需要指出的是，不少学生在还未获得翻译相应能力的情况下便过早地进入实践环节，他们过低的报酬不仅会搅乱翻

---

1 国际会议口译员协会（AIIC）官网，AIIC interpreters currently offer professional spoken translation services in the following language pairs，http://aiic.net/directories/interpreters/languages（2015 年 6 月 3 日读取）。中文为母语的共 138 人，具体请参阅 AIIC 网站。

译市场，其专业实力的欠缺也会给翻译质量造成潜在且不可逆转的负面影响，甚至会影响到整个翻译专业未来的发展。各高校应该制定相应措施，有计划地在学生学习任务完成后的实习阶段引导他们承担相应水平的翻译工作，在保证毕业实践质量的同时培养更多合格翻译人才进入市场；

（5）其他临时"救场"的兼职人员。这部分人有可能水平很高，因为他们曾经是有资格的译员，要么是某领域的资深专家，外语水平很高，虽然没有接受过任何专门翻译训练，但仍然可以在必要时扮演译员角色。当然，这部分人中也有完全不懂口译的专业人员，其翻译质量值得商榷。

在后四类译员中，长期从事国际会议翻译的同声传译人员为数不多，绝大多数都只做交替传译，在校学生一般只承担联络口译任务。事实上，各类国际会议或大规模活动需要大量的同声传译人员，如 2008 年北京奥运会，2010 年上海世博会，2014 年南京青奥会、APEC 会议，2015 年中国（济南）跨境电子商务国际峰会、在乌镇召开的第二届世界互联网大会，等等。另外，各个领域内的交流会、研讨会、企业年会、产品发布会、董事会、市场调研会、商务谈判等活动都需要口译人员。为节省时间，越来越多的活动开始采用同声传译形式。除北京、上海、广州外，其他地区和城市也开始有大量的口译需求，如成都、西安等。但现实情况是，遇有大型国际活动时，活动组织者通常还是在北京、上海等大城市寻找职业口译人员，或主会场由这些职业译员做，分会场由当地的译员做。

中国的口译市场喜忧参半。喜的是市场需求不断增长，开办翻译专业的学校逐渐增多；忧的是市场上的译员质量参差不齐，语言水平高又懂专业的职业译员匮乏。有针对性地引导综合类院校有专业背景的学生接受翻译教育是解决此类问题的途径之一。

中国的口译市场与国际口译市场相比特点突出：中国有的雇主与客户签订协议后不能完全遵守合同要约，同声传译一般一组只安排两名译员，工作时长也不严格，会议拖延也不会另外计算工作报酬；还有的雇主在给客户提供译员名单时都是 AIIC 成员或国内知名译员，但接单后却临时换人，找报价低的人充数，等等。应该说，中国的口译市场还远远没有进入成熟期，基本上还是在打价格战。除活跃在市场的一批职业译员外，还有在校生为挣钱靠低价混入市场，中介公司为赚利润尽可能压低价格，这类问题十分明显，而且也还没有行业组织对其进行管理和监督。

中国目前有 20 多家翻译学院，有几十个翻译系，有上千所学校开设了英汉翻译课程。但翻译教育的同质化现象十分严重，相当多的学校笔译课是文学翻译，口译课要么是口语课，要么就是"会议同传"。这种同质化与市场需求的多样性构成矛盾。如果说 80-90 年代中国的翻译市场上文学翻译占到 95% 左右，口译主要在国际会议上使用的话，现在的笔译 95% 以上都是非文学翻译，口译种类不断增加，联络口译、法律口译、医学口译等随着在华外国人情况的变化和需求不断增长。毋庸置疑，文学翻译在中国"走出去"战略中有着举足轻重的位置，但中国和世界的沟通很大程度上是经济、社会、文化、艺术、法律、金融、信息、航空航天等领域的交流，专业性日益增强。如果所有学校都只培养文学翻译人才，必定出现近些年令人尴尬的情况：除了通用语（小语种）学生外，学英语和汉英翻译的学生均面临就业难的困境。应该说，各个领域，包括语言服务公司，都更希望招聘有专业背景的语言或翻译专业的毕业生。在中国，英语从幼儿园开始学，大学层次还把英语当做专业学习的时代基本结束，英语变为工具，同时掌握其他语种变为毕业生的增值部分，具备专业能力要求凸显。另外，全国各地对语言和翻译人才的需求也有很大差异。例如义乌，随着这个城市变为世界小商品集散地，各类经济、金融、法律和社会问题增多，需要更多的语言服务人才；广西则成为东盟各类会议和活动所在地，英语、越南语等周边国家语言翻译需求也迅速扩大；中国（广东）自由贸易试验区、中国（天津）自由贸易试验区、中国（福建）自由贸易试验区、中国（上海）自由贸易试验区等四大自由贸易区的建设以及"一带一路"战略等更是对口译人才培养提出了挑战。

如何面对变化中的口译需求？以下建议供大家讨论：

- 根据高校所在地区特点确定培养方向、设计口译教学大纲和课程，立足为本地经济社会发展服务；
- 根据各高校优势专业（如环保、建筑、石油、航空航天、交通、纺织、法律、新闻等等）开发设计口译教学大纲和课程，为学校专业发展和国际化提供语言服务；

- 在原有翻译教育品牌基础上争取国际化；
- 根据培养目标调整教学内容，如：联络口译、谈判口译、社区（或特定范围）法律服务口译、社区卫生服务口译、一般会议口译、展会口译，等等。

社会需求是专业型人才培养必须考虑的因素，定位是提供合格人才的基本要求，根据需求和定位设计开发大纲和课程是实现教学目标的重要保证。接下来便是教师队伍建设和对相关问题的不断研究，并将研究成果逐渐转化到教学中。

第三节　"万金油"与"多面手"

面对经济全球化和文化多元化，译员角色在悄然发生变化。在中国，由于职业化进程尚处于初期阶段，在企业或机构设立专门译员岗位的为数不多，除外交部、商务部、国家编译局、国家外文出版社等机构设有专门的翻译室（处），以及规模比较大、与国外业务频繁的企业具有相匹配的翻译岗位外，其余从事翻译工作的人均在不同岗位：电台编辑或主持人兼翻译、出版社编辑审校兼翻译、企业秘书 / 助理兼翻译、银行业务员兼翻译、项目经理兼翻译、市场部专员兼翻译、客户或公共关系经理兼翻译……这种现象非常普遍，也成为中国译员必须具有"多面性"的客观条件和要求。

在中外双方商务谈判中，由于其身份的特殊性和跨文化特性，译员还被赋予"谈判员"之责，时不时会代替委托方进行"探路性"谈判，了解对方诉求，以作好应对准备。当有外宾参观中国的开发区、特区等地时，领导寒暄后很有可能由译员扮演"讲解员"身份展开介绍。面对诸如此类情况，即在联络口译中，译员的多面性应引起关注。如何区别不同工作环境？如何在不同情况下扮演好译员角色？不同文化的人接触彼此时关系会出现细微差异，不同文化的人思维模式会有所不同，不同的思维模式会引发不同的语篇结构和讲话方式。在这样的跨文化交际中，如何恪守译员伦理，在"多面性"与"职业性"一对矛盾体中扮演好不同角色，这是一个不容忽视的问题。

讲"多面性"离不开"万金油"。作为一个身兼 2-3 个职位的译员而言，应该有意识地做到"在什么山上唱什么歌",而不是将其混淆,甚至不分主次。作为译员,"保密""忠实"等必不可少,但作为"秘书""助理""项目经理""编辑"等,其职责不同,当然应该尽其责。然而,要想真正做到"万金油",必要的百科知识、专业知识和相关职业技能是必不可少的。以编辑与翻译为例,编辑需要编辑能力,他/她可以根据各种规定和要求删减、省略甚至编辑文本,但翻译不能以主观判断为基础,随意删减原作内容或修改原作风格。再以客户经理与翻译为例,如果以客户经理的身份与对方交流,他代表的是所在公司的利益,讲什么、怎么讲、讲多少等均由经理根据需要决定,然而,如果是译员,则只能根据跨文化交际的需要,尽可能减少"主体性",虽然主体性是很难避免的,而应努力本着"中立"态度在交际双方扮演"中间人"角色,交谈期间,任何主观臆想和感情都不能代表任何一方的利益和感受。以此类推,根据不同场合扮演不同角色,在努力处理好所兼数职的同时严格恪守职业道德,这也是中国译员必须面对的现实。

还有一种现象,即在谈判处于焦灼状态时,雇佣译员的一方出于策略需要,声称译员没有准确翻译原意,需要重新表述或商量后再继续谈判。这种情况下,需要译员第一时间作出判断:是真的出现翻译错误还是谈判一方找借口或托词,如果是自己的错误,要大胆承认"我刚才可能理解有误,现在重新翻译",但如果判断是谈判方的策略,则可以"置之不理",或表明"是我翻译有问题","我询问一下重新翻译",等等。这种情况下采取的"中庸"或"装糊涂"态度是跨文化交际的需要,与个人的面子等没有任何关系。

第三章　职业口译能力与发展特征

解惑授道是教师的天职，道非道，非常道。翻译教育的"道"是什么？是培养翻译领域需要的人。翻译教育绝不是简单的"窍门"的传授，学做人之道，学做事之道，这是教育的本质。具体讲，翻译教育是培养翻译应用型人才，而应用型人才与研究型人才的最大区别是其学习目标相异，前者是获得翻译能力，毕业后直接进入就业市场，成为职业人；后者则是获得语言或翻译研究能力，毕业后从事与研究相关的工作或继续攻读博士学位。但有一点是明确的，即无论是前者还是后者，思辨能力的培养是根本，前者不能是没有"头脑"的匠才，后者也不应该是没有任何翻译能力的"纯理论家"。

培养目标不同，教学模式、内容和方法自然相异。如何从理论和实践上对其加以区分？综合类院校、师范类院校和外语类院校职能不同，翻译专业从外语专业独立出来必定有其充分的理由，无论是外语专业高年级的口译课，还是面向综合类院校学生的公共口译选修课，或是翻译专业的口译课，都有其存在的理由，相互之间也存在一定的差异，但培养译员能力这个核心任务是统一的。

在界定译员能力前，有必要了解翻译能力定义。所谓能力，指"能胜任某项任务的主观条件"（中国社会科学院语言研究所词典编辑室，1996：921）。"能力实际上是一个综合性很强的概念。技能具有'可传授性、可模仿性、可操作性'的特点"（文军，2004：63）。文军还认为，翻译能力这个概念本身"既包含了翻译学科的知识与技能（语言／文本能力，策略能力）、理论研究能力，也包含了学生自我能力的提高（自我评估能力），还包括了对提高翻译能力具有辅助作用的 IT 能力……"（2005：64），他还将其总结为语言能力、文本能力、学科能力、文化能力及转换五个能力。国内目前比较认可的翻译能力由三个板块构成，例如在《高等学校翻译本科专业教学要求》中，翻译课程分为语言知识与能力、翻译知识与技能、通识教育。

马会娟在总结了几位国内外学者关于翻译能力的定义后指出：学者关于翻译能力定义的共同点在于"将翻译能力视为各分项能力的集合"（马会娟，

2013：56-65)，问题在于"不同模式谈到的单项能力有时虽然采用同样的术语，但所指不同；有时采用了不同的术语，但所指又是相同的。有的模式针对的是特定的翻译体裁和特定的研究领域，却没有指明这一点……将惰性、心理、生理以及认知等因素作为翻译能力构成的一部分是否合适还值得商榷……翻译能力的构成模式绝大多数是理论模式，缺乏实证研究的支撑。"（ibid.：66-67)

口译能力研究既要借鉴翻译整体能力研究成果，也要专门针对口译特征研究其能力构成，特别是子能力的构成，因为口译能力培养建立在子能力获得的基础上，而且子能力培养的可操作性较强。

第一节　译员能力定义

本书中作者使用"口译能力"，这与"译员能力"没有冲突，因为，译员能力涵盖的内容和口译能力涵盖的内容没有实质差别，只是看问题的角度不同，提出"译员能力"的研究者有理由强调除语言外其他能力、特别是职业能力的重要性。

"口译能力"与"译员能力"之争近几年此起彼伏。Christian Nord（1991：146）认为，翻译的能力指运用不同知识解决翻译问题的能力，包括五种能力，即转译能力、语言能力、文化能力、专业能力和技术能力；Basil Hatim 和 Ian Mason（1997）则认为，译者扮演交流者角色，因而翻译能力就是交际能力；西班牙 PACTE 研究人员把翻译能力视作转换能力（仝亚辉，2010：88-93)。巴黎释意理论提出，语言知识、主题知识和百科知识是基础，职业翻译方法是核心，换句话说，理解、分析、表达能力必不可少，但同时必须掌握职业翻译方法（勒代雷，2001)。按照 Hans Vermeer 和 Katharina Reiss 的目的论（Skopos)，决定翻译过程的最主要因素是整体翻译行为目的，一切翻译由行为目的决定。实际上，翻译中理解和表达阶段都有选择问题，按照目的论，任何选择均为其目标服务。翻译目标主要表现在三个方面：为什么翻译、目标文本交际功能、特殊翻译手段的策略功能（Nord，2008：41-42；张美芳，2005：83)。由此而论，实现文本内的和文本间的连贯需要一种从目的出发的文本转换能力和跨文化交际能力。

　　综合国内外关于能力的论述，笔者在 2011 年提出了口译能力构成图。经过对比研究，笔者提出的翻译能力动态构成图如下所示：

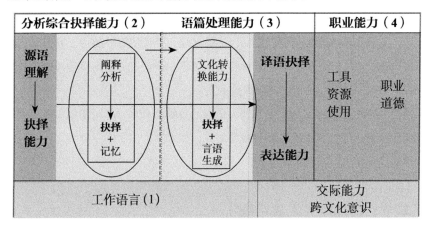

图 3.1 职业翻译能力构成整合图（刘和平，2011：37-45)

　　根据能力习得的先后顺序和它们之间的内在逻辑联系，此模式将翻译能力划分为**四大**组成部分：双语能力（工作语言能力）、分析综合抉择能力、语篇处理能力和职业能力。

　　（1）**双语能力**，包括两个子模块：第一个子模块属于使用第二语言进行交际的能力，主要包括交际能力和跨文化意识两部分；第二个子模块为根据不同交际场景、不同领域选择恰当语言（包括语言规范、语言层次等）的能力，我们将其定义为工作语言能力。双语能力是第（3）和第（4）部分能力培养的基础。

　　（2）**分析综合抉择能力**，主要指原语理解阶段的阐释分析、抉择、记忆等内容。不论是笔译还是口译，对于职业译者／译员而言，语言层次的分析基本让位于对内容和形式的分析，即根据交际场合的相关因素阐释分析原语信息，把握笔者／讲话人要表达的意义，并将分析理解后的意义加以储存记忆，并以此为基础用另一语言加以表达。

　　（3）**语篇处理能力**，主要是指在充分考虑语篇用途等因素的同时完成言语分析加工、选择和言语生成的过程。

（4）**职业能力**，主要包括翻译工具和翻译资源的使用能力和译员／译者的职业道德。

相对于其他翻译能力模式而言[1]，此模式的主要特点在于：将翻译的动态处理过程（从原语理解到译语生成）与翻译过程中所涉及的不同因素（如跨文化意识、工作语言、阐释分析、记忆、语篇处理、资源使用等能力）紧密融合在一起，比较忠实地还原了职业翻译的工作过程。该模式可以为口笔译阶段性教学和不同教学内容与方法的选择提供依据。

这张能力发展图实际上是对前人研究的总结和升华，尽可能如实还原职业翻译的原貌。经过多年的教学实践和研究，作者还推出了应用型人才培养五式教学法（见本书第四章第二节）。

第二节　口译能力发展特征

口译能力构成原则与图 3.1 吻合，但突出点在于口译中的动态处理过程，包括以下特点：口译中不能查字典、不能或基本不能咨询专家、只能听一遍、讲话语速比书面阅读快很多（一般为 150 左右字／分钟）、表述可能含混不清、因交际双方专家在场心理压力大、工作时间无法选择，等等。这些因素在口译训练中都需有所体现。

一、译员的工作语言

工作语言指译员在口译中使用的相关语言，即能够保证信息理解和表达质量的语言，或称能够娴熟掌握的两种以上的自然交际语言。

首先，**语言知识不等于语言能力**。与口译相关的语言能力指交际能力，而不是语法、句法等知识水平，因为口译需要的是语言交际能力，语言知识的多寡不能与交际能力高低相提并论。知识是获得能力的前提条件，听得懂、看得懂才有可能说得出、写得出。中国现阶段几乎单一的语言环境很难培养出双母

1　指李明秋的"二分法"（2009：80），文军的"分力论"（2005：64），Gile 的"IDRC 模式"（2008：75），潘菽的"技能培训论"（1992：142，148）等。

语人才。因此，学生需要通过习得过程获得第一和第二外国语。而习得语言有其特性，尤其是成年人，学习特点是先懂后记，听不懂或看不懂则无法说和写。因此，设计与传统外语教学目标不同的教学大纲和课程成为当务之急。换句话说，在翻译教育教学中应该根据我国学生特点安排必要的母语和外语进修课程。

其次，**日常口语能力不能等同于职业口译工作语言能力**。译员在工作中使用的不是日常生活语言，这种工作语言被称为"官方"语言。"隔行如隔山"，在"官方"语言中还要考虑不同领域的"行话"特点。不少学生认为，我跟外国人讲外语很流利，因此学习口译没问题。但当他们进入口译训练后，很多"官话"都被"俗语"或"学生语言"替代，语级不伦不类，甚至无法登"大雅之堂"，无法进入职业翻译角色。可以想象，一个学生用日常口语表达方法翻译经济或其他主题的讲话会是何种结果。

还需要强调的是，学生的 A、B、C 语言应该按照前面讲的国际标准划分，即母语 A + 娴熟掌握的第一外语 B + 能够保证无误理解的第二外语 C。

二、逻辑思维能力培养

除语言能力外，其他口译能力发展特征是什么？其基础是什么？在阅读专家学者关于翻译能力的作品中，我们看到三个核心词：

一是"**能力**"，即翻译教育需要学生具备一定的语言和非语言能力；

二是"**技能**"，技能以能力为基础，技能的形成有阶段性；

三是"**练习**"，练习是技能获得与形成的基本途径。

学习某一个职业技能，必须首先了解这个职业并具备相应的基本条件。换言之，工作语言是学习翻译的必要条件，我们的任务是定义所需的工作语言水平，在这样的"能力"条件基础上进行"技能"训练，尤其解决"练习"所需的方法，从而保证接受翻译教育的人具有"抉择能力"，具有完成具体目标的策略和方法。

《礼记·中庸》说："博学之，审问之，慎思之，明辨之，笃行之。"这其中的"思"、"辨"就是思辨一词的本意，也是批判性思维的精髓所在。2000

年中国教育部颁布了新的《高等学校英语专业英语教学大纲》，特别强调要培养学生分析问题、独立提出见解和创新的能力，思辨能力成为了教学关注的焦点。

思辨能力可分为思考能力和表述能力两部分。对译员而言，思辨能力更多地表现为逻辑思维能力。张梦井（2007：5）指出："从思维的角度看，翻译不仅是一种语言活动，更主要的是一种思维活动。因为语言本身就是人类思维的产物，所以与语言有密切关系的翻译也必定是一种思维活动，而且是一种比较高级的思维活动。但是，由于世界上东西方人所处的人文及自然环境不同，所以他们的翻译思维也必定有所不同。由于东方人的思维模式和西方人的思维模式有巨大的差别，所以反映在翻译思维方面也有两种不同的思维模式。"翻译是两种不同思维模式的转换过程，这一过程并非机械化，需要下意识地按照两种不同的思维模式理解和表达，因此其特点有别于任何一种单语思维模式。

逻辑思维能力是指正确、合理思考的能力，即对事物进行观察、比较、分析、综合、抽象、概括、判断、推理的能力，采用科学的逻辑方法，准确而有条理地表达自己思维过程的能力。而译者思维特殊性何在？搜集、整理有价值的资料、对浩瀚如海的信息作出判断和选择、预测翻译将要面对的问题并寻找解决方案，从而做好翻译的准备。"思维和推理是人类两种复杂的认知活动。翻译是一种跨语言、跨文化的认知活动。它离不开译者的思维和推理，而思维和推理的最终目的是解决问题"（颜林海，2008：84）。为什么翻译专业的学生要培养思辨能力？首先，译者具有极强的思辨特征，从阅读、聆听到表达，逻辑分析和思辨抉择贯穿整个翻译过程。学习翻译，即学习一种跨文化的特殊思维模式，而这种思维模式的训练应贯穿在教学大纲的每一门课程中，无论是知识类课程还是技能训练类课程。这是因为，每门课程除传输相关知识外，更重要的是培养学生阅读、选择、思考、思辨、逻辑分析、寻找合理结论的能力。逻辑思维在翻译过程中还可以帮助译员启动必要的主题和百科知识，从而尽可能避免逐字逐句的语言层面翻译，发挥好交际"桥梁"的作用。

其次，翻译具有体验性、互动性、创造性、语篇性、和谐性等特征（王寅，

2005：15-20；颜林海，2014：9-14），没有思辨能力，译员就会成为人们常说的"传声筒"，不仅其社会角色被彻底湮灭，而且其智能（听、辨、分析、加工、综合、记忆、言语生成和表达）的特殊性也会被忽视。

　　智能训练同体能训练的共同点是明显的，但差异也是一目了然的。学车需要人的四肢俱全，若有伤残则要求其伤残部位不影响开车，并需要与特殊驾驶要求相匹配的车型；学长跑要有耐力，学短跑要有爆发力，学跨栏要有弹跳力，学唱歌要有好嗓子，学音乐要有好耳朵，以此类推，学习翻译除需要热爱这个职业外，还要有一定的语言天赋和文字理解与撰写能力，或瞬间反应能力、记忆能力、语言表达能力、良好的心理素质等。然而，智能训练的最大难点在于学生的内化过程非完全显性，分节训练、技能之间的协调性和实现程序化过程相对较长。除此之外，学生的工作语言、主题知识和百科知识的欠缺也是造成能力提高缓慢不可忽视的因素。

　　在口译教学中，教师常常使用英文的五个"W"动员学生进入逻辑思维：Who、When、Where、What、Why。语言学的功能理论也好，目的论也好，法国的释意理论也好，这些理论均强调交际的功能和目的，强调交际意义的转换。在预定的交际场合，出现带有明显交际目的的陈述人借助恰当的方式实现其交际目的，译员则扮演帮助操不同语言的交际人完成交际的角色。

第三节　口译子能力发展图与口译教学

　　根据中国国情以及技能培训特点，我们将口译能力培养划分为两个主要阶段：以语言能力培养为核心和以技能训练为核心。而这两个阶段又以能力与技能交替发展和练习策略培养为主要特征。

　　翻译专业本科阶段以语言能力培养为**核心**，**辅之**以翻译技能的基础训练，或称为（口笔译）入门阶段，属于**基本技能分节训练**阶段，也可称为非自动化阶段。翻译专业硕士阶段则以技能训练为核心，突出练习的自动化过程，辅之以语言能力的提高。对于在本科阶段未参加过真正意义的职业翻译培训的硕士生，各学校可根据具体情况采取分班处理等手段。

一、口译子能力发展图表

口译能力发展的阶段性特征十分明显，如交传、同传、视译等[1]。为便于教学操作，我们将口译能力按照发展规律切分成若干个子能力，子能力之间需要有衔接，每个子能力都可以构成一个阶段的教学内容，若干子能力构成阶段性教学训练目标，依此类推，各校可根据总体教学目标要求安排教学内容（刘和平，2011：37-45）。

表 3.1 交替传译各阶段子能力要求

交替传译 1：入门阶段（视听说）			
热身： 了解职业，纠正语音语调，纠正姿态，把握讲话节奏			
无笔记训练	母语听辨记忆	信息的视觉化、形象化、现实化＋逻辑分析＋大脑记忆方法	借助各种手段记忆方法
	外语听辨记忆		
	转换训练		
无笔记与有笔记交替训练	画画＋综述＋删除	笔记的引入	大脑与手的协调方法
	开头、结尾、数字、专有名词＋框架	仍以大脑记忆为主	强调其与信息的关系
	篇章连接词	借助常见符号记录	部分常用符号使用方法
	关键词	常规记录方法	部分常用缩略方法
测试： 重点在听辨、理解、分析和表达能力，可采用综述、复述、摘要等方法			
交替传译 2：基础阶段（技能分节训练）			
热身： 了解职业，浏览口译职业的各类照片，熟悉使用口译的场合、工作条件、国际机构等			
译前准备	选择与各校特色结合的主题	熟悉准备过程中应运用的方法和常见问题的处理	熟悉工作语言

（待续）

---

1 笔译中各类文本特征及翻译能力特征，还有术语、编审、审校、机辅翻译、重写、媒体翻译等。

（续表）

口译程序： 通过无笔记训练 强调"得意忘言" 的重要性	母语听辨记忆	信息的视觉化、 形象化、现实 化+逻辑分析 +大脑记忆方法	借助各种手段记忆 方法
	外语听辨记忆		
	转换训练		
有笔记与无笔记 交替训练（快速 过渡） **备注**：该阶段需 注重语言能力与 翻译能力提高的 交替进行	画画+综述+删 除	笔记的引入	大脑与手的协调方 法
	开头、结尾、数 字、专有名词+ 框架	仍以大脑记忆 为主	强调其与信息的关 系
	篇章连接词	借助常见符号 记录	部分常用符号使用 方法
	关键词	常规记录方法	部分常用缩略方法
交替传译3：交传模拟（各类口译场合的模拟翻译）			深入了解口译职业 特点和要求，侧重 心态训练和各种问 题的处理
交替传译4：强化—自动化阶段			
巩固笔记，并以 主题为线，结合 各校特色，在获 得相关领域知识 的同时实现口译 技能的自动化	叙述类讲话	从听辨理解转 入信息的抉择、 记忆和表达	讲话包括一定比例 的陌生词或信息； 长度从3-5分钟延长 到5-8分钟，语速也 从180字词/分钟左 右提高到190字词/ 分钟左右；熟悉不 同口音、状况的处 理等。翻译的准确 度和完整性不断提 高，翻译的表达水 平接近职业化
	论述类讲话		
	描述类讲话		
	祝辞等各类讲话		
	带稿翻译[1]		

1　这里的带稿翻译不是同声传译中的视译，因为交替传译会遇到以下情况，尤其是发布会、
开幕式等重要活动：a.讲话人提前撰写讲话稿，译员负责将其翻译成译入语，同时承担活
动期间的翻译工作；b.讲话人提前撰写的稿件由其他人翻译，但组织者会在开会前将翻译
稿件及原件给译员；c.开会前组织方将稿件发给译员备用。

带稿翻译的主要优势是：可以提前了解讲话内容、在条件允许情况下可以与讲话人或组织
者沟通如何切分讲话长度、对讲话重点和段落等作出标识等。但在实际工作中，讲话人脱
稿发言是常见的，因此要在教学中加以处理。

表 3.2 同声传译各阶段子能力要求

同声传译 1：交替传译向同声传译的过渡阶段		
交传长度逐渐减小	情感性强的讲话	从几分钟的讲话过渡到逐句翻译
高声朗读与记忆	一般性讲话	逐段朗读后立刻说出其内容
母语单语复述	实用类讲话或文章	熟悉工作语言和翻译主题
母语延迟复述	实用类讲话或文章	熟悉工作语言和翻译主题
外语单语复述	实用类讲话或文章	熟悉工作语言和翻译主题
外语延迟复述	实用类讲话或文章	熟悉工作语言和翻译主题
注意力分配	影子与分心练习	听、思辨、记忆、笔记、表达的交叉
同声传译 2：会议同传准备		
同传设备的使用：译厢、设备、录音录像、网络的使用等		
视译 1：有原稿	根据学校特色选择不同主题的各类讲话	根据语对选择列举的处理方法：顺句驱动、酌情调整、超前预测、信息重组 （做到言之有意，表达流畅）
视译 2：传译（有译稿）	根据学校特色选择不同主题的各类讲话	听、读与脱稿处理，讲话人太快时如何选择信息，等等
同声传译 3：技能训练分节训练（讲话主题、内容和语言根据技能训练要求由易到难）		
讲话开头	上下文不十分清楚	逐句翻译与等待
数字翻译	讲话中出现少量数字	数字处理技巧
断句与解释	熟悉的主题	长句的处理
重复与解释	熟悉的主题	等待中
简约与增补	熟悉的主题	明喻与暗喻（跨文化现象的处理）
归纳与预测	熟悉的主题	语篇的衔接
耳语同传	可使用 PPT 文件	边看边综述或翻译

（待续）

（续表）

PPT 文件与翻译		对非英语的，可参照英文 PPT 的处理方法
接力口译		汉语为会议通用语言
电话 / 网络口译		采用电视转播形式等
同声传译 4：强化—自动化阶段		
巩固各种技能，并以主题为线，结合各校特色，在获得相关领域知识的同时实现口译技能的自动化	不同主题	注意采用不同民族讲同一语言的讲话，熟悉不同层次的人讲话口吻和习惯，并通过"动作"的重复、交叉等练习协调精力分配，解决听、思、说、写和自我监控等问题的协调
同声传译 5：接力同传		
接传特点 设备使用 接传表述与直译的区别 接传语速（如何跟上讲话人	不同主题	非通用语接英语—汉语居多，因此，英语同传尤其应重视该训练，强调出来的句子意思要清晰，不要讲半句话，坚决避免口头禅
同声传译 6：英—其他通用语（法、西、德、日、朝鲜等）		
该方面人才还有待培养，指在掌握一对语言互译技能后可根据市场需求进行英语与任何一门外语的口译	各类常见主题	如果能找到可以从英语直接翻译到汉语以外任何一语言的外国人最好，如果中国人做，则需 C 语言和 B 语言都十分过硬

　　表 3.1 与表 3.2 对交替传译和同声传译过程的不同技能组成进行了阶段划分，且描述了不同技能练习的不同要领和规范特征，即从口译行为的非自动化（单一技能训练）逐渐过渡到自动化过程（能力的形成）。

二、口译技能训练的阶段性

　　"翻译心理过程可分为译者的言语理解、形成表征和双语转换等三个阶段"（杨鹏，2007：73）。翻译训练是一个分阶段且各有重点的心智训练过程，有其规律性和系统性。换句话说，划分翻译教学层次的基础是技能训练的内容、强度和学生对技能掌握的水平，因为这种划分反映的是翻译专业训练的内在规律和特点。应该说，无论是哪个层次的翻译教学，都应该是能力训练。而能力的发展是有过程的，可以从低到高，从单一能力的培养到不同能力的协调发展，最终达到能力的完全自动化。

口译的心智特征比笔译更为明显。毋庸置疑，口译从借助一种语言理解信息、抓住意义到用不同语言表达理解了的信息，需要经历非常复杂的认知过程，除语言因素外，还有诸多语言外因素影响心智活动的进行，如交际背景、讲话人身份、语音语调、讲话时伴随的手势、演讲人面部表情、投影内容、音响设备、对主题了解的程度等等，另外，译员还会因身体或心理等因素偶尔出现注意力分散，或因记笔记受到干扰，或因讲话难度提高造成心理紧张，甚至出现短暂的记忆空白，这都在不同程度上影响口译质量。因此，有必要根据心理学理论，把口译过程分为听辨、理解、记忆、笔记和表达等不同阶段加以训练，在每个阶段训练相关的技能，例如注意力训练，包括听觉性集中注意、视觉性集中注意、注意力分配等训练，诸如自动加工、感觉记忆、图像记忆、声像＋短时记忆、表达等。

口译教学从无笔记过渡到笔记训练具有典型意义。在无笔记阶段，有的学生逻辑分析能力和综述能力很强，能够在短时间内完成一定长度的无笔记口译。然而，一旦学习使用笔记，就出现"听不会记""记不能听""所记难用"等情况。因此，这个阶段的训练要交替进行，一旦出现不能完整听信息的情况，应该停止记笔记，回到无笔记阶段，然后慢慢体会，逐渐提高。换句话说，即使教授如何记笔记，也要采取分节训练方式：先记开头结尾，后增加转折词，然后加入关键词或符号的使用，随后再集中训练数字和单位的记录方法，等等，一气呵成是不符合技能培养规律的。

笔者多次提出，学习口译是学习一种特殊的思维模式。这里涉及另一个关键问题：语言知识与认知知识的关系，或者说语言能力与认知能力的关系。我们重点讨论后者，因为有一点十分明确，即知识不等于能力，例如在经济领域的双语沟通中，听得懂语言，并不意味着能明白其意思。在口译中，理解意味着语言知识与认知知识结合的瞬间，即大脑语言区域与认知区域回路打通的瞬间，没有这样的结合，便无法完成口译任务。但我们的研究表明，如果一个人的认知能力很高，学习能力很强，则可以通过译前准备、在场"当下"不断的学习、利用交际场提供的语言外知识补充认知知识，从而顺利完成口译任务。如果认知能力主要包括理解、记忆、概括、判断、推理、分类、联想、预见等，即译员用大脑接收信息、储存和提取信息的能力，那么可以断定，认知能力可以随着训练和口译实践不断得到提高。

可以将口译训练分为两个大的阶段，一是以语言提高为核心的语言基本能力训练阶段，二是以口译能力为主要训练内容的职业教育阶段。

这里讲的语言能力指掌握基本语言（语音、语法、词法等）知识后的交际能力，包括双语听/辨能力、双语表达能力和相关语国家文化知识。换句话说，学生应该能用母语和外语理解并表达翻译工作中可能遇到的主题内容。

我们在硕士生入学考试中发现，有的考生甚至连第二次世界大战的起止时间都不知道；在参加全国二级口译（水平）考试的考生中，有考生在翻译"不到长城非好汉""唱、念、做、打""鲁、粤、川、淮"等中国文化类词汇时"哑口无言"或"胡编乱造"，也有考生说汉朝是唐朝后一个发达时期！如果一个想学口译的学生只会（凭借记忆和背诵能力）参加知识类考试，他／她将很难学好口译。因为，我们讲的语言能力更多的是指交际能力，而文化转换能力是交际能力的核心。文化转换能力指在恰当时间、恰当地点、用另一语言的恰当形式表达原语言承载的思想、概念、意图和信息。停留在语言层面的翻译在双语交际中是没有作用的，因为任何交际者都是带着某种交际意图同其对话者进行交流的。在以语言能力训练为主阶段，学生应该能够分别用汉语和所学外语听懂，特别是能够表达不同主题的内容，包括综述、叙述或自由即席表达想要表达的思想，获得所学语言国文化知识，并具有自己感兴趣的 1-2 个领域的专业知识。

语言水平基本达标后进入职业教育阶段。我们虽然不是搞市场学的，但从市场学角度来审视翻译专业人才培养与市场的关系还是十分必要的。因为，我们的任务是为社会输送各领域需要的合格的联络口译、交替传译或同声传译人才。在以口译能力培养为核心的阶段，需要完成表 3.1 和表 3.2 描述的各种子能力。可以说，智能训练与体能训练有很大差异，特别是口译思维模式训练，其形式依托于语言，但承载的是听众期待的信息，如何处理好形式与内容的关系是该阶段需要面对的问题。换句话说，该阶段以口译能力培养为主，但需要拿出一定比例的时间兼顾语言水平的提高。

目前中国的口译教学大体可以分为六种不同教学对象和目标：

（1）外语专业本科口译课；

（2）外语专业研究方向硕士课（MA）；

（3）翻译专业本科口译课（BTI）；

（4）翻译专业硕士口译课（MTI）；

（5）综合类院校口译选修课；

（6）外语类高职高专口译课。

各校可根据学生实际情况、教师口译教学水平和当地市场需求确定不同的教学目标和内容（社区口译、联络口译、商务口译、一般会议交替传译、特色专业的交替传译或同声传译等）。上述口译各子技能按照要求达到初步掌握、掌握、娴熟掌握三个级别。MTI 学生应该达到娴熟掌握，即达到市场要求的初级口译员水平，或达到人事和社会保障部组织的翻译资格（水平）考试（CATTI）口译二级水平。BTI 学生和部分有意从事口译工作的外语类或综合类院校的本科生应该达到该考试的三级水平。

三、专业特色与译员培养

本章最后还需要讨论一下各学校特色与译员的培养问题。

如前所述，翻译能力的构成中还有主题和百科知识。如何理解这个问题？我们处于大数据和智能发展时代，其显著特征是随着行业分工日益细化，各领域对"专业"知识和技能的特殊要求凸显。作为一名翻译，单纯靠外语和翻译能力是不可能胜任未来工作的。在翻译人才培养理念上，我们提出"1+1+1"模式，即语言＋技能＋个人兴趣爱好，对一个学校而言，最后一个"1"则是专业特色。

巴黎高等翻译学院老校长 Danica Seleskovitch 曾涉猎 30 多个领域的翻译工作，从在法国驻美使馆担任翻译到在欧洲钢铁工业联盟为欧洲之父 Jean Monnet 做翻译，她参加的国际会议无数，涉及几乎所有国际会议讨论的主题，这一切得益于她在巴黎高等商学院的学习经历。另一位巴黎高翻的毕业生,凭借其聪慧和刻苦用两年时间完成了硕士学业,后成为自由职业者。但她发现,国际会议涉及的法律、经济、人权等主题需要译员的专业背景,因此,她放弃了频繁的会议同传,又进入巴黎高等商学院进修学习,且在毕业后先进入一家银行工作数年后才转回自由职业行列,重新开始译员生涯。这样的实例不胜枚举。

对一个译员而言,翻译的对象不是语言,而是背后的信息。此话易讲不易做,试想,一个没有经济常识的译员为诺贝尔经济学获奖者做翻译服务会是何种结果!法兰西学院院长在中国要就"数学与卫星"做一场面向大众的讲座,虽然受众是一般听众,但他的主题对一般人而言是"高深莫测"的,没有相关知识,如何翻译?在云计算刚刚问世的时候,美国的一位工程师在世博会论坛上介绍云计算,如果译员没有充分的准备,又如何翻译?

欧洲相当一部分翻译院校大大降低了语言生的招生比例,更愿意招收具有一定专业背景且语言基础较好的学生来接受翻译教育。不过国外的翻译院校强调培养学生的职业性,而不是某一特定专业。中国的翻译职业发展有其特殊性,205 所高校开设 MTI[1],除语言类院校外绝大多数都有"特色"专业,如北方交通大学、中国石油大学、北京航空航天大学、中央财经大学、中国政法大学等等。另外,中国各地的需求也有差异,义乌镇变成了国内外小商品疏散地,广东有广交会,广西有东盟博览会,云南有园艺博览会,上海等地又建立了自由贸易区,诸如此类,如果这些地区的学校能够根据区域需求和自己学校特色开展 MTI 教育,这会解决不同领域的高质量翻译人才短缺问题,走出具有中国特色的"职业化 + 专业化"翻译教育之路。众所周知,学文学和语言学固然重要,但这 205 所学校的 MTI 学生都从事典籍翻译是不可能的,也是无法操作的,应该及早结束同质化教育,地区和学校采用差异性发展,这才具有可持续性,各领域翻译人才短缺的局面才能得到缓解。

1　最新数据请参考 xii 页脚注 1。

第四章　职业口译教学法

在经济全球化背景下，翻译工作也趋于职业化和专业化[1]。什么是职业化？讲职业化离不开三个要素：职业素养、职业行为规范和职业化技能。"职业化"就是职业技能的标准化、规范化、制度化。口译教学过程则是实现这三化的过程，也是衡量翻译人才质量的标准。翻译专业培养应用型人才，而应用型人才的培养必须严格遵守职业化人才培养的规律和要求。

翻译职业在社会发展中始终扮演"桥梁"角色，提供各类语言服务。然而，随着科技的进步，翻译服务已经被语言服务替代，翻译只是语言服务的一部分，而不再是全部。翻译从最简单的文本/话语翻译转变为利用现代化工具提供以文本翻译为核心的多元化服务，例如本地化、机器辅助翻译、翻译软件、术语、词典编辑、咨询、助理、项目负责人、谈判代表等。在这些活动中，提供语言服务的人是核心。早期的翻译基本上是以个体为单位，而现在的翻译活动由于规模和时间等要求出现了程序化和团队协作。从寻找项目到结项，中间环节增多，工作形式发生变化，工作程序更为细化。口译服务也不例外，形式呈现多样化：联络口译、会议交替传译、谈判口译、法庭口译、医学口译、社区口译、电话口译、网络在线口译、耳语同声传译、会议同声传译、新闻编译、（文字或口语）手语翻译等。

口译教学的过程就是利用各种手段指导和帮助学生获得相应的职业翻译能力，或者叫职业技能。如前所述，技能可以通过训练获得，技能的获得分阶段完成。为此，在教学的不同阶段采用不同的教学方法和手段，努力做到教学安排的有序性和方法的可操作性，这无疑可以帮助或保证教学计划的实施和教学目标的实现。

1　国外很多翻译类院校强调职业化教育，但反对专业化，即让接受翻译教育的年轻人具备职业素质与操守，具体专业则由学生根据自己的兴趣和未来就业需要进行选择。中国翻译专业学生人数不断增加，文学和商务翻译趋向突出，但市场需要的不同领域的翻译人才匮乏，尤其是理工科类专业。笔者认为，应该根据各校的专业特色培养不同专业的职业翻译人员，以应对广阔的市场需求。

第一节　教学模式与教学层次

一、教学方法定义

教学模式通常包括五个因素，这五个因素之间有规律的联系构成了教学模式的结构：理论依据、教学目标、操作程序、实现条件和教学评价，其特征为指向性、操作性、完整性、稳定性、灵活性。

教学模式可以定义为：在一定教学思想或教学理论指导下建立起来的较为稳定的教学活动结构框架和活动程序。作为结构框架，教学模式从宏观上把握教学活动整体及各要素之间的内部关系和功能；作为活动程序，教学模式最突出之处在于其有序性和可操作性[1]。在这个定义中，有几个关键词值得注意：框架、程序、有序性、可操作性。

教学模式必须与教学目标相契合。应根据实际的教学条件，针对不同的教学内容选择教学模式。在一种教育模式中可以集中多种教学方法。教学模式发展的主要趋势是从单一变为多元、从教师以"教"为主到学生以"自主学习"为中心。教学模式由于受到现代化教学工具和手段的影响也需要不断完善。教学模式是大量教学实践活动的理论概括，在一定程度上揭示了教学活动带有的普遍性规律。

教学模式具有很强的指向性。由于任何一种教学模式都围绕着一定的教学目标设计，而且每种教学模式的有效运用也需要一定的条件，因此不存在对任何教学过程都适用的普适性模式，也谈不上哪一种教学模式最好。评价最佳或最有效教学模式的标准是：在特定情况下能够实现特定的教学目标。因此，在选择教学模式时必须注意不同教学模式的特点和性能，注意教学模式的指向性。

教学模式必须具备操作性。教学模式是一种具体化、操作化的教学思想或理论，它把某种教学理论或活动方式中最核心的部分用简化的形式反映出来，为人们提供了一个较抽象理论具体得多的教学行为框架，具体地规定了教师的

1　百度百科，2013，教学模式，http://baike.baidu.com/view/290597.htm（2015 年 6 月 10 日读取）。

教学行为，使得教师在课堂上有章可循，便于教师理解、把握和运用。一般情况下，教学模式并不涉及具体的学科内容，所提供的程序对教学起着普遍的参考作用，具有一定的稳定性。然而，教学模式也必须具有灵活性。作为并非针对特定的教学内容教学、体现某种理论或思想、又需在具体教学过程中进行操作的教学模式，在运用的过程中必须考虑到学科特点、教学内容、现有教学条件和师生等具体情况，进行细微的方法上的调整，以体现对学科的主动适应性。

表 4.1 教学模式构成要素与特征表

五要素	理论依据	教学目标	操作程序	实现条件	教学评价
五特征	指向性	操作性	完整性	稳定性	灵活性

任何教学模式都指向和实现一定的教学目标。教学目标在教学模式的结构中处于核心地位，并对构成教学模式的其他因素起制约作用，它决定着教学模式的操作程序和师生在教学活动中的组合关系，也是教学评价的标准和尺度。正是教学模式与教学目标之间这种极强的内在统一性，决定了不同教学模式的特性。不同教学模式是为完成一定的教学目标服务的。鉴于翻译专业本科和硕士有相对明确的教学目标，教学大纲的设计和课程安排则应在相关理论指导下、在严格遵守教学规律的基础上制定。

教学方法通常包括教师教的方法和学生学的方法两方面，但随着新的教学法不断诞生，尤其是随着网络技术、慕课和翻转课程的发展，以学生为中心的学习方法成为教学法关注的核心。换句话说，教师的教授法应该以学生的学习法为基础，即充分考虑学生的学习心理和认知发展特征，否则便会因缺乏针对性和可行性而无法有效地达到预期目的。在信息社会中，真实与虚拟世界交错发展，学生面对的是众多选择的可能性，教师则应顺势调整重心，在其选择中给予指导和帮助。这种角色的调整是对传统教学法的一种挑战，也是应用型人才培养的重要原则。

教学模式和教学方法的实现需要相关教学条件，即能使教学模式发挥效力的各种条件因素，如教师、学生、教学内容、教学手段、教学环境、教学时间等等。谈及教学条件，人们往往更多关注硬件的配套，如同声传译教室和翻译软件的安装等，却忽视了软件的开发，即教学内容、教学环境、教学手段、翻译软件的合理使用与开发、实习实践和校企合作等。还有一点也容易被忽视，即学生的自我"练习"。练习需要一定的场地和设备（翻译软件、多媒体设备或口译软件等），需要一定量的保证（笔译 2,000 字 / 周，口译课程与训练比例应为 1:3），这也是学习并获得翻译能力的基本手段。

在这些教学条件中，教材问题不可忽视。目前市场上的翻译教材大致可以分为三类：以词法或语法为线、以主题为线、以技能发展为线。实际上，这些教材只解决了翻译什么（主题为线）或如何学习（技能为线）的问题，还不能涵盖职业翻译的整个程序。因此，需要将译前、译中和译后与职场的岗前、在岗和在职学习相匹配，将社会 / 客户需求、项目或合同签订、项目执行、项目管理和质量检查及产品交付等纳入教学环节。换句话说，观摩、操练、实习、模拟等都可以成为教学手段。为此，专家进课堂、项目进课堂、现场指导、双导师制、实地参观、现场观摩、集体讨论等均可构成必要的教学条件。

根据翻译活动过程特征，可以将口译教学操作程序分为宏观和微观的译前、译中和译后三个阶段。宏观指教学全过程，微观指每一个单元的教学活动。宏观的三个过程指测试、修订教学大纲和课程，具体的口译教学活动组织以及反思与评估。微观的三个过程可以指译前准备，翻译不同能力的分节训练、综合训练，译后的自我训练提高与资料整理。这里需要强调的是，译前测试的目的在于全面了解学生的水平和能力，包括学习动机，因此不能局限于语言测试，还应包括文化水平、智力水平、心理承受能力等内容（刘和平，2011：254-255）。随后需要根据测试结果并按照口译能力发展规律及职业要求制定系统的翻译教育计划和操作程序。

二、不同层次的口译教学

笔者认为，无论哪一个层次的翻译教学都应该包括仲伟合讲的三个板块（2003：63-65）。考虑到中国口译市场的多种需求和口译教育特点，笔者提出：除国内少数有能力并有条件的学校 / 机构外（即通过严格筛选采用与国际接轨的培训模式、方法及考试制度培养职业会议口译人才），其他培养单位可以组织硕士层次的各类职业口译人才教育，其优秀毕业生经过实践或其他相关培训后可以逐渐补充到会议译员队伍中。考虑到绝大多数翻译院/系的条件和现状、学生的汉语和外语的实际水平以及本科生阶段翻译教学对学生的不可筛选性和时间限制等诸多因素[1]，多数学校应该将教学重点放在交替传译上，外语大专院校的教学应该放在旅游和联络口译人员的培养上。

具体而言，根据口笔译理论和技能训练的阶段性特点，按照语言难度、主题难度和对译员相关能力的不同要求等因素，可以考虑将口译教育划分为初、中、高三个阶段，并制定这三个阶段的教学重点和方法。具体而言，**初**为外语本科阶段基础型，**中**为翻译本科中级专业型，**高**为翻译硕士高级专业型。按照三个阶段的划分和衔接进行教学，这样可以逐渐形成中国口译教学的系统性，即从初级的基本感知和了解，到中级技能的基础训练，再上升到高级的程序化和专业化训练，帮助学生获得不同层次的翻译能力，从而为市场培养不同层次、具有不同特长的口译人才。

1. 初级、中级专业型口译教学目标与内容[2]

按照已经颁布的《高等学校翻译本科专业教学要求》，翻译教学内容涉及四个板块：双语知识与技能课、翻译技能课、相关知识课和人文素养。可以将这个阶段的课程归纳为三大目标，无论是语言文学专业高年级的翻译课，或综合类院校的口译必修或选修课（初），还是本科翻译专业的各类翻译课（中），在完成这三项目标时由于课时量和教学大纲的要求不同，学生会在**训练强度**和**技能掌握程度**上出现差异，但其教学原则和方法应该保持一致。这也是考虑到中国国情，目前很多外语院校/系在培养外语人才的同时也承担着培养翻译的任务，外语教学与翻译教学仍没有明显的差别。

这个阶段的主要任务是：

1　根据中国目前的教育体制，相当一部分学校很难对学生进行"筛选"，只要报考成绩合格就可以入学的问题还普遍存在。另外，一些翻译培训机构出于盈利目的，只要学生"缴费"就允许其接受培训。针对这些问题的解决方案需另外择机讨论。

2　该部分节选自笔者的《论本科翻译教学的原则与方法》一文，该文于 2009 年发表在《中国翻译》第 6 期。选用时作了部分修改。

（1）**了解翻译的性质、形式、基本概念和认知过程**。初级和中级阶段的教学都要帮助学生获得翻译的一般知识，如翻译的各种形式、翻译市场、翻译的作用、翻译的标准和原则、口译与笔译的基本区别、口笔译的技巧和不同语言的信息转换过程等。学生尤其需要了解语言知识与认知知识的关系，了解认知知识对翻译的重要性。但这些知识的传输应该贯穿在讲评和评估中，以及在教学的各个环节上，需要教师与学生的互动，特别需要学生的积极参与，而不是单纯依靠书本或教师的讲解完成，因为知识虽然能帮助理解，但不等同于技能，后者只能靠知识加训练才能获得。

（2）**培养双语思维能力，掌握翻译基本技能和方法**。语言学习阶段强调某一语言的习惯，如用汉语思维或用外语思维，但翻译训练是帮助学生有意识地借助认知知识培养双语转换思维模式，而"脱离原语语言外壳"（得意忘形）是掌握这种特殊转换思维模式的关键；借助认知知识完成对由文字构成或由有声语链构成的语篇的理解、记忆、表达是翻译技能训练的重要环节。按照心理学理论，技能训练有阶段性特点，因此，技能的分节训练、重复训练和交叉训练是帮助学生获得翻译技能的重要教学手段，是实现学生翻译能力自动化的基本保证。教学过程中，可以在学生基本掌握"分节动作"后针对汉外语语篇的不同特点进一步训练口译和笔译思维转换模式。

（3）**实现技能培训与汉外语言提高的双重任务**。按照本科教学大纲，也根据翻译培训对学生语言能力的要求，本科阶段除翻译技能训练外，还必须帮助学生提高**双语**理解和表达能力，并在翻译技能培训过程中不断丰富百科知识。实际上，职业翻译培训提供了良好的双语交际活动氛围，在这样的双语交际中，语言只是工具，不是翻译的对象，而意义的再现是根本，因为交际成功的标志是原语信息得以准确得体的传输表达。交际中使用的是活生生的语言，其意义经常是字典提供的含义所不能涵盖的。这种情况下，译前准备、译后思考、译后补充完善术语库（概念、定义和语言的特殊意义）、译后相同主题文章的撰写、口译后将语篇文字化等方法便成为学生借助翻译训练提高语言的重要途径，也是学生获得语言外知识的有效方法。（详见本章第二节和第三节）。这个阶段为基础性口译教学，可以介绍了解翻译专业情况、口笔译特点和类型，训练基本技能，例如译前准备方法、信息的获取和筛选、概括和综述能力、信息理解和表达要领、基本的交替传译笔记等。这部分内容可参阅《技能化口译教学法原则——兼论高校口译教学的问题》一文（刘和平、鲍刚，1994：22-24）。这个阶段的教学目标是，学生能够借助译前准备听懂并翻译常见主题一般难度的讲话，毕业后可以承担社区口译或联络口译。

可以将这个阶段的交传训练归纳为七个步骤（刘和平，2009），详见第三章第三节。

译前热身：介绍并了解职业口译市场与特点。这一阶段主要是了解经常使用口译的领域、特点和进入口译市场的规则、译员应具备的基本素质（例如着装、讲话声调、译员所在位置、合同的签订，合同内容则包括完成任务的时间、地点、双方责任与义务、报酬等）。

译前准备：学习资料查找方法，培养与专家或译文需求单位／个人的沟通能力。学生要了解译前准备的内容、方法与途径，解决主题与语言等方面问题，例如查找资料的"优化"手段、材料源的可信度、专业术语概念和建立术语库方法，同时要学会如何了解客户信息与需求，充分认识译前准备对口译的重要性，因为口译同笔译不同，一旦上场，查找资料或询问的可能几乎不存在（交替传译中少数情况除外）。

无笔记交传训练四步法：a. 听：把精力集中在信息上，而不是"听词不听意"。通过渐进法确定意思，并通过训练加快对信息的分析；b. 分析：借助视觉化、形象化、现实化等手段听信息（尤其是数字、人名、地名等），找到译入语对应词，理清前后关系；c. 记忆：激活被动记忆，对信息作出反应；d. 信息重建：寻找合理性，讲信息不抠字眼，突出"脱离原语语言外壳"（得意忘形）过程。该阶段训练的主要形式可以是单语或双语、译出语与译入语交叉的摘述、综述、摘要复述、完整复述等；

理解与笔记训练二原则：a. 理解在先，笔记在后。口译过程中，理解是一个非常重要的程序。没有理解，翻译便无从谈起。但是口译的理解不同于一般人自然的理解。一般人只选择自己感兴趣的信息，可以忽视其他自己认为无关或不重要的信息，而"口译的理解表现为某种将注意力指向原语的整体，并对内容进行思维加工的心理努力，目的是将原语储存以便传译"（鲍刚，2005：114）。口译的理解还有另外的特殊性："口译的思维理解这一程序并不是在口译听辨完成之后才启动的，而是几乎与听辨同时开始的"（ibid.：115）。"翻译的特殊性恰恰在于译员在信息搜觅的同时还要产生另一言语的表述动机，形成语义初迹，为随后的言语表述作准备"（刘和平，2002：57）；b. 笔记技能分段训练：从单个动作到两个和两个以上动作的衔接，直至整个技能的掌握，例如：笔记本的使用，讲话的开头、结尾，讲话中的数字、专有名词、缩略词、连接词、转折词、关键词、符号或形象的使用，信息架构的标识，等等，在不能正确使用笔记的时候，宁可暂时丢掉笔记，主要靠大脑记忆。由于课时的限制，有些训练如面对数字作出积极反应、数字与信息结合后的理解记忆等，应该让学生通过大量小组练习完成。

笔记与表达训练二原则：a. 借助大脑记忆表达为主，笔记为辅。此阶段重点在如何将大脑记忆和笔记记载的内容非常逻辑地加以表达，而不是"念"笔记，表达欠逻辑时，宁可放弃笔记，以大脑记忆为主要依托；b. 表达做到正确、逻辑和通畅，严格避免"说词"不表意现象。

综合训练：这个阶段的训练以主题为线，是技能分节训练后的技能自动化形成阶段。教师可根据各校的专业特长，选择相应的叙述类、论述类、描述类讲话，或突出某一类讲话，宗旨是帮助学生完成认知技能自动化。

视译：此训练分为交替传译中的带稿翻译和同声传译中常见的视译。交替传译中的带稿翻译训练重点是与讲话人协商段落的划分、标注；同声传译中的视译主要训练边看、边听、边概括、边表达能力，重要的是"一目十行"和迅速的综述表达。无论是交传还是同传，在有稿情况下也需要特别注意讲话人的即席插入或修改的内容等；教师应根据学生的双语水平选择视译内容，要避免把这种训练变为简单的边看边说的逐字逐句翻译。

初级、中级口译教学基本方法如下：

"本科翻译教学实际上是翻译的启蒙和基础阶段……因此，本科教学的重要性甚至超过了研究生层次的翻译教学"（鲍川运，2009：46）。大学翻译本科教学是学习翻译的启蒙阶段，采用科学、有效的教学方法把学生领进门，这对学生未来的发展至关重要。

《高等学校翻译本科专业教学要求》指出，"在教学中要多开展以任务为中心的、形式多样的教学活动，倡导采用任务教学法、案例教学法、模拟教学法、项目教学法、多媒体网络教学法等教学方法，充分调动学生学习的积极性，激发学生的学习动机，最大限度地让学生参与学习的全过程。要引导学生主动积极地利用图书资料和网上信息获取知识，充分利用计算机网络系统和多媒体自主学习平台等现代信息技术手段，并使学生在运用知识的过程中培养自主学习能力、实践能力和创新能力。要注意教学方法的多样性，根据不同的教学对象、教学内容、教学目的和要求，选择相应的教学方法，鼓励教师积极探索新的教学方法和模式。""科学技术的迅猛发展和信息时代的到来使计算机越来越多地被运用到翻译之中，互联网也是翻译教学的重要资源，为翻译教学手段的现代化提供了条件和保障。要充分利用互联网，积极采用现代的、多元的和全方位的教学模式，在充分利用原有电教设备的基础上，积极探索和开发计算机辅助教学平台，为更新教学内容、提高教学效率、培养学生有效的学习方法创造条件"（仲伟合，2011：20-24）。

本科翻译教学应以翻译职业化特点为基础、以翻译过程训练为规范、以分段训练为手段、以技能训练带动语言提高，实现翻译基本技能由渐进向自动化的过渡。为此，教学应严格遵守以下三个基本原则。

(1) 以学生为主、教师为辅为原则

传统的语言教学和翻译教学通常以教师为核心，以课本为依托，学生成为教学的配角，处于相对被动的地位。如果说在知识的传输中采用以教师为主的原则还有一定道理的话，学生在翻译技能训练中必须成为主角。教师是指挥，是导师，是教练，学生则是实际操作人员或运动员。不容置疑的是，翻译能力不是教会的，而是练就出来的。翻译训练应该"以教学生如何学为宗旨，利用多媒体手段、教学资源、社会资源等形成一个课堂教学与课下教学训练、师生评估互动、校内学习与校外实习、实践与研究结合的循环体系，营造多维度的教学氛围，激发学生自觉学习的动力与自我提高的潜能……"（蔡小红，2008：45）。授之与鱼，不如授之以渔。学生是未来参加翻译实践的人，仅凭翻译语言知识是无法胜任口笔译翻译任务的。随着科技的发展，翻译教学手段和教学方式日益丰富，教师可根据自己能够掌控的条件采用适当的手段和方式设计教学方案，但让学生"动"起来，让学生成为"主力"，仍是翻译教学法基本原则之一。

(2) 以口译过程培训为原则

"以过程为基础的活动（process-based）是各个领域采用比较多的一种组织方式，即着重于活动的过程，以过程及过程中的具体步骤和程序保证目标的实现。这一方法用于翻译教学，实际上就是以过程体现一套教学规范"（鲍川运，2009：46）。"只有经过翻译的过程才能制造出翻译的产品，也只有理解了翻译的过程，才能更好地帮助我们进行翻译实践"（Bell，1989：22）。应该说，翻译的初、中级教学质量会直接影响硕士层次高级训练的质量。初、中级翻译教学更应该突出过程，因为"教育是一种体验，是让学生经历各种事物的过程，学习来自对外界的感知。教学是幕后工作，重在引导学生做事"（陈菁，2009：10）。确切地讲，本科翻译教学应该以过程为规范，学生只有掌握了原则和正确方法，才有可能最终制造出优质产品，而产品质量的不断提高则应主要放在翻译硕士阶段或翻译工作实践中。

(3) 以口译技能的阶段性训练为原则

采用以过程为规范的教学，其操作性非常强。"口笔译训练有各自的规律和特点，但同属技能训练。如前所述，技能训练包括粗略掌握、改进提高及巩固和运用自如三个阶段。根据技能训练原则和方法，不同阶段训练不同的内容，这样才会形成技能训练的完整体系。花费很长时间却抓不住原作要点，捧着字典翻译，专业不懂时罗列词汇，不考虑译语使用者要求，一味追求所谓的译文对等，或不顾读者感受，洋味充斥译文，句子冗长令人费解，凡此种种，都属于不会读，不会译。快速有效阅读、译前准备、术语库的建立、信息资源的储备和使用、专家信息的建立和联系、文本的撰写与校对、译文文本水平的提高等等，所有技能不可能一下子训练完成……口译更不例外，口译技能主要表现在信息的接收和转换上，具体来讲，表现在其思维特点上。单语言语理解和言语生成几乎同时完成，而口译理解和表述由于使用不同的语言，需要有意识的信息加工和处理，分析综合则是口译理解的基本特征，即知觉、注意、联想、分析、记忆、表述等多重任务的同时瞬间处理"（刘和平，2008：37）。口笔译是一种心智活动，需要也必须通过系统化训练完成。

将翻译教学划分为三个层次，这意味着三个阶段教学内容和方法的不同。

基于大多数学校的现状和学生的实际情况，初、中级翻译教学应该突出翻译过程训练，并以翻译技能训练为主线，要与各校的专业特色紧密结合，并根据教学总课时数将口译训练分成若干板块，逐一进行、逐项评估，最终完成本科翻译教学大纲规定的总任务。

根据教授法应以学生学习法为前提的教学法理念，翻译技能训练的关键是学生的参与，他们的参与可以表现为：选择自己喜欢的翻译材料，积极参加课上和课后小组训练，积极寻找实习机会，善于思考和总结。应该说，每一阶段教学目标的实现都依赖学生的参与，而教师的训练指令准确、清晰、可操作性强是学生积极参与的基本保证。

2. 高级专业型口译教学目标与内容

高等学校翻译硕士（MTI）旨在"培养德、智、体全面发展、能适应全球经济一体化及提高国家国际竞争力的需要、适应国家社会、经济、文化、社会建设需要的高层次、应用型、专业性口笔译人才"[1]。

目前全国有 205 所高校开设了 MTI 翻译专业[2]，各地需求、学生生源情况和水平等均存在差异，很多学校本科阶段也未开设正规的翻译课程或专业，因此，在口译教学体系尚未建立的情况下，应该根据各校学生的实际情况组织教学。这个阶段的部分学生在本科阶段虽然没有接受过任何职业口译训练，但他们的整体认知发展水平、语言外知识和语言水平都具备了必要的基础。无论哪所学校，这个阶段的学生通常是经过筛选的。应该说，上海外国语大学高级翻译学院的会议口译方向（CI）和对外经济贸易大学欧盟培训中心的口译培训入学考试相对较为严格，采用国际翻译学院考试办法，每年只招收 10 名左右"精英"学员。相对而言，MTI 招生数量较多（有学校每年招收学生百人以上），较"精英"水平相比尚有距离，换句话说，目前我国 MTI 培养接近大众化教育。有年轻人因看到外语毕业就业困难而选择翻译专业，也有学生因认为口译

1　全国翻译专业学位研究生教育指导委员会，2013，翻译硕士专业学位研究生教育指导性培养方案，http://cnmti.gdufs.edu.cn/info/1015/1003.htm（2015 年 1 月 28 日读取）。

2　最新数据请参考 xii 页脚注 1。

赚钱而选择口译方向，当然也不乏喜欢口译的粉丝。无论学员学习动机是就业还是赚钱，有初步学习动力和一定的基础是他们的共同点。这个阶段的口译教学即是本科阶段教学的升级版，更是学生走向职业化的通道和平台。因此，这个阶段的训练主题更广泛，训练强度更大，实践和实习要求更严格，训练内容与真实市场需求更为吻合。

如本书表 3.1 与表 3.2 所示，研究生阶段的口译教学内容应该是交替传译、视译和同声传译。对没有接受过交替传译初步训练的学生而言，这一阶段的训练至关重要，因为交替传译训练的听信息、分析综合加工、记忆、表达、笔记等对学习同声传译有重要影响。研究生阶段的交替传译训练原则、内容和方法同本科阶段基本相同，不同之处在于训练强度和质量要求。目前各高校的学制从两年到三年不等，因此，交替传译和同声传译训练的长短要根据培养目标、学制、学生进校时各方面水平和学校所在地区市场需求等因素决定。需要特别重申的是，教学材料的选择可以根据各校专业特色和培养目标确定，如突出经济、经贸、法律、环保等主题，可以采用模拟商务类会议、专业研讨会等场景或主题方法。

第二节　口译五式教学法

若想实现教学目标，教学模式和方法是关键。

如前所述，翻译能力训练的核心是"训练"，训练需要策略和方法。那么，翻译教学中该如何组织训练呢？目前，很多学校的口译培训离不开传统的以教师为核心的授课模式：教师讲解相关理论或原则，然后放录音让学生练习，随后进行讨论或教师点评，并给出参考答案。例如在理解和笔记阶段，教师讲解大脑记忆的重要性，强调以听和大脑记忆为主，笔记为辅，然后让学生开始做笔记。但学生忙着记，记的时候忘记听，笔记留下若干字，脑子里却没有任何信息框架。学生如何做到理解与大脑记忆同笔记的"精力分配"呢？这个问题不解决，到了笔记与表达阶段，学生自然会把主要精力放在笔记上，变成"念"笔记，表达的信息会残缺不全，或者干脆就是"逐字翻译"。交替传译过不了"得意忘形"这一关，同声传译时便出现逐字逐句翻译。

应该说，信息的加工深度各有不同，由此出现理解和表达质量的差异。那么，如何才能实现"深加工"呢？这不是教师讲几句就可以解决的问题，要允许学生大胆"尝试"，甚至被误认为"开小差"。因此，训练中允许"犯错误"是教学中应采取的宽容"策略"，特别是技能单个动作训练过程中，不能求全责备，更不能"逼迫"学生事先背诵待译讲话，上课"表演"给老师和同学看，或是到处寻找文本的"参考答案"，上课被提问时，"答案"被公之于众。犯错误、纠正错误和改正错误的过程在教学中是十分重要的，这个过程可以给学生留下深刻的记忆。刘润清教授（2014：1-3）在思考外语教学时指出："教师不再是知识的唯一占有者和提供者，而变为课堂的组织者和学习的引导者。英语描写这一变化更有趣：教师从 God 变成 Guide，从 Sage on the stage 变成 Guide on the side，从 teacher 变成 helper、councilor、facilitator 等。组织者和引导者并不好当：教师要对学习内容十分熟悉，并知道网上有何种公开课视频可以提供；同时最好能了解学习者的特征（性格、认知方式、学习方法、学习目的、特殊经历等），能比较准确地告诉他在特定阶段选择什么样的视频，如此才能实现教学的个性化。当然，引导者必须熟悉学习内容，否则引导就是空话。换句话说，教师备课量不会减少，只是课堂呈现量减少了；而准备待回答的问题时，思维范围会加宽，内容也会多种多样、千差万别。此外，教育技术学习者成了真正的中心：他自己决定学什么、何时学、如何学、在哪学、学多少、学多快。"谈及学生角色变化时，刘教授说："学习者的主动性要充分发挥出来：首先他不能是计算机盲，而是要娴熟掌握网络技术。第二，他要主动了解有关课程的一切信息，包括他自己的责任、教师的责任、管理员的责任等，以便决定自己选修的专业和课程。第三，他必须在网络通知的限制之内，完成课程作业，按要求修够学分等。第四，他有大把的时间和绝对的主动权，个人的决心和努力决定了自己的未来。他的掌握也就成为理所当然的了"。按照刘教授的观点，在现代化教育背景下，除教师和学生角色发生变化，学习材料、学习环境、评估和测试方法等均发生了变化。口译教学当然也面对这些变化，而学生如何主动学习成为关键。

如何做到以学生为中心？如何根据硕士生基本认知特征和水平组织教学从而实现学生翻译能力不断发展这一目标？如何创造更为真实的职业教学环境，

为学习者提供良好的学习实践条件？这些都是应用型人才培养必须回答的问题。笔者根据一些学校的操作方法，并根据心理学和认知心理学等研究成果，在多年实践基础上提出自省式、互动式、模拟式、实战式、团队式等"五式"教学法，权作高层次、应用型、专业性高级口译人才培养的初步尝试。

一、自省式教学：以训练中学生翻译能力自评为基础

孔子曰："见贤思齐焉，见不贤而内自省也。"（《论语·里仁》），自省就是自我反省、自我批评、自我调控和自我教育。这里的"自省式"主要讨论的是如何借助自我评估进行反省。翻译能力评估可以分为培训前、培训中和培训后三大阶段。这里提及的自评是评估的形式和手段之一。自评一方面可以帮助学生尽可能做到"自知之明"，另一方面，其结果还可作为教师培训前设计教学大纲时的参考。这是因为，学生（动机、条件、能力、态度等）、教材（教学内容）、教师和教学法是培训的四个要素，缺一不可。训练中和训练结束后的自评可看蔡小红（2007）的《口译评估》和本文"团队式"教学。

Gouadec（2009：262）根据市场招聘规律和对翻译素质的研究设计了一个答卷，专门用于计划参加翻译培训和培训后的学生进行自测。通过回答以下问题，每个人可以进一步了解自己，看自己是否适合从事翻译工作。

表 4.2 学生自测表

	内容	是	否
1	翻译是一项名副其实的事业		
2	我对所有与计算机相关的东西都感兴趣		
3	我永不放弃：我永远能找到解决方案		
4	我喜欢所有技术性的东西		
5	我完全能够承受紧张和工作压力		
6	我条理性很强，且一丝不苟		
7	我不害怕每天工作 14 小时		
8	团队工作很适合我；我喜欢谈判		

（待续）

（续表）

	内容	是	否
9	我心甘情愿接受别人对我的工作提出批评		
10	因特网？棒极了！		
11	我办事能力很强，什么都不怕		
12	我准备好放弃整个（部分）假期		
13	我能适应任何环境		
14	我对任何东西都好奇		
15	我是一个完美主义者		
16	我随时准备调整自己的时间安排		
17	我喜欢与别人接触，即使气氛有些紧张		
18	我喜欢的职业是让我不断重新调整自己		
19	翻译单调或乏味的资料我都无所谓		
20	我喜欢语言		

（如果学生全部选择"是"，这意味着他具备翻译的所有基本素质，最好前后顺序也相同。如果在前十个问题中有一项是"否"，情况还可以，有两项"否"，则需慎重，有三项"否"则意味着翻译对该答题人而言无论是职业上还是个人前途上都不易灿烂辉煌。11-19 项不起决定作用，例如，经验可以在后来的工作中获得……第 20 项喜欢或不喜欢语言本身对于未来的翻译而言都无足轻重）（详见 Gouadec，2009：262-263）

按照 Gouadec 的观点，翻译素质集中体现在五个基本点上：

- 娴熟掌握工作语言；

- 双文化者；

-（通过培训或个人努力）娴熟掌握相关专业领域知识；

- 懂得何谓翻译、清楚翻译要求、拥有相应条件并了解翻译要义；

- 不与其他翻译或同事比高低，而是用职业态度做职业事。

如果学生确定自己有可能经过培训成为翻译，接下来要解决的问题是选择自己感兴趣或有特长的知识领域，文学、能源、科技？……具体工作领域：翻译＋编辑、媒体、法律、经贸、金融、保险、汽车、环保？当然，这一选择也要参考市场对翻译人才的需求。而教师则需根据学生的选择和学校的培养特色统一考虑教学内容。培训结束后学生可以回到之前的问卷，回答相关问题，看看有何变化，并检查自己是否具备了翻译素质的五个基本点。

还可以将口译或笔译的详细要求发给学生（语言能力、交际能力、应变能力、综合能力、逻辑分析能力、编纂能力等）让学生进行自测，并将自测结果统计处理后交给教师。授课教师也可以根据教学要求组织测试，目的是了解学生情况，有针对性地制订教学大纲和教案，并为今后训练的每个阶段的教学效果评估奠定基础。

二、互动式教学：以学生为中心

在训练的各个阶段根据技能训练要求选择适当的材料和方法是至关重要的，例如使用论述类讲话训练逻辑和框架记忆能力，阅读后写概要训练逻辑思维和表达能力，等等。"练习"指练中学，学中练，也可指体验和回味性讨论。从不会到会，有一个过程，犯错误是自然现象，不犯错误反倒不正常。因此，允许甚至鼓励"犯错误"是训练的基本策略。按照心理学理论，错误能给人以更强烈的刺激，刺激越深，记忆越深。换句话说，与其让学生到社会上"出问题"，不如让他们尽可能在课堂上"表演"，从而防备只会说不会做的后果出现。这也是互动教学在口译训练中的具体体现。

教学法已从"灌输式""理论式""压迫式"到"启发式""案例式"，并逐渐演进到当下广为推崇的互动式教学法。"互"是交替、交互、相互，"动"是使其作用或变化。因此"互动"就是指彼此发生作用或变化的过程。互动应该是一种使对象之间相互作用而彼此间发生积极改变的过程。互动式教学法有其优势：

（1）有利于改变学生被动听讲这一状况，发挥其学习的主观能动性，使学生通过自己的积极思考领会所学知识，在参与中完成学习任务。

（2）互动式教学要求学生参与的过程增加，必然督促学生在课下认真阅读及查阅相关资料，充实自我，以满足课堂上参与相关主题的讨论和学习的需要。

（3）教师由于要最大限度地调动学生课堂主动参与的积极性，必然要认真钻研，精心备课，谋划好如何既能使所讲知识让学生掌握，又能使学生主动参与到课堂教学中来，这对教师更是一种教学上的鞭策和督促。

（4）互动式教学由于使教与学有机地统一起来，教师与学生在课堂上彼此呼应，无论是课堂提问还是案例讨论，气氛变得活跃起来，师生间的距离得以拉近，从而有利于教学双方最佳状态的发挥。

互动式教学法适合口笔译教学，互动的过程就是练习的过程，而练习是培养能力的重要途径之一。教师的讲解固然重要，但仅靠教师讲解无法提高学生能力。讲解的目的是让学生理解，而理解只是练习的基础，只有让练习和互动成为手段，学生的能力才有望提高。当然，某种能力的提高不可能一蹴而就，也非一朝一夕的事情，需要将练习贯穿在教学的各个环节中。

三、模拟式教学：以工作坊为形式

工作坊属于体验式课程，体验式学习是触及心灵的学习方式。工作坊可以提供一个广泛观察自我和观察他人的机会和环境，参加者通过全情投入到一系列方向和任务明确的练习或活动中，从不同层面和角度去发现认知的盲点，了解阻碍有效发挥潜能的因素，对照教学要求，寻找解决问题的方案，进而改善现有的心智模式和行为模式。因此，教师在设计工作坊时，要有明确的任务目标（即能力训练点），设计有利于学生发现问题和解决问题的场景，尤其应将可能出现的困难设计进去，在互动中让每个参与者都有"自省"的机会和可能。

模拟实际口译环境并在训练前将其交代清楚，将相关技能点"放大"，让学生了解其特征或特点，在相对真实的环境中给学生提供"感悟"成"顿悟"的条件，行为实施后进行有效的"自省"和讨论，这是学生改善心智行为和行为模式的基础。

例1：在准备翻译一个文本的时候，学生运用了先前掌握的资料查找方式，但仍有若干个问题找不到答案，而约定的交稿期限就要到了……这种情况下是"硬翻"还是"不翻"（待交稿后再与客户商量）？如果翻，如何保证自己提供的译文是正确的？围绕这样的问题和实例，可以让学生讨论，提出自己的翻译方法并解释和论证每个人的选择，最终找到合情合理的解决方案（咨询相关专家、听取别人意见、上网查找"近似"信息、同学／同事之间讨论，等等）。

例2：模拟以环境保护为主题的研讨会（交替传译）。此次训练的重点是：如何处理讲话人信息量过大、语速过快、个别专业名词不熟悉的问题。教师提前布置主题（与职业译员接受任务一样），学生除进行相关的译前准备外（职业译员必须做的！因为扮演讲话人的学生并不是某领域的专家，所以也需要提前作准备），还要确定演讲人和译员各自的项目分配任务（教学环节），在工作坊开始前演讲人与译员就主要概念等进行沟通或去咨询专家／翻译公司（培养职场习惯）。

凡此种种，都可以围绕某个阶段的教学任务设计工作坊内容，将课上和课下的训练有机结合在一起。应该说，工作坊是为实现教学的某一特定目标而采取的演练形式之一，绝对不能"放羊"，不能将工作坊作为学生无具体目标和要求而进行的简单的练习场地。实践证明，如果能有助教（或在读博士生）参加并指导工作坊（严格按照教学要求进行），这一形式将成为课堂教学的完善和补充手段，同时也为实战奠定了良好的基础。

四、实战式教学：以"项目"为主导

实战与模拟有一定区别：从教学的角度看，模拟训练目标和内容主要根据教学进度和要求确定，而实战目标和内容则需要根据学生未来就业和市场需求为导向，将有代表性、能集中体现翻译某些能力的项目直接引入课堂。

项目式学习，或称基于项目的学习（Project-Based Learning，简称 PBL）是国际应用语言学研究的一大前沿热点。这是一种以学生为中心的教育方式和原则。它以真实项目为依托，既注重过程又注重产品，鼓励学习者在完成项目的整个过程中了解、分析、内省、理解并最终能按照要求顺利自主或集体完成相关任务。

按照建构主义学习理论，知识不是通过教师传授得到，而是学习者在一定的情境即社会文化背景（真实项目）下，借助其他人（包括教师和学习伙伴）的帮助，利用必要的学习资料，通过主动建构意义而获得。因此 PBL 的特征被视作衍生于建构主义学习理论原则。

以"项目"为主导的实战式教学模式特点在于在整个教学过程中，要处理学生—教师、学生—客户、学生—译文的使用者、学生—资源（人和物）之间的关系，换句话说，在翻译过程中，除需要权衡两个文本之间的关系外，还要处理人与人之间的关系，即交际者之间的关系。经过这样的训练，学生一旦进入市场，就可以参与到项目中，把课堂与社会需求融合在一起。法国雷恩第二大学翻译专业硕士生的实习期一般为六个月，学生要进入相关公司，参与项目的开发、设计、运行和结项，而他们的实习报告就是介绍总结项目完成情况和自己的收获，公司的项目指导教师会为学生的实习质量打分。学生最终能否拿到毕业文凭，很大程度上取决于实习成绩。

因此，项目进课堂无论从理论上还是实践上都是必需的。当然，对项目进行中各个环节的质量控制标准要有严格的定义和描述，从接受任务并签订（模拟）合同，到分配任务、配置资源、译前准备、人员协调、交稿（口译上会）、审校、复审、评估（口译现场听众和组织者）等都要具体落实。

从项目完成过程看，对译员／译者的翻译能力的要求随着课堂与市场的挂钩发生了变化，如果译者仅仅停留在文本处理层面，就很难进入真正的交际环境，脱离了真实的交际环境，培养翻译能力的教学目标则成为空话。项目进课堂的目的在于真实的翻译任务进入教学，让课堂与市场结合、与用户结合、与译文使用者结合，为学生进入职场奠定良好的基础。

五、团队式教学：以学生间互动为基础

会议口译需要团队完成，这是不争的事实。团队合作已逐渐成为译者不可或缺的素质之一。如果说上个世纪的笔译还靠单枪匹马完成，当今的翻译不依靠团队力量几乎很难完成。因为，不同语言和文化在各领域的交流在增加，翻译量在上升，而周期在缩短，加之对技术要求的苛刻，一个人很难在客户指定的周期内按质按量完成任务。每一个翻译公司都有自己的业务流程，如果从与客户见面—谈判（如果是书籍，还要就版权等条例进行商谈）—签订合同—分配任务—签订分合同（公司与译者）—译前准备（确立共同遵守的术语标准等）—翻译——审—二审—修订—排版—印刷—交稿等程序看，在很多环节上都需要团队的精诚合作。我们在这里只想围绕学生间的合作和互动讨论教学法问题。

应该说，"体验"和"回味性"讨论是技能训练的另一重要原则。练习是"体验"和"回味性"讨论的基础，没有足够的练习，就不可能有体验，无体

验就无法"内化",无内化知识永远是知识,无法变为能力,翻译能力培养就成为空话。目前,相当一部分学校的翻译课程人数都在 20 人以上,包括相当一部分翻译硕士专业班。这种情况下,课上学生的练习和互动必定受到一定限制,这就更需要课下学生之间的互动性练习。学生间可以根据各自的特点和弱点有针对性地进行练习,也可以根据课上技能训练存在的问题进行练习。当然,练习只是团队合作在学校的体现,练习中还要根据具体情况,加强对译文翻译方法的讨论,解决译员之间的配合(包括接力口译等),交流"自省"后的心得等等。举例说明:一次做某化妆品产品(防晒美白珍珠霜)说明书的中译外,其主题有一定难度,需要小组 3-4 名成员分工合作,查找相关资料(同类产品外文表达方法和习惯、关键概念和重要术语的表达方法、与竞争产品相比此产品的优势等),然后汇总,编辑整理出"术语",并就整体翻译风格和方法讨论后达成一致。在后来的项目结项会上,小组成员深有感触地说:"如果不是大家合作,三天内完成这么难的翻译简直不可想象。"而小组成员完成的"术语"表为后来的口译发挥了十分积极的作用。

翻译教育的核心是人的培养,先做人后做事是人才教育的基本原则。评价翻译的职业水平时,不仅要考察其工作语言水平,还应考虑与翻译职业相关的各种因素,例如,与客户的沟通能力、遵守合同和职业道德的伦理水平、交付任务的期限、译文及格式是否符合客户要求等。在此基础上,要摈弃单纯的知识传授,而把翻译技能训练放在教学最重要的位置。翻译技能训练需要一定的能力作为基础,能力、技能、练习是翻译教学的核心词。能力是获得技能的基本条件,技能靠练习获得。翻译能力有阶段性认知发展特点,因此,需要将各种翻译技能根据其特点切分为不同的行为进行分节训练,逐渐完成技能的衔接和自动化(内化)过程。自省式、互动式、模拟式、实战式、团队式等"五式"教学法是实现翻译人才培养的重要教学手段和途径。

第三节　国外教育机构的口译教学

为能更加合理地制定口译教学大纲和课程,下面专门对国际机构和部分高等翻译学校的课程进行分析。国际机构由于其工作性质和要求,日常工作中需要大批相对固定的译者和译员，国际上一些教育机构由于其优秀的生源质量得到联合国等机构的认可，国际大学翻译学院联合会（CIUTI）所含的 40 多所院校均是经过审计并得到社会认可的教育机构，诸如巴黎高等翻译学校（ESIT）、巴黎高等翻译学院（ISIT）、布鲁塞尔自由大学高级翻译学院（ISTI）、蒙特雷国际研究学院高级翻译学院（MIIS）等国内熟知的院校，他们有的以培养国际会议译员为主要特色（如 ESIT），有的则以医学口笔译为特色（如美国马萨诸塞大学，简称 UMASS）、有的以法庭口译为特色（如亚利桑那大学，简称 UA）。我们下面选择几所 CIUTI 成员学校，并对其课程及各类课程所占比例进行总结分析，为设计国内的口译教学提供参考。

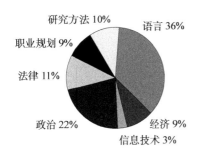

巴黎高等翻译学校硕士相关课程比例图

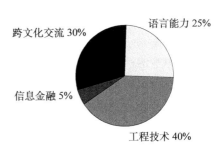

巴黎高等翻译学院硕士相关课程数量比例图

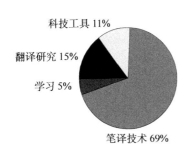

美国蒙特雷国际研究学院硕士笔译课程比例图

美国蒙特雷国际研究学院硕士专业课程与相关课程学分统计图

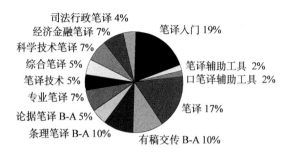

比利时口笔译高等翻译学院笔
译课程比例总图

突出：有稿交传、条理笔译、论据笔译、司法行政笔译

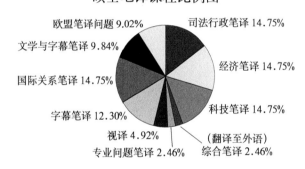

里奥纳多·达芬奇高等专科学校
硕士笔译课程比例图

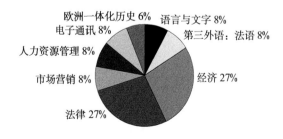

里奥纳多·达芬奇高等专科学校
硕士相关课程比例图

图 4.1 国外部分翻译学校课程设置图

由图 4.1 可知，这些学校的课程分为：

通开课：如经济、法律、政治、职业规划、翻译研究、实习、工作语言进修提高课等。其中无论是口译还是笔译或本地化方向，3-6 个月的实习均占学分且为必修内容。

笔译课程：译前准备、翻译速度、翻译收入、翻译成本、翻译项目管理、译者作为一个"社会人"的问题（比如如何与翻译客户、翻译公司打交道）、应用翻译领域可能会碰到的具体问题（如广告、商贸、社科、法律、医药、工程翻译等）、如何成为一名自由翻译者、相关学校专业特色课程等。

口译课程：口译系除通开课外，还有双向（A-B、B-A）或四个方向（A-B、B-A、C-A、C-B）的交替传译、视译、同声传译、手语翻译等专业课程，包括项目谈判（价格、要求等）、译前准备、会议前译员与讲话人（或大会组织者）的沟通、译员讲话音调/语调/语速、特殊情况的处理（讲话人口音过重、讲话中出现设备等技术问题、突然身体不适等）、交传笔记（为什么记、记什么、怎么记、如何使用笔记等）、团队合作、接力口译、职业伦理（时间概念、面对与自己观点不一致的讲话人应保持的态度、对讲话内容和相关信息的保密、对讲话人的尊重等）、设备的使用、语言进修等。

巴黎高等翻译学校的口译系学制为两年，但一般要修三年。学生进校、升级和毕业都经过严格的考试，进校并不意味着毕业，严进严出，口译方向学生最终毕业的人数一般为所在年级的三分之一左右。如果第一年的基础口译（交替传译）期末考试不合格，经教学委员会讨论，如果认为学生仍具备重修潜力，则可以重修一年；凡教学委员会认为即使重修也很难达标的学生则"被除名"。正常情况下，交替传译升级考试通过后进入同声传译阶段的学习，但不再允许重修。有的学生为保证能够拿到毕业文凭，他们会先找工作机会，经过一年左右的锻炼后，即待自己认为水平基本达标时再返回学校参加毕业考试。

需要特别指出的是，国外翻译教育机构原则上不允许在校学生以职业人身份承接任何商业翻译项目或任务。同时，通常要求学生在毕业前完成 3-6 个月与所学专业相关的毕业实习，且该实习成绩对毕业文凭的获得具有举足轻重的作用。

按照欧盟委员会要求和建议，欧洲的高级翻译学校/院基木采用《口译训练指南》[1]（*Pédagogie raisonnée de l'interprétation*）作为指导性教材，这是Seleskovitch 和 Lederer 教授应欧盟委员会邀请在总结巴黎高等翻译学校教学及科研成果基础上、经过多次修订完成的"圣经式"教材。该教材涉及口译入门（无笔记口译）、交替传译、同传、理论课程、评估、多语言与口译、A-B 同声传译、同传接力、手语翻译、翻译教师培训、新技术与翻译等与口译职业相关的方方面面，也从教学法的角度解释了如何教授职业口译，这是一本有重要参考价值的口译教学用书。

应该说，国外翻译学院有其突出特点：（1）教学对象主要是欧洲多元语言文化国家经过严格筛选入校的学生；（2）教师大多数是职业译者或译员（FIT 或 AIIC 成员），具有超强的实践能力和社会关系；（3）入学、学习期间和毕业考试十分严格，其学习期间的淘汰制使得在校生学习非常努力；（4）学生人数有限制，口译班基本在 5-15 人之间；（5）教学"练"字当先，学生"学"和"练"的比重一般为 1:3，即上课一小时，课后练习三小时；（6）学生的国际化，即所在国学生与留学生同校同堂。当然，承担教学任务的翻译实践者并非教育工作者，翻译经验丰富，但缺乏教学经验，因此教学设计的内在逻辑性、连贯性、针对性显得不足，对课后训练的指导略有欠缺。

第四节　口译职业新形式与口译教学

2015 年国际翻译日主题是："变化中的翻译职业"[2]。

面对世界发生的变化，我们必须接受挑战。但翻译的基本规则没变，质量是检验标准。现代化工具如何使用？如何让这些工具帮助我们在提高速度的同时保证质量？这是研究人员和每一个关注翻译的人要回答的问题。

《2004-2013 中国口译研究的发展与走向》（王茜、刘和平；2015：77-82）一文共统计论文 597 篇，包括口译职业、译员、口译过程、口译产品、口译教

1　该书中文版由闫素伟和邵炜翻译、中国对外翻译出版公司于 2007 年第一次出版。

2　主题文章的内容可参阅 18 页。

学和口译理论。关于口译形式，一共34篇（不含少数过于宏观的论文），包括同声传译14篇、各专业（领域）口译28篇、手语翻译6篇。

讨论口译形式，离不开交替传译、同声传译、手语翻译。在14篇有关同声传译的论文中，第一篇《猜测与反驳——同声传译理论发展路线研究》是对该主题研究的梳理和批评，《工作记忆与口译技能在同声传译中的作用与影响》《同声传译研究的认知模型述评》《同声传译工作记忆模型研究》《同声传译的工作记忆机制研究》和《同声传译对工作记忆发展潜势的特殊影响研究》属于认知学和心理学方面的跨学科研究，其余8篇基本上是"技巧"或"策略"类研究。从这些论文的数量和主题不难看出，同声传译作为口译的一种重要形式，被重视程度远远不够，与中国市场上日益广泛使用这种形式的现实更是差距明显。中国口译市场同声传译的使用频率日益提高，为节省时间，包括高层领导会晤、各领域双边或多边会谈也逐渐采用同声传译形式，例如2015年9月3日为纪念抗日战争暨世界反法西斯战争胜利70周年在北京举行的阅兵式也采用了现场直播和十几个语种的远程同声传译。同声传译作为口译的一种重要形式应该进入更多研究者的视野，但到目前为止，论文涉及的语种基本上是汉英或英汉。其原因有多种，最主要的还是从事同声传译的译员同时搞研究的较少；另外，非通用语学生一般都是进入大学后才开始学习英语以外的其他外语，到本科高年级或研究生阶段时，其所学外语也很难达到工作语言要求。在这样的情况下，同声传译教学法研究论文自然更少，因为，在职场做口译的同时在学校教书并搞科研的人寥寥无几。

交替传译、联络口译等论文除少数几篇讨论笔记问题外，大都关注不同领域的口译：法庭口译、社区口译、医学口译、远程会议口译、外事口译、金融口译、商务口译、施工现场口译、大型体育赛事口译等等。从这些论文题目我们发现：

- 国外法庭口译研究介绍相对数量多；
- 社区口译研究只停留在中外对比和国内情况调查层面；
- 医疗和法庭口译研究具有明显区域性特征，如广州（医疗）和香港（法庭）；
- 媒体口译研究基本空白，因为仅有的一篇论文谈的是媒体场合的口译，而不是真正的媒体口译；

- 其他领域的口译研究（外事、体育、施工、金融和商务）数量过少；
- 远程和电话口译开始出现，但仍然停留在介绍上，一篇是《远程会议——回顾与前瞻》，一篇是《美国电话口译的职业现状及理论分析》，另一篇则是电话口译尝试后经验性总结，《电话口译在我国的一次重要实践——广州亚运会、亚残运会多语言服务中心的电话口译》；
- 计算机辅助工具在口译中的运用是一个新课题。

应该说，随着外国人在中国人数的增长，社区口译的需求会增加。从广州的非洲人聚集情况看，中国还有其他一些城市也会有这方面的需求，例如义乌小商品批发城等。在这些外国人聚集的地方，最大的口译需求应该是社区生活、法律和医疗方面。因此，有这些需求的地区高校应该有针对性地培养口译人才。

随着互联网的发展，以大数据为基础的新技术不断涌现，电话口译和在线口译逐渐呈井喷状。按照北京某公司译云平台的统计，海关和旅游部门每天需要的电话口译人员之多无法想象，而且需要多语种。因此，应该将电话口译尽早引入口译教学，以应对社会猛增的需求。

表 4.3　其他口译研究主题（28 篇）

中西法庭口译研究回顾与展望
我国社区口译的现状调查及其启示
国外社区口译研究文献计量分析
社区口译在中国
法律翻译研究：内容与思路
香港法庭口译的历史沿革
我国法庭口译机制简论
论我国法庭口译制度的构建
谈司法审判工作中的庭审口译
我国法庭口译的现状与对策
香港的法庭口译制度评析

（待续）

（续表）

我国内地与香港法庭口译制度比较研究
刍议我国法庭口译制度的构建
国内医疗口译的现状、问题及发展——一项针对广州地区医疗口译活动的实证研究
美国医疗口译的发展及对中国的借鉴
医疗口译员的三个核心态度——从社区口译的角度（英文）
远程会议口译——回顾与前瞻
论媒体场合中的口译
怎样做好外交口译工作
论施工现场口译
外事口语翻译概述
我国大型体育赛事口译项目管理研究
商务口译中的跨文化差异
漫谈金融口译
美国电话口译的职业现状及理论分析
电话口译在我国的一次重要实践——广州亚运会、亚残运会多语言服务中心的电话口译
社区口译新趋势——电话口译
试析计算机辅助工具在口译中的应用

讲到手语翻译我们眼前会出现中央电视台手语解说的形象。用"解说"是因为看手语的人群同用耳朵听和用眼睛看的人同为一个语言群体，生活在相同环境中，唯一区别即是交流方式不同。实际上，手语翻译作为人权的一种象征，早在国际会议上出现。到目前为止，我国的手语研究虽不是空白，但还未受到应有的重视。在翻译界，只有两三位研究者从事这方面研究。口译和手语翻译还是有很多差别的，对其加以深入研究才能更好地为聋哑人群体提供对外交流服务。由于本人无知，原以为手语在全国是统一的，实际上电视台和民间

的日常手语有很大距离。汉语手语和外语手语的差异同汉语与英文或法文的差别没有两样，甚至还要复杂，如手语译员不能使用第一人称"我"，否则看手语的人可能发生误解。学口译的学生如果能同时学习手语对解决中外手语人才匮乏的问题也许是一种途径。

表 4.4　手语翻译（6 篇）

面向手语自动翻译的基于 Kinect 的手势识别
手语翻译与口译的异同
手语翻译需要注意哪些问题？
手语翻译，需要做好哪些准备？
手语翻译研究——模式、内容及问题
基于 AdaBoost 的手势识别

第五节　口译质量与教学质量评估

本节讨论两方面评估，一是学生口译质量评估，二是口译教学质量评估。前者主要根据职业口译要求和教学大纲考查学生在每一个教学环节完成的口译质量，后者重点根据教育学和翻译教学规律及要求考查教学各环节是否合理，是否实现教学大纲和课程规定的目标和任务。

一、口译质量评估

学生口译质量评估有三个标准，即教学目标和要求标准、交际原则的职业标准以及实习单位或客户反馈标准。

教学目标和要求标准。应该说，口译质量和教学质量评估应该以过程评估为主，即根据不同阶段的子任务训练目标进行检测。具体讲，即指能力发展不同阶段的特定能力训练和达标要求，例如译前准备阶段，重点应放在检查学生在主题准备过程中资源的发现、筛选、术语的建立等方面；而在无笔记阶段，信息的分析、综合、理解和框架记忆是主要任务，这个阶段检测标准不应放在笔记和表达上，而是集中检查学生能否做到"得意忘言"或"得意忘形"，是否可以借助形象记忆、现实化、手势等手段记忆主要信息和框架，是否可以在听完一个信息后准确无误地将信息非常逻辑地加以还原。到综合训练阶段，应该加大信息量、适当提高语速（选择正常语速下发表的讲话原文视频或录音）、对信息框架和所有重要信息内容都追求到位，译出语语言质量要逐渐做到无瑕疵，特别是要消灭"嗯、啊、那个、就是"等"不干净"的口头禅，让听众感觉不到翻译的痕迹。必要的时候还可以请不懂译入语的人旁听（或请 1-2 名同学不听原讲话，只听翻译），专门纠正译出语表达不合逻辑的问题和语言层面的问题。当然，采用录像回放、录音回听等也是可以采用的办法。

笔者在《法汉口译教程》（2009）（学生用书）中的每一单元后都设计了自测内容，教师可以在此基础上进一步细化，制定每一个子能力的测评表格，或制定学生自我测评与教师测评相结合的表格，从而做到教师和学生对每一阶段的能力发展情况都胸中有数，并有针对性地解决教和学的难点与问题。

当然，也可以采用练习"口述记录"方法，即学生在训练中遇到问题后以录音形式记录当时的想法和问题，课上或课下找老师讨论。

交际原则——职业标准。这一标准可以通过模拟、实战等手段实施。应该反复强调的是，训练所采用的素材一定具有真实口译交际所含因素。交际意识的培养十分重要，因为，译员在表达时如果自赏自乐，听众会很难接受语篇内容。译员讲话的音调、口吻、表达方法等要视交际情境和听众作出选择，而不是千篇一律，一个语调讲到底，没有适当的停顿，没有悠扬顿挫的重点感，或者说从头至尾都是"和尚念经"，这与实际自然语言交际是有鲜明差别的。

讲到职业标准，还有职场上的得体，"不喧宾夺主""不艳压于人""不卑不亢""不掺杂个人情感或标准"等等。这些都需要在训练中加以强调。

实习单位或客户反馈标准。Gile 教授制定了一个职业会议口译质量调查表，口译结束后发给听众或口译使用者填写，以了解客户对口译质量的反馈（见表4.5）。还可以根据需要和测评内容对此表进行细化，增加例如百分比之类的具体指标，以便更有针对性地发现问题，在实习实践结束后进行"自省式"总结或讨论。

关于学生入学考试、教学过程中的测试、升级考试、毕业考试等，Seleskovitch & Lederer（2011）、鲍刚（2011）、蔡小红（2007）等都有详细论述，在这里不再赘述。

表4.5 Gile 教授口译质量评分表

口译质量问卷调查表（Gile，1990：66-71）

被评价人姓名：_____

评价人国籍：_____

1. 您是先前否有使用交替传译（同声传译）经验？　　□ 有　　□ 无

2. 您是否有使用中法交替传译（同声传译）的经验？　　□ 有　　□ 无

3. 对口译的评价

整体口译质量 □ 很差 □ 差 □ 一般 □ 好 □ 很好	**忠实度** □ 很差 □ 差 □ 一般 □ 好 □ 很好
语言质量 □ 很差 □ 差 □ 一般 □ 好 □ 很好	**声音、节奏和语调** □ 很差 □ 差 □ 一般 □ 好 □ 很好
术语质量 □ 很差 □ 差 □ 一般 □ 好 □ 很好	**形象、行为举止和态度** □ 很差 □ 差 □ 一般 □ 好 □ 很好
口译中的主要问题： 对口译的其他评价：	

二、口译教学质量评估

教学评价是指各种教学模式所特有的完成教学任务、达到教学目标的评价方法和标准等。由于不同教学模式所要完成的教学任务和达到的教学目的不同，使用的程序和条件不同，其评价的方法和标准也有所不同。目前，除了一些比较成熟的教学模式已经形成了一套相应的评价方法和标准外，有不少教学模式还没有形成自己独特的评价方法和标准。

为加强对翻译硕士专业学位教育的宏观管理和指导，国务院学位办2012年9月初批准下发《关于开展翻译硕士专业学位教学合格评估（第一批院校）工作的通知》，并委托全国翻译专业学位研究生教育指导委员会对全国第一批MTI培养院校（15所）进行评估。相信此类评估会对全国的翻译教育起到一定的促进作用。应该说，要实现综合性达标，首先要做的是每一门课程的达标，而每一门课程达标的基础是每一个阶段任务的完成和评估，而每一个阶段的任务又与整个教育任务和目标不可分割。这种评估可以包括教师自检、学生测试、（学生、用人单位）问卷调查等。根据评估结果，教师需要及时调整教学方案和教学模式及方法，从而保证教学目标的最终实现。

口译教学质量评价与教学评价有所不同，简单说，口译教学质量评价需要依靠第三方机构或专家根据社会需求标准对"产品"质量进行考核，例如企业有ISO9000、ISO9001等。国际大学翻译学院联合会（CIUTI）对提交申请的院校也有具体考核标准。目前国内还没有类似的第三方评价机构和体系，口译教学质量评价通常由业内专家组成的评审组完成。这样的评价机制利弊参半：专家组可以对口译教学和部分教学质量进行评价，因为MTI教学评估专家组的主体为学校教师，虽然有翻译协会代表参加，但无法全权代表用人单位意见。这样的评估更多的是从教学的角度进行，因此对学生将作为翻译相关工作人员的能力表现尚缺乏必要的鉴定手段。换句话说，对教学质量的评估尚缺乏客观依据。因此，组织用人单位对毕业生满意度调查应该成为教学质量评估体系的重要内容。

我们先来看看CIUTI考察标准，除填写表格、完成自评报告外，该机构还要安排专家进校进行实地审计性考察，随后根据专家完成的考察报告上交理事会进行投票，并在通过的情况下在全体成员会上投票表决。专家进校考察的具

体内容如下 [1]:

（1）参观设施：包括图书馆、教学设施、教师和学生工作与学习条件、口译和笔译教室等；

（2）听课：开设的各类课程，包括口译、笔译、不同语对和不同方向的课程（含C-A）、语言类课程、理论课程等；

（3）检查审核相关教学资料：研究生毕业论文、各类考试试卷、学生交替传译和同声传译练习笔记和录音等、笔译作业、教师科研成果、出版的讲义或文章、与教学质量相关的证明材料（如毕业生生源和走向）、教师结构、科研项目等；

（4）与师生座谈：与普通教师座谈了解教学理念和方法、与学生代表座谈了解对教学质量的评价和问题；

（5）与学院院长、专业负责人、教学大纲制定人（教师）等座谈：了解学院的教学科研管理理念、管理方法等。

现在来看全国翻译硕士专业教学指导委员会关于教学质量评估的标准和要求：除填写基本情况汇总表（研究生教育情况、专任教师和兼职教师任教情况、近三年翻译成果、教师参加培训情况、课程开设情况、实习基地和实践完成情况以及本年度招生录取情况）外，办学单位还要填写"翻译硕士办学院校专项评估自评打分表"（见表4.6）并完成自评报告，同时递交相关信息材料。打分表共设6个一级指标，20个二级指标，47个主要观测点。

表4.6 MTI 教学质量评估表

翻译硕士办学院校专项评估自评打分表

学校名称			所有专业方向名称	
一级指标	代码	二级指标	主要观测点评价等级	办学单位自评等级

（待续）

1　国际大学翻译学院联合会（CIUTI）官网，2007，Admission procedure，http://www.ciuti.org/join-ciuti/admission-procedure/（2015年1月30日读取）。

（续表）

办学理念10%	1.1	对专业学位教育的认识			
	1.2	办学特色			
师资队伍25%	2.1	整体结构与规划			
	2.2	专任教师基本情况			
	2.3	专任教师翻译实践能力			
	2.4	兼职教师基本情况			
	2.5	教师科研能力			
教学资源20%	3.1	教学基础设施			
	3.2	教学资料			
	3.3	网络资源			
	3.4	实习基地			
教学内容15%	4.1	培养方案与教学计划			
	4.2	课程建设			
	4.3	翻译实践			
教学管理10%	5.1	管理机构设置			
	5.2	质量监控			
教学质量20%	6.1	学生专业基本功			
	6.2	学位论文／翻译实践报告			
	6.3	学生职业素质			
	6.4	学生相关专业知识			

评分标准：

单项指标评分标准：单项指标满分 5 分，总分 100 分；

单项指标得分分为 3 个等级：合格：5 分；基本合格：3 分；不合格：0 分。

只需在"办学单位自评等级"一栏打分，所填分数只可为"5""3"或"0"。

从该表六大指标看，国内的评估标准与 CIUTI 没有大的区别，只是在一级指标下的具体"教学质量"上多少具有中国特色，如学生职业素质（如何考查？）、学生相关专业知识（如何测试？）。另外，CIUTI 在自评报告中没有要求被评单位给自己打分。如前所述，学生质量最好由第三方或用人单位给出评价或打分，主观评价很难反映现实情况。另外，多数中国院校对毕业后没有跟踪体系，因此很难作出准确评价。

在北京语言大学接受 CIUTI 审计检查中，我们发现，学生对学院教学工作的评价从某种程度上反映了他们的归属感和认同感，对专家评估有积极作用。在自我评估中，可以统计学生生源变化，参考录取分数对生源质量作出客观评估。另外，对就业单位进行分类和分析，也可以从侧面反映就业质量和水平。中国的另一大特色是各类比赛名目繁多，学生在大赛中的获奖人数和情况自然也可以部分反映学校的教学水平。

上海外国语大学高级翻译学院和对外经济贸易大学欧盟中心项目聘请国际专家参与新生入学和毕业考试，这一举措符合科学的质量评估标准，但很难推广。然而，加大与业界的合作，邀请用人单位专家参与入学和毕业考试也是可行的。笔者认为，教学质量评估的重要指标是学生，是学生的就业质量以及用人单位对他们的评价。因此，尽快建立第三方语言服务人才评价机制是必须面对和研究的新课题，也是有关部门必须考虑的问题。

在没有第三方监督和评价机制前，教学单位按照 CIUTI 和教指委评估指标进行自评也是可行的。在这样的情况下，应该按照教学目标、教学内容和方法、教学进度等对教学进行评估，并采用量化和定性双重方法对每一个阶段的教学打分和分析，从而不断推动教学质量的不断提高。

第六节　口译教学中常见问题与处理方法

在中国译协历年组织的暑期教师培训中，一些教师对本科阶段是否安排专门的翻译理论课、语言教学和翻译教学的关系、口笔译及汉外翻译的关系、纸质教材与音像和网络材料的关系、教学实践同社会实践的关系、课前测试与阶段性评估及训练结束前的考核 / 评估的关系等提出不少操作层面的问题。由于篇幅限制，我们只能对这些问题提出原则性看法，说明其理由，至于理论依据和分析，则需另外择机阐述。

一、翻译理论与口译技能训练的关系

本科阶段需要讲理论吗？讲什么？讲多少为宜？应该说，本科阶段没有必要开设专门的翻译理论课程，但翻译专业可以考虑开设翻译理论与实践类课程，将学生必须掌握的概念交代清楚即可。参照巴黎高等翻译学校的教学大纲（其原则被欧洲国家所接受），结合我国本科翻译教学的现状，理论版块要交代的概念和主要内容如下：翻译的过程（讲话人讲话、作为读者/听众的译者/译员或作为笔者/讲话人的译者/译员"得意忘形"），口语和书面语的异同（理解上的难易度、表达上的差异），语言、话语和篇章（翻译中的语境、多义性和模糊性在翻译中的表现、翻译语言与翻译信息的差别），认知补充在翻译中的作用（认知知识、主题知识与语言知识的关系），记忆与理解（记忆的建立、保持与再现，短时记忆与意义单位的形成），语言单位与意义单位以及等值与对应（笔者与读者的期待、社会及意识形态的影响、对听众的适应、语调及表情或手势的作用）等。

本科阶段理论讲解与技能训练有三个要素：一是理论讲解应该主要放在教师的讲评中，而不是两张皮：先讲理论而后操作，操作的内容又与理论讲解内容风马牛不相及，而且讲评就事论事。教师要把学生出现的问题上升到理论高度，这样才具有说服力；二是在每个单元训练前最好给学生列出必读书的相关章节，并给出思考题，让学生带着问题用必要的理论武装头脑，怀着好奇心进入课堂，在训练中发现自己的问题，并尽可能自己找到解决问题的方法和途径。换句话说，要让学生知道如何做对，如何做不对，要学会如何"钓鱼"；三是可以把一些知识性材料发给学生，让他们课前或课后阅读，课上则安排一定时间的讨论，从而避免课堂上把大量时间用在阅读材料上。

承担翻译课程的教师不仅应该懂得教学法，还应该具备一定的翻译理论知识，因为，翻译课应遵循职业翻译的规律和特点，有计划、有步骤、科学地安排翻译技能训练，这种训练应在翻译理论和教学法指导下进行，否则，这门课会变为有人认为的"小儿科"，是简单的"窍门儿"，变为知识传输课程，丧失其职业技能训练特点。如果教师能够从不同角度特别是跨学科角度、采用不同研究方法和手段对教学各个环节作出理论研究，必将大大促进翻译教学的质量，也会为翻译学科的发展作出贡献。

二、口译教学与语言教学的关系

学生一般在大二下、大三上开始进入翻译技能训练，但这并不意味着他们的语言理解和表达能力已经达到或接近职业译者 / 译员的水平。因此，语言提高还是本科阶段的一项重要任务。然而，翻译技能训练阶段必须以技能训练为主，这包括几层含义：一是 80%-90% 的教学时间必须用于技能训练；二是口译过程中不要轻易打断学生，要等口译结束再针对相关问题进行讨论；三是通过译前准备、译后邀请外国专家参与讲评等手段集中就语言问题进行讨论和讲解，如果专家不能与中国教师同时批改作业或同堂上课，可以将收集的翻译作业或课堂录音录像转交给他 / 她，安排他 / 她定期综合讲解语言方面的重大问题；四是不要将技能训练和语言纠正交叉进行，如果在口译中出现语言问题，教师和同学可以记录下来，在最后的 20% 或 10% 的时间内专门就语言问题进行讲评或学生自评；例如，在外译中理解训练阶段，如果母语的表达没有造成信息传输的重大错误，就没必要当场纠正，可以记录下来，留在课程结束前再找专门时间指出；如果是外语表达训练，应该在语言进修单元强调语言的逻辑性，例如关联词的使用等，而没必要在口译中打断学生，因为随时打断学生不仅会使他 / 她失去思路，还会形成心理障碍，久而久之，导致其"谈口译色变"，以致不再想从事口译工作。

从教学法角度看，语言提高还可以从以下几个方面入手：

- 翻译前口头综述文本 / 讲话：主题、笔者、时间、地点、主要观点等；
- 翻译前口头重点复述文本 / 讲话：主题、主要观点、论点和论据等；
- 翻译后口头复述文本 / 讲话：主题、主要观点、论点和论据，包括重要的表达方法等；
- 翻译后用文字形式综述或复述：文本 / 讲话主题、主要观点、论点和论据等；

- 翻译后口头或用文字形式表达：撰写同样主题的文章；

- 翻译后交叉形式的口头／文字表述：母语表达用外语撰写的文本，反之亦然；

- 对学生术语库的不定期检查和交流，学生间术语库完善后的交换，等等。

三、笔译与口译的关系，中译外与外译中的关系

本科阶段是否需要让学生选择笔译或口译方向？如果说本科翻译教学是翻译的启蒙和基础阶段，那么口译和笔译的训练都是必不可少的。从中国市场需求看，只做口译或只做笔译对本科毕业生来说在进入市场的时候恐怕是不现实的，也是不理智的。然而，这并不妨碍个别学校根据当地市场需求和学生的特点从若干班级筛选"特长生"，开设专门的"口译班"。但是，即使是这样的"口译班"，也不能删除笔译课程。换句话说，"口译班"无非是加大口译训练的时数，增加训练的强度，并不等于培养目标的改变。

口译课程与笔译课程的有机结合是实现翻译训练目标的重要手段之一。例如，如果在笔译课上已经训练了译前准备内容，学生也基本掌握了其技能，口译课则应突出口译译前准备的特点和补充相关的内容，没有必要再重复讲解和训练相同的内容。按照心理学理论，人的被动知识永远高于主动知识，即能听懂和看懂的东西远远多于能说和能写的东西。如果通过训练帮助学生在不断摄取新知识的同时，将被动知识更多地转为主动知识，那么翻译技能的训练就会得到更好的效果。例如，可以选择部分主题，先让学生做口译练习，然后再将其翻译成文字，用来比较口笔译表达的差异，在思考的基础上有意识地提高语言表达水平。然后在口译课上重复相同的主题，教师在语言讲评中反复强调口语和笔语的差别，久而久之，学生的翻译水平自然会得到提高。

如前所言，学生的被动知识多于主动知识，先进行外译中训练至少可以解决两个问题：一是借助译前准备，让学生丰富相关的主题知识和百科知识，并查找恰当的中外表达方法，为翻译作必要的准备；二是帮助学生在外译中技能训练的同时大量积累外语表达习惯和方法，为中译外奠定良好的语言基础。我

们也注意到，个别学校多年来始终坚守中译外在先、外译中在后的教学理念，其主要顾虑是学生的外语听力差，认为先进行中译外，可以帮助他们提高外语理解能力。这样的操作有其道理，但还需要从理论上加以论证。有一点是得到教学实践证明的，学生的汉语理解能力虽然也会出现主题和术语方面的困难，但由于是母语，其水平高于外语是不可辩驳的事实。但按照国际惯例，职业翻译一般从 B 译入 A，或从 C 译入 A 或 B。

众所周知，中国的翻译市场情况比较特殊，很少有用人单位同时分别雇佣中国人和外国人承担翻译工作。一般都是同一个人负责中译外和外译中，尤其是交替传译。这就要求本科翻译培训兼顾中外互译训练，合理分配培训时间，使学生毕业后能够胜任口笔译工作，能够从事中译外和外译中工作。

四、口译教学材料的选择

这里使用"材料"一词，意指译者不仅仅翻译"文件"，更不是一般意义上的"文本"，而特别指语篇。欧盟译员培训中心有大量初、中、高三个难度的交替传译和同声传译讲话录像，主题与欧盟会议相关。欧洲的口译教师一般都是职业译员，他们课上选择自己熟悉且能帮助学生进行操练的素材作为口译内容。

口译教学需要教材吗？使用何种教材能更好地体现口译教学法原则？教材为教学目标服务、教材要体现相关专业特点、教材的可操作性都是不可忽视的。目前市场上翻译教材不少，但编写中有几对突出矛盾仍然没有得到解决：

- 理论与实践板块"两张皮"现象严重，即所讲理论与翻译实践内容毫无关联，知识讲解多于技能训练，因此形成课堂上学生参与少、教师唱主角的现象；

- 虽然翻译从句子上升到篇章层次，特别是在功能语言学指导下出现了对文本功能的关注，但仍然没有涵盖或几乎不涵盖文本外的职业翻译特点或因素（客户、翻译公司、编审、交稿时间，等等）；

- 口译语料文字化严重，造成学生口译前预习背诵文本，课堂上更多地"运用"其记忆能力，忽视甚至遗忘了口译职场的诸多"当下"因素（讲话者口音、语调、手势、PPT 的使用、场内突发事件，等等）；

- 教材虽然以主题为主线，但选择的材料与技能训练相去甚远；

- 由于教材出版周期长，文本内容变得陈旧，无法做到与时俱进。

由此看，教师在不能自己编写教材的情况下，应该根据本校情况和教学要求选材，择优挑劣，还可以适当调动学生的积极性，让他们帮助找合适的、他们感兴趣的翻译材料（教师的任务是发布明确的指令，如叙述类或论证类文本、长度、体裁和题材，等等），逐渐形成适合本校教学的教学素材体系（口译语料库），而不是抱着一本教材照本宣科，尤其是口译课，凡是课本上已经印刷成文的讲话，上课如果按部就班地使用，便失去了口译的特点，培养出来的学生也许"记忆"不错，但其应变能力会大大降低。如何解决这样的问题? 方法之一则是在翻译练习中对讲话作必要的删减或替换（人称、时间、地点、过程、观点、论据、结论等等）。

通过网络等手段，选择有代表性的补充材料或主题，选择国内外热门话题，选择与学校专业特色吻合的内容，这种选择不仅对学生毕业后进入职场非常重要，也是翻译课程本身的特点所决定的，因为学生毕业后进入职场，他们面对的应该是"与时俱进"的话题，如国内重大政治、经济、文化、教育、体育、医疗卫生、科普等主题，以及粮食、环保、打击恐怖犯罪等国际重大问题。

待译文本 / 讲话的语言难度也是选材时必须考虑的因素。教师可根据学生的水平适当删减章节或降低语言难度。从心理学角度讲，待译语篇过难会让学生出现心理屏障，特别是口译，如果学生"谈虎色变"，证明其已出现心理问题。因此，口译课选用语篇的语言难度应该从易到难，循序渐进，语篇的主题也要从学生非常了解到一般了解，然后选择学生不十分了解的主题，经过译前准备，达到一定程度的了解，帮助他们在训练中建立信心，一个环节接一个环节地参加训练，从而逐渐掌握翻译技能。

所选文本 / 讲话的完整性也是非常重要的选材原则。除文学翻译，职业翻译面对的主要是信息，要转达的还是信息，而信息需要交际场景，需要语境，无论长短，选择的语篇应该表达完整的信息。没有上下文的独立句的翻译绝对不是翻译课的练习内容。如果选择的文本或讲话过长，需要把完整的材料发给学生，或交代交际背景，然后选择有代表性的段落进行翻译。

本科生翻译教学应该突出以信息为特点的实用文本 / 讲话（叙述类和论述

类），研究生层次可以增加描述类文本和重大场合不同主题的讲话。另外，所选材料应该是用母语表达的，不能使用"译文"作为口译文本。译文的使用或对比可以考虑放在语言提高板块内。

无论是纸质材料还是音像及网络材料，文本的真实性、完整性和时效性是职业翻译训练中教材选择的第一原则。而提供交际场景、讲话具有口语化特点则是口译训练教材的重要原则之一。如果使用音像或网络材料，还要考虑其可信度、声音质量、图像质量和可操作性。目前，有些院校已经开始建设翻译培训所需的语料库，这对翻译教学必将起到积极的推动作用。但我们也注意到，"鉴于语料库语言学研究与应用的现状，同时也考虑到口译活动的特殊性，口译语料库的开发与建设既有许多便利条件可以充分利用，也有一些特殊困难需要认真对待和解决"（张威，2009：55）。口译语料库的建设还需要人力、财力等资源的大量投入。与其等待语料库建设的完善，不如教师自己动手，利用能够使用的一些平台建设小型语料库，以缓解口译教材滞后的矛盾。

五、教学实践与社会实践的关系

一些教师提出，所在地区几乎没有参加翻译实践的可能。应该说，翻译教学本身也是翻译实践，而以项目带动教学则是以翻译过程为规范的翻译教学的重要手段之一。项目可以是真实的，也可以是模拟的，或是"工作坊"，无论是笔译还是口译，突出项目的目的在于在教学中融入翻译市场的相关因素，按照客观规律培训学生，例如口译到场时间、出场着装或讲话风格等，不符合要求的可以相应扣除分数，甚至抵扣期末成绩。因此，要设计多种形式的翻译练习，诸如：以主题为单元的译前集体和个人准备、课上和课下的小组练习、学生轮流参与点评、学生扮演讲话人、邀请不懂汉语的外国专家参与译文的点评、邀请不讲外语的中国人参加译文的点评、模拟翻译公司 / 客户与译者 / 译员就翻译事宜进行沟通和交流并最终签署合同，以及模拟联络口译、小型辩论会、小型研讨会等，组织学生参加口译实践，等等。课后作业除文本翻译和口头翻译外，还应包括与职业翻译相关的所有因素。

如果组织学生集体完成翻译公司的笔译任务，以下内容不容忽视：签订合同、任务分工并确定负责人、查找资料准备术语库、发放统一后的术语、提出翻译文本要求（软件、格式、字体等）、译文起草（执笔与其他人员的合作）、小组间的交叉审核和讨论、译文术语及风格的统一、排版和最后的交付，等等。如果翻译任务量非常大，还要作出时间进度和任务分工表，以便开展项目跟踪检查。

如果是口译任务，则需要按照口译需求单位的要求组织集体培训，作好译前准备，明确分工，由负责人联络用人单位，了解并传达相关信息，必要的时候"踩点"，以确保到场后各就各位，各司其职。还要做好口译实践期间的质量监督与记录工作，尤其是客户的反馈，这是译员培养的重要环节，不可忽视。

由于本科生课表规定的课程非常多，他们常常抱怨没有时间参加课后练习，也有些同学由于目标不明确缺乏参加课后训练的积极性。解决这样的问题有两个原则：一是任务明确，二是有检查手段。在练习时间不充足的情况下，提高效率成为关键。可以考虑一定时间的训练后，让学生将翻译文本所用的时间标注在译文下面，这样做不仅能避免学生在翻译过程中边译边"玩"，还可以训练他们应对"急件"，经过训练能够在规定的时间内完成一定量的有质量保证的笔译任务。口译练习则可以采取录音方式，个人和小组练习都可以录音，教师可让学生互查，也可以抽查，并将抽查结果记入平时成绩。课上表现、课后作业和练习成绩一般占学期总成绩的30%或40%，如果练习的质量很高，还可以达到50%。

六、课前测试、阶段性评估与训练结束前的考核／评估

翻译评估包括翻译技能评估和翻译教学评估。职业翻译技能评估不是本文要讨论的问题。我们需要关注的是翻译教学过程评估，这种评估是提高教学质量、完成教学目标的重要手段。教学评估方法包括过程与产品评估、质量测试与能力考核、前瞻性和回顾性评估以及定量与定性评估（蔡小红，2007）[1]。蔡

---

[1] 培训期间各阶段的自评和教学评估不是本文的重点，可以参考蔡小红的《口译评估》，按照技能培训阶段性要求逐一进行。《汉法口译教程》对每个阶段的自测内容也有详细说明，这里不再赘述。

小红在其著作中对口译质量评估的历史、口译评估的基本定义、参数与方法、口译研究评估等相关问题作了详细梳理和分析，并根据国内口译教学现状，提出了职业口译质量、口译教学质量评估和口译研究评估的原则与方法。但我们2016年初在 CNKI 上检索 2000-2015"口译评估"时发现，16 年中只有 37 篇论文收录其中，这从一个侧面说明国内口译质量评估研究还有待深入。

这里主要讨论教学评估。需要强调的是，教学评估包括训前评估、训中评估和训后评估三个阶段。

训前评估：对学生的汉语和外语文字理解及表达能力、听力及口语表达能力的评估是制定教学大纲、课程设置、课程要求和选择教学方法的重要依据；

训中评估：本书第四章第二节中描述的教学内容需要逐一检查和评估，即将翻译技能分解为多个可操控的"产品"，每个阶段教学任务完成后都要进行评估，从而发现问题，分析原因，并力求找到解决问题的方法。任务型评估可以采取抽检与普检方式。挑选性评估主要针对训练的技能，如译前准备、文本类型、文化差异等。而课堂评估与课下评估（教师在班上的讲解、评估及学生课上和课下自评与互评）需要贯穿整个教学过程。

训后评估：主要是对"产品"的评估。产品评估可采用自我评估（课内课外、小组内或参照教师及专家点评等）和译文使用者评估（个人/单位）等方法。如果学生有参加翻译实践的可能，也可以采取校内与校外联合评估（实习单位＋学校）的方法，但应加大所在实习单位的专家或指导教师的评估比重。

应该说，本科翻译教学中，训前评估是教学的依据，训中评估是教学评估的重点，也是学生获得翻译技能的重要手段，而训后评估不仅可以帮助学生充分认识自己获得的翻译能力，同时还可以帮助教师检查教学效果。[1]

综上所述，"高等学校翻译专业本科旨在培养德才兼备、具有国际视野的通用型翻译专业人才。毕业生应掌握相关工作语言，具备较强的逻辑思维能

1　翻译教学评估的主要内容是学生认知能力的发展水平，如果用曲线标注，凡在原有基础上实现预期目标的，均应被判定完成了教学目标，然后根据完成情况，即学生在各个方面的成绩把教学质量定为不同等级。由于各个学校的学生情况不同，基础不同，培养目标和手段都存在差异，因此，教学质量评估的基本标准应该是各校制定并经过专家或有关部门认可的教学大纲。

力、较宽广的知识面、较高的跨文化交际素质和良好的职业道德，了解中外社会文化，熟悉翻译基础理论，较好地掌握口笔译专业技能，熟练运用翻译工具，了解翻译及相关行业的运作流程，并具备较强的独立思考能力、工作能力和沟通协调能力。毕业生能够胜任外事、经贸、文化、教育、科技、军事等领域中一般难度的笔译、口译或其他跨文化交流工作"（仲伟合，2011：21）。

七、关于 A-B 教学法

为什么专门讨论汉译外？因为职业译者和译员通常只从外语译到母语，即B-A 翻译，这是国际惯例。但中国市场对口译人员的要求是 A-B 互译，其市场的不成熟、经费和人员缺乏等原因在此不再赘述。

按照法国释意理论，在学生尚未娴熟掌握工作语言条件下绝对不能教授笔译，更不能教授口译。换句话说，"翻译教学只能在语言学习结束后，即到了研究其表达方式时开始"（塞莱斯科维奇，1990：50）。"用母语表达，优秀译者可以非常自如；相反，他们的语言 B 及其相应的外国'文化'可以说低于母语水平和他们自己的文化，低于讲这一语言的和属于这一文化的本土人。用语言 B 工作，译者对对象国人民的文明、风俗、文学、烹调和其他情况的了解不可能与本土人相比拟"（勒代雷，2001：126）。然而，"世界上有一些不广泛使用的语言，这一实际问题迫使小语种译者不能只译入母语，而且要译成第二语言。译者必须用掌握不如母语的外语重新表达原作品的意义和形式效果"（ibid.：130）。汉语目前在国际上还属于非国际通用语言。近些年，掌握汉语的外国人虽然与日俱增，但短时间内恐怕还不能满足中外各领域交往的需要，更不能满足向世界推广中国文明和文化的需要。将汉语翻译成不同国家语言的重任自然主要落在以汉语为母语的中国人身上。中国学生通常 8 岁左右才开始接触外语，而学习英语以外的非通用语（法语、日语、西语、阿语、韩语、德语等）一般从大学开始，且多数学生都在外国语言文学专业就读，笔译课程要到大学三年级才接触，每周一般只有 2 节课，口译通常在四年级开设，也是每周2 节课。因此，把学生培养成双语者的可能性受到质疑。2006 年起，中国的一些高校开始招收翻译本科专业学生，这为培养更多的翻译人才提供了可能性。

将母语译成外语是否可行？汉译外工作需要具备哪些条件？主要困难是什么？如何解决？下文主要就以上问题进行探讨。

1. 语言知识与认知知识

"实际上，除语法练习外，任何语言，任何作品都绝非仅仅是语言能力的再现；作品离不开百科知识，这些知识构成特定的认知背景，只有独立存在的句子是语言能力的再现……无论是文学作品，还是科技文章，如果不了解其内容，任何译者都不会相信能完成这类翻译"（塞莱斯科维奇，1990：48）。

众所周知，翻译程序包括理解——脱离原语语言外壳（得意忘形，意义产生）——表达这三个步骤，即借助语言外知识理解和阐释译出语所表达的信息，将这一信息记忆在大脑中，并根据读者／听众的需求（或期待）用译入语加以表达。对职业译者来说，只要真正理解了信息内容，用母语加以表述应该没有大的问题，剩下的则是译入语的风格和形式处理。如果用"尽善尽美"代表信息和风格，B-A 翻译相对更容易实现。A-B 翻译则不同，在保证理解的前提下，还会有外语表达的种种"力不从心"和"不尽人意"。

"认知主义哲学把现象（一切自然现象、社会现象、言语现象等）的意义视为认知者的重构，认为对现象的理解和阐释都离不开认知者的加工"（蒋勇，2004：584-585）。Fauconnier 指出，"语言形式是非常简化的，同一语言形式或许能够适合多种场景……言语的明示信息和它所激活的隐含信息之间的关系就是借代影射关系，故言语在交际中发挥以显代隐的借代功能。这源于认知者由此及彼的推理能力。言语在语境中之所以有意义就是因为言语者已掌握了一定量的知识。当言语者带着已有的知识进入交际场景时，语符信号刺激他，使他启动和运行知识系统，从明示信息推导出隐含信息"（ibid.：587）。Cavanagh 也指出："我们能看到的东西远比落在我们视网膜上的直接信息多得多。"同样，"我们推理时启动的概念比接收到的言语信息所代表的概念多得多。言语编码的简略程度取决于讲话人对听话人已有知识的推测"（ibid.：587）。"认知语言学的核心思想是强调意义的整体大于部分之和，即话语的意义不仅仅是话语的各组成部分之和，话语的释义需要进行认知推理和补充语境信息；语义是显性信息和隐性信息的复合"（ibid.：591）。

由此而论，语言是外在形式，翻译是借助语言知识启动相关认知知识进行分析、加工、记忆和表达的过程，而不是单纯的语言转换。认知知识越充足，对信息的把握越好，语言的表述会越清晰。这一推断在 A-B 翻译中是否也成立？实际上，A-B 翻译对理解的要求并不会因为原语是母语而降低，因为，如果理解不到位，外语的表达就更有可能模棱两可，模糊不清，甚至不伦不类。这里问题的关键是何谓理解。且不谈具有中国特色的概念和说法的翻译，总体而言，中文语法相对松散，习惯使用四个字的固定表达方法，句子与句子之间的衔接靠的是听讲人的理解，缺少语言连接的形式成分，等等。如何能让外国人理解中文表达的内容？某发言人就北京空气的质量改善发表讲话，他是这样开头的：

例 1："今天我想就北京的环境保护问题给大家提供几组数据，看看北京在环保方面有哪些改善，还有哪些问题亟待解决。"

这段话的核心思想是什么？"提供数据"还是"看看......改善？"或者是"亟待解决的问题"？如果用三句话表述与原文信息是否有矛盾？信息点抓不住，就很难用外语表达，因为英语、法语等都属于依赖语法、强调字词和语句之间线性表述的语言，需要用语言形式体现其内在逻辑关系。能否这样理解上面的一段话：主句是提供数据，其目的是看看有哪些改善，还有哪些问题亟待解决。认知知识帮助译员抓住信息内核，组织出来的句子便容易被接受。如果将这句话翻译成三个相互独立的句子，外国人听后会"摸不着头脑"。下面是常州市市长的新年祝词，在表示慰问和新年祝愿后，他说：

例 2："在刚刚过去的一年，全市各级党政组织和广大干部群众坚决贯彻总书记视察常州时的重要指示精神和省委、省政府的一系列决策部署，在挑战中抢抓发展机遇，在改革中创新发展思路，全面推进社会主义经济、政治、文化和社会建设，继续保持了经济社会又快又好发展的势头，巩固发展了奋发向上、政通人和的良好局面。"

如何准确理解上面这段文字中表述的信息？能否将中文的搭配原封不动地变成外语？这段话中哪些是主要信息？哪些是辅助信息？"继续保持了经济社会又快又好发展的势头，巩固发展了奋发向上、政通人和的良好局面"是否可以作为主句？将其他成分当作辅助信息处理是否合理？很显然，如果按照中文顺序翻译，句子与句子之间的逻辑关系则不清楚，很有可能被外国人视为"言之无物"的"宣讲"，失去宣传的意义。而"两个率先""科学发展观""奋发向上、政通人和"更需要译者的认知知识才能妥善处理。

　　以上例子告诉我们，即使是一般的句子，依靠认知知识阐释陈述并抓住信息核心是 A-B 翻译必须首先解决的问题。无论是口译还是笔译，如果不能在聆听和阅读后抓住信息的逻辑和内在关系，外语的表达很难达到准确、清晰、易懂。

　　三类知识是译员必须具备的，即语言知识、主题知识和百科知识。这里有几个重要概念必须澄清：语言知识不等于语言能力；语言能力不等于交际能力；在翻译中，主题知识越丰富，对语言知识的依赖越小；百科知识依靠平时的积累，一朝一夕不可能解决翻译需要的知识和能力。译员需要的是双语交际能力，百科知识靠不断丰富和积累，译前准备主要解决相关主题知识的获取和补充。口译训练前如果能够根据授课需要启发和帮助学生获取相关主题和百科知识，会对口译训练有很大帮助。例如就环境保护这一主题，在学习口译前先利用精读课或阅读学习分析相关主题的外文文本，并围绕该主题进行知识扩充，了解此类文本的特征和表达"套路"，同时邀请同学阅读中文相关主题的文章，这样不仅解决了语言上的问题，同时也扩充了知识，在口译训练时，讲话的"难度"就会降低。

2. 译入语听众与需求

　　且不谈文学翻译，信息类讲话和一般文本翻译属于交际行为，而交际必然有目的，参加交际的人也会根据交际对象和目的选择相匹配的交际手段。进一步讲，交际者会对另一方的知识共享成分作出判断。Gile 在 *La traduction, la comprendre, l'apprendre*（中文版《笔译训练指南》（2005：28-53）一书中提出，译者在翻译的时候要对客户、笔者和读者负责，而三者中最重要的是客户。客户是提出翻译要求的人或企业，是译者的雇主，也许同时是译文的使用者，也有可能不是。对译者而言，按照客户的要求翻译讲话和文本，就是要了解客户和译文使用者的具体要求，并根据其要求采用适当的翻译方式：以信息为主的摘要和综述、基础信息＋辅助信息、导向性信息、个人信息或其他。应该说，在信息交流中，无论是口头还是书面形式，基础信息是翻译的首要目标，要确保信息的准确清晰，不能有任何模棱两可或可能引起误解的表述。

在 A-B 翻译中，当语言形式与内容不可兼得的情况下，应该把信息表述放在第一位。换句话说，形式对应但不承载信息的表达应该让位于信息的传输，因为在正常交际中，客户期待的是信息。"你把这篇文章中的主要信息翻译出来就可以。""我们主要想了解竞争对手新产品推销的策略，其他部分可以不翻译。""这是一份技术性很强的材料，关系到新产品的开发，请你跟技术人员沟通一下，然后再翻译。""这次董事会非常重要，由于双方关系处于紧张状态，我讲话中每个词的翻译都要特别注意。""你不用全翻，告诉我大意就行了。"……客户需求和要求是译员在翻译中必须考虑的重要因素。

谈及 A-B 教学，不同高校有不同的安排。例如北京某高校，本科生和研究生的翻译课程一直采用先上 A-B，后开 B-A，其主要观点是：这样做有利于学生提高外语水平，对外译中的理解会有极大帮助。但在多数学校，外译中先于中译外，或平行开设。这主要基于心理学讲的主动知识与被动知识、知识与能力的关系原理。一般而言，一个人的被动知识永远多于主动知识，即能听懂和看懂的东西远远超出能说出和能写出的内容。听懂看懂是前提，随后通过训练可以将被动知识逐渐转化为主动知识，将语言知识变成语言能力。事实证明，中译外和外译中课程主题交替进行更为行之有效，同样的主题，进度基本平行或外译中多少先于中译外，这对口译能力的提高是有帮助的。这就要求相关课程老师保持阶段性教学的有效沟通，同时对相关能力作出定期检测。"译出语听众要求"原则应该在课堂上有所体现，即先保证信息的完整和准确，语言层次随着训练的加强而提高。

八、语言提高与口译能力提高的关系

社会在发展，多元文化的接触和交流日益频繁，语言水平的提高和知识的更新应该受到重视。"任何一门语言都不是终极客体。从社会学的层面来看，语言是无限延伸的，然而对于每一个人来说，他对语言的了解总是有限的。无论是娴熟地使用母语还是功用性地使用外语，都不过如此。另外，任何人都不可能以同样的程度掌握几门外语"（塞莱斯科维奇、勒代雷，2011：289）。

中国的语言环境与欧洲很多多语言国家不同，除方言外，一般从小学开始都讲普通话，小学三年级开始接触英语或一门其他外语。在一些大城市，也有部分小孩子从幼儿园开始"学"外语，但无论如何，这与多语国家的语言环境还是有很大差异的。鲍刚（2011：41-54）对"双语现象"有详细论述，他使用了"合成性双语者"和"并列性双语者"的说法。他认为，"典型的合成性双语译员在听辨到原语时便立刻试图搜觅译语中的'对应'语义，而不管这一'对应'语义是字典一般意义或孤立的词汇意义，还是参照了其他的语言，或语言外部信息的话语语境的意义……合成性双语译员在单独使用 A 语时有时可以脱离'纯'语言载体进行信息处理"，而"并列性双语译员的表现则完全不同。并列性双语译员在听辨到原语（无论是 A 语还是 B 语）时，会立即结合语言以及语言外的多种信息作出综合性的理解。他们在翻译时倾向于使用另一套独立的符号系统进行处理，并因而较少受到原语影响，有时他们还可以脱离双语中任何一个语种的'纯'语言载体，转而使用一些在现场条件下更为方便的其他载体进行信息处理"。中国绝大多数译员属于并列性双语者，因此，提高 B 语言使其成为工作语言尤为重要。

鲍刚认为，B 语言进修可以采用：B 语语体及语级练习、套语转换练习、B 语语速练习、语类结构练习、主题演讲练习、口译辅助课程练习（ibid.：49-54）。Seleskovitch 和 Lederer（2011：304-310）认为，在 B 语语音语调上不必强求与本国人如何一致，基本原则是以不影响听众的理解为前提。B 语言使用中会出现语言错误、专业词汇使用不当或语法错误、句法结构错误、前后缺乏逻辑联系、B 语表达不流畅（迟疑、延误、漏译等）。为保证 B 语质量，要为听众着想，保持讲话的连贯性，使其了解背景，让听众由不知到知之。

应该说，无论是哪一个层级的口译教学，教师都面临一个不可忽视的现实：学生的母语和外语水平尚无法满足翻译人才培养的需要。如何在不同层级、不同阶段、针对不同学生制定有效方法从而帮助他们不断提高工作语言能力，这是口译教学无法避开的问题。虽然学习口译，也离不开阅读。阅读是汲取和完善知识的有效办法。从心理学角度讲，只有不断阅读，不断增加被动知识，扩充知识范围，才有可能在需要使用的时候"有的放矢"。当然，阅读和听力提高也是保证口译训练质量不可或缺的练习方法。读什么？怎么读？听什么？怎么听？

- 坚持泛读和泛听是扩大知识和提高语言能力的基础；
- 精读和精听是提高语言质量的必要手段；
- 读后／听后概述是思维训练的重要途径；
- 主题阅读和听说是提高口译认知能力的有效办法；
- 写作和演讲是接受译员训练的必要前提条件；
- 译前准备（含术语准备）是提高语言能力和扩充知识的良好机会；
- 译后总结是知识整理和储存必不可少的环节。

经过长期不懈的努力，译员的母语要逐渐达到炉火纯青，或称娴熟掌握；B 语能够达到理解准确、表达流畅、基本信息精确无误、专业术语能使听众理解和接受、避免因表述不到位在听众中引发理解错误。

汉语语言结构与西方很多语言差异较大，整体关联性强，句子结构相对独立，表达常使用四字句或固定语言套式，且句子短小精悍。在 A-B 翻译中，尤其需要首先抓住汉语的信息结构，准确建构外语的语义框架，并按照符合译入语语言和文化习惯的方法进行表述，让听众听得舒服，听得明白。在两个语言社团中间不留下任何"桥梁"痕迹，这是 B 语翻译的境界。

第七节　中国口译教育或培训中存在的若干误区

目前，这些误区主要表现为：

（1）翻译作为外语教学手段：翻译的目的是用来检查学生外语理解和外语掌握情况。如前所述，这对语言学习有帮助，但不是真正意义的职业翻译教学。

（2）外行教书：目前教口译的教师做过口译工作并对口译研究有一定了解的寥寥无几。不少领导认为，只要教师口语好就能教口译。

（3）教学定位不准：一些学校认为，设置翻译专业理所当然要开同声传译课。实际上，同声传译除了对学生的工作语言要求非常高外，还要有很好的交替传译基础。另外，口译市场需求呈金字塔状，塔的底部是大量从事一般翻译工作（交传）的人员，中间部分一般为水平较高、熟悉各领域主题的交替传译人员，塔尖部分才是少量水平高超的、能做交传和同传的职业英才。我国大部分高校目前应该培养的是大量的底部和中部人才，塔尖上的人才应该主要由高级翻译学院承担。各地区和城市应该从市场需求出发，统筹考虑口译人才的培养。

（4）部分培训机构唯利是图，在招生时夸大其词：目前市场上翻译公司和各类培训班众多，质量良莠不齐，有的"同声传译"班甚至达到 200 人以上，在这样的教学条件中，且不谈同声传译训练，即使是交替传译也无法进行。学费昂贵，但学生得不到名副其实的职业培训，充其量是同声传译观摩课。其危害在于：让参加此类的学员错误地认为，只要了解同声传译就能做国际会议。

（5）研究与培训相混淆，主次不明确：研究生阶段，到底是以研究为主还是以翻译实践为主？需要培养实践型人才还是将来能搞研究的人？部分学校由于教学目标不明确，课程设置模糊不清，学生面对这样的现实进退两难。甚至连毕业论文如何评价都无法确定。翻译专业硕士应该以培养翻译实践能力为主，研究型硕士也不能忽视实践能力的培养，但目标应该是从事研究工作。

（6）理不清理论与实践的关系：培养应用型人才是否需要理论？专业硕士学生上不上理论课？理论与实践的关系是什么？很多教师被这些问题所困扰。如果用感性和理性来解释理论与实践的关系，这个问题似乎应该变得简单了。口译训练会让学生在不同阶段产生某种感觉，这种感觉不成体系，不能成为自动化行为。因此，必要的理论或原则主要是帮助学生从感性到理性，认识提高后会潜移默化地指导实践，培养学生从盲目行为到自觉行为。专业型硕士的理论课不是简单的知识类课程，需要学生本身的自省、总结、分析、内化和提高。换句话说，定期总结、摸索规律、寻找解决方案等都是理论层面的东西，即用恰当的理论解释某些口译行为，让学生充分认识口译行为，从而自觉地运用到实践中。

（7）缺乏对培训质量的评估：根据什么来评判和检测教学质量，目前还没有一个系统的操作性强的具体标准。MTI 教学指导委员会于 2014 年和 2015 年分别对第一批、第二批和第三批设立翻译硕士专业的学校进行了评估，相信其结果会对今后建立翻译教育质量评价体系有很好的借鉴作用。

(8) 教材缺乏针对性：目前市场上已经出版了不少按照职业要求编写的教材，但笔者觉得仍然有三个问题尚未得到解决：一是口译内容的口语特点不突出，书面材料大于口语材料；二是口译课教学内容以纸质文章为主，这与口译训练原则背道而驰，因为，口译待译内容一旦进入教材就基本失去了"临场性和即时性"，学生课前可以阅读，上课背诵已经翻译好的内容，这与真实的口译无论在心理上还是在难度上都是有差别的；三是很多内容缺乏时效性。教材出版周期一般需要一年至两年时间，一旦出版，其不少内容已经过时。当然，部分保留有利于口译能力训练的语篇是必要的，但绝大多数内容应该由任课教师根据教学进度和要求自由选择相匹配的材料。应该说，口译教材与笔译教材的编写有所不同，口译需要更多的音频和视频材料，需要建立特别的供授课和练习使用的口译语料库，尤其应该尽快建设口译教学语料库，随着网络技术的发展，学生在线训练的比例会逐渐加大（慕课和翻转课堂均需要此类语料），相关问题有待深入研究并找到解决方案。

第二部分 口译教学研究篇

本书在第一部分重点讨论了口译职业与口译教学法，第二部分的重点则放在口译及教学研究上，这是因为，按照 Holmes 的翻译学研究框架图，口译职业和口译教学不仅是翻译研究的重要对象，更是翻译应用理论研究不可缺少的内容（杰里米·芒迪，2007：18）。另外，随着口译职业的发展，教学内容和研究对象也必须不断拓展，其研究结果会对口译实践和教学有极大的促进作用。正如谢天振教授所言，现行的翻译定义落后于当前这个翻译的职业化时代，他以一系列的数据证明了当前这个时代翻译性质的变化，主要体现在五个方面[1]：

（1）翻译的主流对象发生了变化。传统典籍、文学名著退居边缘化的地位，取而代之的是实用文献、虚拟文本等。

（2）翻译的方式发生了变化。由历史上的个人文化行为逐步演变为团队合作行为，且口译的比重越来越多。

（3）翻译的工具、手段发生了变化。这方面的变化主要体现在翻译软件、语料库等现代科技手段对翻译的介入。

（4）翻译研究的对象发生了变化。口译、翻译服务、翻译管理以及翻译中现代科技手段的运用成为热点，另外，"译出"行为也成为翻译研究的重要对象。

（5）翻译研究队伍发生了变化。过去，从事翻译研究的都是翻译者自己（如严复），而现在，翻译实践者并不一定从事翻译研究，当今的翻译研究不能依赖翻译实践者。

翻译的主流对象、方式、工具和手段发生了变化，翻译教学自然需要跟上。口译研究也不例外，需要有新的视野、新的方法和手段，需要跨领域的研究人员多方合作不断开展深入的研究。

---

1 新浪网，2014，翻译的重新定义——聆听谢天振教授记事，http://blog.sina.com.cn/s/blog_4c00a2ac0102eaxi.html（2015 年 2 月 14 日读取）。

　　口译研究篇由三章组成：第五章"口译理论研究现状"介绍国内外口译研究主要成果，从 Gile 在 *CIRIN Bulletin* 第 50 期上发表的最新数据，到鄢秀对国外十年口译研究的分析，从王茜和笔者对国内十年口译研究的统计分析，再到仲伟合对博士生口译论文完成情况的研究分析，既有对研究成果的梳理，也有对口译研究未来走势的基本判断。第六章"口译教学研究"首先以部分论文为基础分析研究内容和特征，进而围绕心理学和认知学探讨口译教学方法，结合口译能力的培养，思考口译教学面临的问题和可能的解决方法。第七章"口译理论研究与教学实践"旨在思考如何将已有的口译研究成果应用于口译教学，并通过若干篇论文，分析其研究视角与方法，为读者提供研究线索，使其能够着手启动自己感兴趣的研究课题。

第五章　口译理论研究现状与趋势

口译研究发展至今，不少中外学者都先后进行过文献计量统计研究，定期对口译研究发展的情况进行总结与展望[1]。鉴于口译研究发展迅速，我们选择了距今时间近、数据库论文数量大、分析细致详尽的最新研究成果，如鄢秀等（2013）对 2000-2010 年九本国际重要翻译研究期刊口译论文（共计 235 篇）所作的极为详尽的分析，涉及主题、方法、作者情况等，王茜、刘和平（2015）对 2004-2013 年国内口译研究情况进行的最新统计分析，徐子韵（2015）发表的关于国内口译研究成果影响力研究，仲伟合、贾兰兰（2015）以 2000-2013 年国内 32 篇口译博士论文为研究对象对国内口译研究的发展概况、问题和研究走向作出的分析和思考等。口译研究现状部分分国外和国内两部分，主要参考文献是上面提及的 2012-2015 年最新研究成果。

第一节　国外口译研究现状

关于国内外口译研究现状，Gile 教授在其主编的 *CIRIN Bulletin*[2]（《公报》）第 50 期开篇一段话从一个侧面反映了近些年国际上的研究情况。

1　首先是 Franz Pöchhacker（2004）对 20 世纪 70 年代至 21 世纪初西方的口译研究进行的总结，将口译研究分为过程、产品与表现、实践与职业、教学四个大类，大类下又分各子类，分类详尽，不过该研究并未指出选择论文的范围。刘和平（2005）统计了 Gile 于 2000-2003 年在 8 期《公报》上公布的各国口译论文（共计 206 篇），按主题将其分为十类，又另统计了三本中国重要翻译研究期刊 2000-2004 上半年发表的口译研究论文，由此分析当时的研究状况。刘绍龙、王柳琪（2007）对国内 1996-2005 在外语类核心期刊发表的口译相关研究论文（共计 161 篇）进行了主题分类与方法论分析，但分类比较宏观，方法论分析的基础也仅基于随机抽样。高彬、柴明颎（2009）搜集了 2000-2008 西方主要口笔译期刊（8 种）用英语发表的口译研究和同声传译研究论文（共计 562 篇），从主题、主要传译种类、实证研究三方面进行了整理和研究，分析论文数量众多，且对文献的整理分析并不仅限于标题，还深入到摘要与正文。

2　*CIRIN Bulletin*（《公报》）由 Gile 教授主编，每年两期，2015 年 7 月出版第 50 期，2016 年 1 月出版第 51 期。

　　第一，口译研究领域在不断扩大。该公告创刊时旨在统计会议口译研究成果，但在过去的 20 多年中，翻译学和口译研究均发生了变化，学科与学科之间出现交叉，有时候很难将一些研究成果列入会议口译或相反，例如有的博士论文讲的是欧洲议会口译，完全符合会议口译定义，但研究的问题是公共服务中的口译。另外一些论文则涵盖了各种类型的口译和笔译。此外还有口译技能学习、交替传译、公共服务口译、商务口译等其他主题，特别是在中国，很多论文涉及的是口译培训。[1]

　　第二，口译研究方法发生了明显变化。第 50 期《公告》上有 64 篇会议口译论文，其中 7 篇为博士论文，其中 6 篇（占比 86%）为实证研究，5 篇为硕士论文，均为实证类，另外 51 篇是刊物论文，其中 75% 为实证类。2000-2009 年，博士和一般论文的实证研究比例分别为 57% 和 33%。2010-2014 年间，实证研究比例上升，占博士论文的 88%、硕士论文的 65%、一般论文的 80%。在第 51 期中也不例外：共有 38 篇期刊文章，其中 25 篇（66%）是实证研究。

　　第三，口译训练（19 篇）和认知研究（11 篇）占比加大，科技口译（7 篇）和口译培训研究呈上升态势，后者尤甚。

　　香港鄢秀教授和她的同事于 2012 年 12 月 4 日在 *Perspectives: Studies in Translatology* 网络上刊文，题目是 *Mapping interpreting studies: The state of the field based on a database of nine major translation and interpreting journals (2000-2010)*[2]。该研究主要针对 2000-2010 年期间九种国际刊物中发表的 235 篇英文论文，对其进行分类并完成描述图。研究主题被分为三大类：口译实践、口译培训与评估、口译研究书评。研究方法统计分为描述性和实证性两类。以下是选

1　根据 Gile 教授 2016 年 1 月发布的《公告》第 51 期内容，会议口译研究仍然是主流（87 篇），其次是文本质量研究（16 篇）、培训与认知相关主题研究（14 篇）。中国研究人员贡献论文 22 篇，其次是德国和西班牙各 10 篇，随后是奥地利的两位作者贡献 8 篇，韩国 7 篇，瑞士 6 篇。英语仍为论文撰写的主要语言（占 44 篇），但汉语有 20 篇，德语 4 篇，韩语 6 篇，还有 1 篇博士论文用希腊语完成。《公告》还显示，2015 年后半年有 7 篇博士论文通过答辩，其中 6 篇（86%）为实证研究。

2　Taylor & Francis Online, 2012, Mapping interpreting studies: The state of the field based on a database of nine major translation and interpreting journals (2000-2010), http://www.tandfonline.com/doi/abs/10.1080/0907676X.2012.746379（2015 年 2 月 27 日读取）。

自该论文的 7 张图表。

表 5.1 国际刊物名称及十年中发表的相关口译论文数量图表

Table 1. Composition of the database of the current study.

Name of journal Remarks*	Number of articles on interpreting	
Across Languages and Cultures	2000-2010 (2) (2 each year)	14
Babel	2000-2010 (3) (4 each year)	12
Interpreting	2000-2010 (2) (2 each year)	74
Meta	2000-2010 (3) (4 each year)	50
Perspectives: Studies in Translatology	2000-2010 (4) (4 each year)	10
Target	2000-2010 (1) (2 each year)	8
The Interpreter and Translator Trainer	2000-2010 (2) (2 each year)	13
The Interpreters' Newsletter	2000-2010 (less than 1 each year; published in 2000, 2001, 2003, 2005 and 2009)	35
The Translator	2003-2005 and 2009	19
Total		235

Note: *Some journals started publication only recently, i.e. *The Interpreter and Translator Trainer (ITT)*, and some others only produced one or two issues at the time of this research project. Thus only available issues are included in this database.

表 5.2 口译研究方法分类图表

Table 2. A spectrum of research methods in interpreting studies.

Name of journal	Remarks*	Number of articles on interpreting		
	Empirical ◄─────────► Non–Empirical			
	Pure empirical (Experimental and observational)	Pro–empirical (Survey studies)	Pro–non–empirical (Descriptive)	Pure non–empirical (Theoretical)
Synthetic/Analytical	Analytical	Analytical (Synthetic)	Synthetic (Analytical)	Synthetic
Heuristic/Deductive	Deductive	Deductive (Heuristic)	Heuristic (Deductive)	Heuristic
Degree of control	Highest	Higher	Lower	Lowest
Researcher subjectivity	Lowest	Lower	Higher	Highest
Explicitness of data collection procedures	Highest	Higher	Lower	Lowest

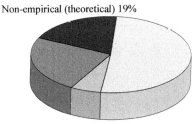

Proportion of categories of articles in the database (by theme and by research methods).

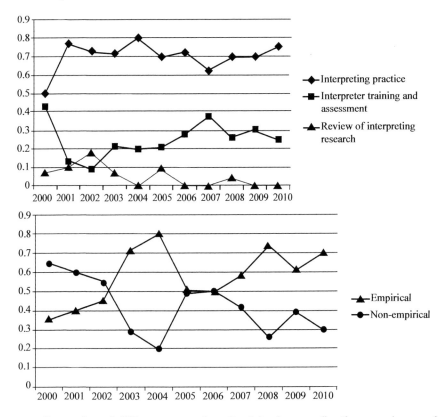

Proportion of different categories of articles by year (by theme and research methods).

图 5.1 口译研究内容分类及方法比例图

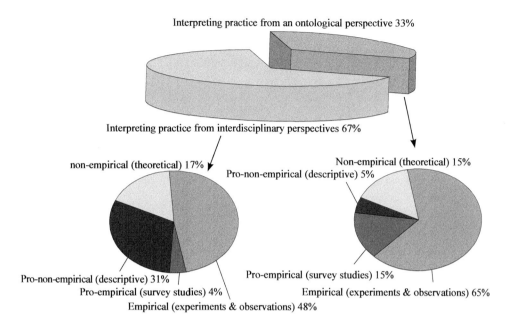

Interpreting practice from an ontological perspective 33%

Interpreting practice from interdisciplinary perspectives 67%

non-empirical (theoretical) 17%

Pro-non-empirical (descriptive) 5%

Non-empirical (theoretical) 15%

Pro-non-empirical (descriptive) 31%

Pro-empirical (survey studies) 4%

Empirical (experiments & observations) 48%

Pro-empirical (survey studies) 15%

Empirical (experiments & observations) 65%

Proportion of articles in the sub-categories of interpreting practice

图 5.2 口译研究论文比例图

New tech & interpreting 13%

product 22%

Process 65%

Style 17%

Team work 3%

Note-taking 9%

Input variables 23%

Directionality 14%

Quality 83%

Strategies 51%

Breakdown of studies on interpreting practice from an ontological perspective

图 5.3 口译本体研究图

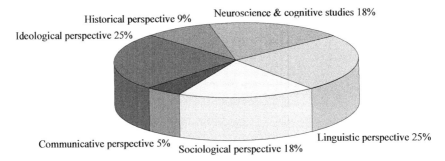

Breakdown of studies on interpreting practice from interdisciplinary perspectives

图 5.4 口译跨学科研究分布图

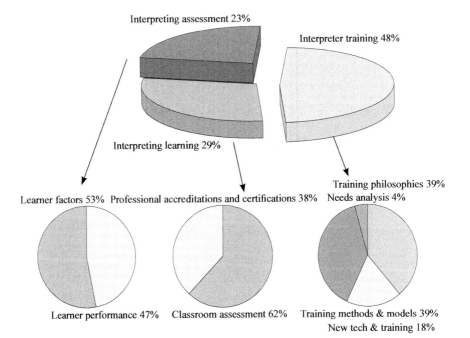

Proportional distribution of studies on interpreter training and assessment

图 5.5 口译培训及评估研究分布图

鄢秀教授对 235 篇论文的分析与 Gile 教授在第 50-51 期《公报》中提供的数字相互呼应，从而帮助我们作出如下判断：

- 在研究主题的选择上，口译实践占主导（70%），其次是培训（25%）；

- 跨学科研究不断拓展，语言学研究仍然重要（25%），神经学研究不断深入（18%），但意识形态、社会学和交际学不可忽视（分别为25%、18%、5%），特别是前两项占比高达43%；
- 实证研究比例达到51%，且不算介于实证和非实证的部分描述性研究；
- 在占论文总数25%的口译训练与评估论文中，译员培训（48%）和口译教学（29%）占比最大，口译评估比例也高达23%。

第二节　国内口译研究现状

作为中国口译事业繁荣标志之一的口译研究在近20年取得了丰硕成果，而展示这一丰硕成果的重要窗口则是每两年召开一次的全国口译理论与教学研讨会。口译研讨会于1994年由厦门大学和广东外语外贸大学共同发起主办，至今已连续举办十届。会议的主题从最初的"口译教学研讨"扩大到口译研究的方方面面，参会人数从最初的30多人发展到今天的近300人。该研讨会也从第四届开始从国内的小型学术会议发展成为大型国际学术研讨会，每一届都会有数名国际口译研究领域专家出席并作主旨发言。大会随着其规模与影响的不断扩大，已发展成为中国口译界的代表性盛会，对推动我国口译教学与研究的发展发挥着越来越重要的交流平台作用，会后出版的论文集成为口译研究的标志性成果。需要特别强调的是，口译研究团队在逐渐形成。厦门大学成立了口译学研究中心。"北语夜话"口译沙龙通过远程科技手段聚集了国内多地口译研究博士或在读博士，邀请国内外不同领域专家讲座、参与讨论，如认知学、心理学、二语习得、大数据及网络开发和研究等领域专家先后应邀作主旨演讲，并参与会后的讨论。应该说，一批以年轻人为主要研究力量的跨学科口译研究队伍在逐渐形成。

一、2004-2013国内核心期刊论文数据统计与分析

为能较好地反映近十年国内口译研究现状，下文选用王茜和笔者于2015年1月在《上海翻译》发表的《2004-2013中国口译研究的发展与走向》一文

作为基础数据进行分析。该论文以国内 2004-2013 年在国内核心期刊以及其他重要外语类、翻译类期刊上发表的以口译为主题的论文为研究样本，在对十年间发表的口译研究论文分类统计基础上，笔者认真阅读每一篇论文，以确定其主题范围，从而对中国口译研究的发展状况、研究内容与研究走向进行更全面、更深入的分析。在 102 本期刊中，笔者根据口译论文发表数量（因个别期刊尚不属于核心期刊）最终确定了目前具有影响力的 10 本期刊，口译论文 597 篇，按发表时间、主题、研究方法、作者、期刊刊载论文数量、被引用次数等六个指标对数据库进行分类与排序。

按数据库统计论文发表时间排序，结果如图 5.6 所示：

论文数量

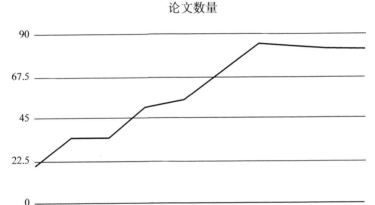

年份	2004	2005	2006	2007	2008	2009	2010	2011	2012	2013	合计
论文数量	20	35	35	51	55	68	85	84	82	82	597

图 5.6 逐年发表论文数量图

图 5.6 显示，自 2004 年起，口译研究论文数量明显呈阶梯状增长，于 2010 年达到一个峰值，并在之后的三年维持较高的水平。与先前相比，口译论文的数量在这十年间增幅极大：2000-2003 年三年间，每年核心期刊发表的口译研究论文仅为 20-35 篇。而 2010-2013 年四年间，每年均在 80 篇以上。与图 5.1 比较后发现，国际上口译实践研究峰值在 2004 年，口译培训研究峰值出现在 2007 年。

我们认为，中国形成这种增长趋势的原因主要有二：一是翻译学科自身的发展，而 2003 年上海外国语大学设立独立的翻译学二级学科是一个重要标志，越来越多的学者加入到翻译研究的阵营中来。另一方面则与翻译本科专业学位（BTI）与翻译硕士专业学位（MTI）在高校的设立有关。2006年，教育部批准在三家高等院校试办翻译本科专业学位，截至2015年7月，培养单位已增至156所；2007年国务院学位委员会批准15所高校设置MTI专业学位，至今已有205所高校成为培养单位[1]。中国翻译专业教育的发展在很大程度上助推了口译与教学研究论文数量的增长。

参照口译研究学者 Pöchhacker 教授（2004）建立的主题分类框架，王茜和笔者首先对数据库中论文的主题进行分类。鉴于有些论文无法严格按照该框架分类法归类，故对个别类目进行了增加或调整，最终分类如下：

表5.3 论文主题分类表

分类	子分类	论文数量	合计	百分比
口译过程	口译策略	41	107	18%
	口译记忆	24		
	口译理解	13		
	笔记	10		
	综合	6		
	口译产出	10		
	输入变量	2		
	双语能力	1		
口译实践与职业	口译特殊类型与场合	28	80	13%
	职业标准	14		
	口译能力	13		
	口译社会学	7		
	概述	3		
	口译史	4		
	交际与传播	8		
	口译技术	3		
口译产品	原语—目标语对应	27	56	9%
	口译质量	17		
	口译效果	6		
	口译话语	6		

---

1 最新数据请参考 xii 页脚注1。

（待续）

（续表）

分类	子分类	论文数量	合计	百分比
译员	译员角色	12	26	4%
	译员心理	10		
	译员表现	4		
口译教学	教学法	103	220	37%
	课程设置	65		
	口译能力发展	13		
	教学测评	12		
	教材	11		
	学生表现	7		
	教学工具	5		
	学生筛选	2		
	师资培训	1		
	教学历史	1		
口译理论	--	32	32	5%
元研究	研究述评	43	76	13%
	研究方法	25		
	研究趋势	5		
	研究视角	3		
合计			597	

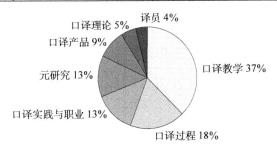

图 5.7 论文主题分布图

　　如图 5.7 所示，在七个大类中，"口译教学"占比最大。由于口译研究人员多为高校教师，口译教学自然是教师最为关心的话题。如何组织口译教学、如何培养口译人才成为学者们关心的核心问题。除口译教学外，还存在其他多种研究类别，我们将在下文分类详述。

各类别论文占比逐年分布情况如下表所示：

表 5.4 论文各主题逐年占比

百分比（%）	口译过程	口译实践与职业	口译产品	译员	口译教学	口译理论	元研究
2004	45%	20%	0	0	25%	0	10%
2005	14%	20%	3%	3%	37%	11%	11%
2006	19%	3%	14%	8%	31%	17%	8%
2007	18%	22%	10%	4%	33%	4%	10%
2008	20%	15%	9%	4%	33%	9%	11%
2009	15%	16%	7%	3%	43%	3%	13%
2010	18%	11%	6%	5%	45%	5%	11%
2011	14%	11%	14%	6%	35%	6%	14%
2012	15%	10%	10%	5%	38%	2%	21%
2013	20%	15%	12%	5%	35%	2%	11%

关于表 5.4 的分析结果如下：

（1）从总体分布上看，各类别的占比呈现多元化态势。例如，"口译过程"在 2004 年占比高达 45%，之后的占比大大削弱；"口译产品""译员""口译理论"三类从无到有：2004 年占比为 0，但自 2005 年出现之后，逐年维持较稳定的占比。这说明口译研究在论文数量增长的同时，研究领域也愈加多样。

（2）2005 年起，口译教学总体维持较稳定的比例，但 2006-2008 三年占比相对较高，这验证了上文的分析，即翻译专业在高校的建立促进了口译教学论文数量的增长。

（3）某些类别在一定时间段内呈现出较大波动，反映出不同时期口译研究热点的变化。如"译员"和"口译产品"前两年的占比为 0，在 2005 和 2006 年占比达到 8% 和 14%，随后其比重出现下降或波动。可见在 2005-2006 年"译员"和"口译产品"是一个相对较新的研究热点。"元研究"类在 2012 年呈现出一次大幅度增长（21%），一年间有 6 篇关于语料库的论文发表，可见语料库是当年的一个研究热点。上文中提到的 2006-2008 年三年间 "口译教学" 类论文的增长则证明，相对于往年，口译教学在这三年中更加引人关注。

下面是依据图 5.8 所作的各大类下属的子类别分析。该分类的基础是 Pöchhacker 对 2004 年前西方已发表口译论文的分类体系，按该体系对国内论文进行分类的过程，实质上也是与当时的西方研究进行对比的过程，因此作者的分析会与当时的西方研究作一定程度的对比。

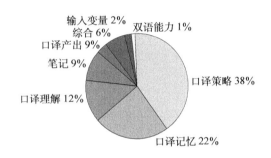

图 5.8 口译过程子分类

口译过程类别论文共计 107 篇，占论文总数的 18%。本类占比最大的子分类是 "口译策略"，而口译记忆研究在近十年的研究中数量同样可观。在西方，原被 Pöchhacker 归入此两类的口译论文多为实证研究论文。在我国，部分归入 "口译策略" 类的论文仅是简单谈论如何翻译某表达、如何做好口译等较笼统的问题，研究层面较浅。可见尽管有些分类采用了与 Pöchhacker 同样分类的类目名，但其中所含论文的内容和质量并不一定等同。从总体上来说，此两类的论文质量低于当时的西方研究成果。

2011 年起，"口译产出" 成为口译过程研究中的一个热点领域，90% 该类论文发表于 2010 年以后，研究内容集中在译语的流利性与停顿现象上。

在众多子类目中，"输入变量" 和 "双语能力" 两类论文数量甚少，仅有一篇论文涉及 "双语能力"。而在西方，这并非口译研究的稀有领域，该类论文主要探讨并列性双语者与合成性双语者在口译中的表现。由于我国绝大多数译员是合成性双语者，这方面的研究极少。在 Pöchhacker 的分类中，该大类下还有另外两个子类——"大脑侧化研究" 与 "神经语言学的研究"。由于此次建立的数据库中没有此方向的论文，故将此二类目取消。这也反映出我国口译研究在这两方面仍是空白。但国内汉语语言产生分布特征研究取得了重大进展[1]，这必将对汉外翻译神经学、认知等研究产生巨大影响。

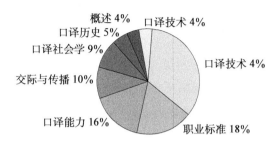

图 5.9 口译实践与职业子分类

口译实践与职业类别论文共计 80 篇，占论文总数的 13%。"口译场合"类的论文除交替传译、同声传译外，还包括了各种特殊类型的口译以及特殊场合下的口译活动，其中包括五个类别：法庭口译（8 篇）、手语翻译（4 篇）、远程口译（4 篇）、医疗口译（2 篇）以及其他口译场合（10 篇）。部分有关法庭口译、医疗口译、手语翻译的论文没有发表在翻译类期刊上，而是发表在法

1　近日，在周良辅院士、毛颖教授的指导下，吴劲松教授领衔的脑胶质瘤团队通过术中直接皮质电刺激成功绘制了基于金标准的国人汉语脑语言分布图，其成果发表在一本杂志 *Human Brain Mapping*，同时还提出了汉语语言产生的分布特点，其观点发表在神经科学一本杂志 *Brain* 上。该研究纳入了 66 例语言区的脑胶质瘤患者，所有患者均为右利手且以汉语作为母语。所有患者均行唤醒手术并通过术中直接皮质电刺激进行语言定位，术中定位任务包括数数、图片命名及文字阅读，分别得到言语中止、命名性失语、失读的阳性位点并整合到 MNI 标准脑空间，进而成功构建了 2D、3D 的汉语脑语言分布概率图。研究发现中央前回腹侧部是言语产生的主要脑区，该区域参与了言语输出的计划和编码，电刺激此区域最易出现言语的中止（人群概率为 79%），其次是额下回的岛盖部（人群概率是 32%）。这意味着教科书中经典"Broca 区"（额下回的岛盖部和三角部）的范围需要重新定义。该结果同时与美国加州大学旧金山分校（UCSF）团队的英语概率分布图分别进行了定性和定量的对比，发现额中回后部是汉语语言处理的一个独特的节点，电刺激此区域可能阻止了形义、形音转换等，进而出现对应的言语障碍。这一结果也进一步证实并拓展了谭力海教授团队基于功能 MRI 研究的发现。该项研究在国际上首次通过术中电生理技术这一金标准绘制了汉语语言分布概率图。该语言图谱的建立一方面有助于指导汉语语言区的手术，另一方面为汉语神经语言学研究提供了最直接的证据和支持（http://brain.oxfordjournals.org/content/138/3/e337）。

律、医学、特殊教育等类期刊上。[1]

"职业标准"在本类中比重较大。该类别论文研究领域包括口译职业标准及制定、口译职业能力的评定与测试、口译职业市场调查等。这些论文从另一个侧面反映出中国口译职业化在近十年来所取得的进步。然而我们仍然没有发现一篇属于波氏分类下"口译生态学"（即关注译员压力、健康、工作环境）的论文，这也体现出中国口译职业市场的缺陷。

"口译能力"是口译研究的新兴领域。该类项下的"口译能力"仅谈职业口译能力的构成与特点，故在此次研究中口译能力的发展被归入"口译教学"。此外，"口译社会学""口译历史""交际与传播"等类均有一定占比，展示出口译研究的"跨学科转向"。以上类别及"口译技术"类的论文虽然绝对数量不多，但它们标志着口译研究向新领域的拓展。

口译产品类别论文共计56篇，占总数的9%。"译员"类论文共计26篇，占总数的4%。"口译产品"子分类如下图所示。其中"原语—目标语对应"占据近一半的比例，但这其中包括相当一部分仅简单讨论"如何翻译"的论文，如"人名的翻译""菜名的翻译"等。此类中的子类别"口译质量"仅指职业口译质量的评估，不包括学生口译学习的测评。后者属于"口译教学"大类中的"教学测评"。

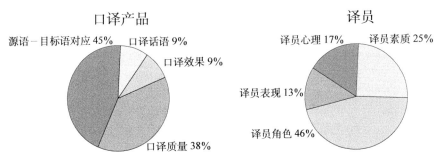

图 5.9 口译产品子分类与译员子分类

传统的口译研究主要关注口译产品与口译过程，而当今的口译研究开始

---

1 从国际范围看，手语翻译研究早在上世纪60年代前后就进入翻译学范畴，属于语言特殊形式翻译研究。1994年法国巴黎高等翻译学校就通过了首次"法语手语口译"博士论文答辩。

将译员单独作为研究对象。如前文所述，这一类别在我国经历了从无到有的过程。在"译员"类中，谈论最多的是"译员角色"，该类项下论文主要研究译员的主体性、中立性、译员的多重角色与译员在特殊场合的表现。"译员心理"类论文则关注译员在高压下的工作状态以及调整方法，如译员的焦虑、认知、注意力分配等。其中，译员主体性与译员焦虑是较新的研究热点。关于口译学习者动机研究的论文也开始出现，如于晓飞 2009 年发表的《口译学习者学习动机调查及其对口译教学的启示》，黄芳 2014 年发表的《口译初学者的学习动机调查》，王建华 2014 年发表的《多元化评估口译学习动机对口译能力的影响研究》等论文。

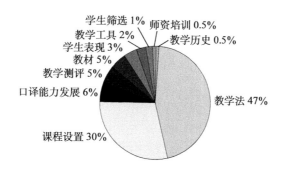

图 5.10 口译教学子分类

口译教学类别[1] 论文共计 220 篇，占论文总数的 37%。本类中 77% 的研究关注"教学法"与"课程设置"问题。其他子类呈现出类目数量多但占比轻的特点。与西方研究相比，"教材"研究是国内口译研究独有的研究领域。波氏分类中没有提到任何关于教材的研究。西方的口译教学一般不使用出版的教材，通常是教师根据教学要求自编讲义或准备口译素材。在我国，口译教材研究在"口译教学"类中的比例占到 5%。另外，"口译能力发展"与"学生表现"是国内近年来出现的较新的研究主题，也是波氏分类中没有的子类。其他占比更少的子类别尤其值得关注，如"教学测评"对教学至关重要，但研究薄弱。"师资培训""教学工具""学生筛选""教学历史"都属于西方口译研究的

1　该部分内容将在第六章进行进一步的深入分析。

重要类别，而国内在这些方面的论文数量极少。仅有一篇论文涉及口译师资的培训，内容还是作者参加培训班后的感言。到目前为止，尚未发现从理论层面研究口译师资培训的论文。众所周知，教师是教学中关键的一环，考虑到众多高校开展口译教学的现状，口译师资培训研究也应得到足够的重视。

"口译理论"类别论文共计 32 篇，占总数的 5%。"元研究"类论文共计 76 篇，占总数的 13%。该两类均为波氏分类中没有的类别。"口译理论"类的论文不谈口译具体的实践或教学，只探讨与口译相关的理论问题，如翻译理论中的某概念解析、从其他学科的角度谈口译、理论在口译中的作用等。需要指出的是，该类项下论文的研究深度高低不一，有的是否能真正被称为"理论"研究还值得商榷。

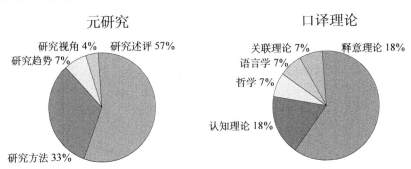

图 5.11 口译理论子分类与元研究子分类

图 5.11 表明，"释意理论"是被谈得最多的理论，这应归结于释意理论在中国口译研究界的重大影响及口译研究界一度出现的"释意理论热"。占比第二的是认知理论，包括认知科学、认知心理学、认知语言学。除此之外，还包括哲学、语言学、关联理论等其他各家理论，这也从一定程度上反映出口译研究的跨学科性。

"元研究"类的论文将口译研究的本体作为研究对象，探讨口译研究的方法、视角、历史、评述、趋势等问题。值得一提的是，在"研究方法"子类中，有 52% 的论文（共 13 篇）研究口译语料库，而其中近一半的论文（6篇）发表于 2012 年，这也验证了前文关于语料库是 2012 年研究热点之一的论述。

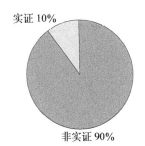

图 5.12 论文研究方法分类

我们将论文按研究方法分为"非实证研究"与"实证研究"两类。需要指出的是，即便笔者出于研究的需要，将一些论文归入"实证研究"类，也并非意味着此类中的所有论文都是真正意义上的"实证研究"，有的研究方法还有待规范。有的论文题名虽为"实证研究"，但其内容与操作方法并非实证研究的范畴，故将之排除在外。最终两类论文分布如图 5.12 所示。由图可见，国内口译实证研究的比例极少，仅占 10%（共计 62 篇）。高达 90% 的论文（共计535 篇）为非实证研究论文。从时间分布上看，如下图所示，尽管实证研究总体比重低，实证研究论文数量却呈增长态势，这与 Gile 教授对国际论文研究方法的分析相吻合。

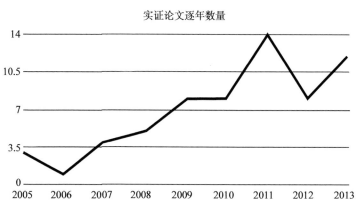

实证论文逐年数量

年份	2004	2005	2006	2007	2008	2009	2010	2011	2012	2013	合计
实证论文数量	0	3	1	4	5	8	8	14	8	12	63
当年论文总数	20	35	35	51	55	68	85	84	82	82	597
占比	0	9%	3%	8%	9%	12%	9%	17%	10%	15%	10%

图 5.13 逐年实证研究论文数量图

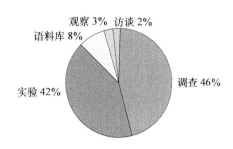

图 5.14 实证研究方法分布图

按照《翻译研究方法概论》（穆雷，2011）所使用的分类法，此处将实证研究论文的研究方法分为五类：调查、实验、语料库、观察、访谈，各类占比如图 5.14 所示。语料库是否能算作一种实证研究方法在学界仍有争议，但考虑到近年来语料库研究在口译研究中的扩大，我们在本研究中暂且将之算作实证研究。另外，由于实证论文总量不多，我们对使用了两种以上方法的论文采取重复计算处理。共有 3 篇论文采用了两种以上的方法，占所有实证论文的 4%。图 5.14 显示，调查法与实验法是被采用得最多的实证研究方法，而观察与访谈两种方法运用极少。

以上是对分类论文的讨论。下面要分析的是刊登这些论文的刊物、作者和论文被引用等情况。

表 5.5 显示的是刊载口译研究论文最多的 10 本期刊杂志。

表 5.5 期刊刊载论文数量排序

排序	刊名	刊载论文数量
1	《中国翻译》	82
2	《中国科技翻译》	44
3	《语文学刊》/《外语教育与教学》	38
4	《上海翻译》	32
5	《外语界》	28
6	《外语电化教学》	26
7	《东方翻译》	25
8	《广东外语外贸大学学报》	22

（待续）

（续表）

排序	刊名	刊载论文数量
9	《外语与外语教学》	20
10	《外语研究》	16

表 5.6 是论文作者情况。597 篇论文有作者 374 人，包括 5 名外国作者。首先，从作者合作的角度看，四分之一的论文由两位以上作者合著。在两人或三人合作的作者组合中，有的是研究生导师与学生的关系，部分导师为第一作者，部分学生为第一作者。在这些作者中，仅有 13 组作者组合在此期间发表过 2 篇以上论文，共涉及论文 29 篇。

表 5.6 作者合作情况

作者类型	论文数量	比重
独立作者	409	68.5%
二人合著	170	28.5%
三人合著	15	2.5%
三人以上合著	3	0.5%
合计	597	100%

作者发表论文数量情况见表 5.7：

表 5.7 作者发表论文数量

发表论文数量	人数	占比
1 篇	292	78%
2 篇	34	9%
3 篇	23	6%
4 篇	11	3%
5-10 篇	11	3%
>10 篇	3	1%
合计	374 人	100%

本数据库中 78% 的作者在十年间仅发表了 1 篇论文。十年间发表论文最多的前十名作者如下表所示：

表 5.8 作者发表论文数量排序

排序	作者	发表论文数量
1	张威	28
2	王斌华	14
3	张吉良	11
4	刘和平	9
5	詹成	9
6	任文	8
7	康志峰	7
8	高彬	6
9	徐翰	6
10	杨科	6

表 5.9 是论文被引用率排序，被引用最多的 10 篇论文见下表：

表 5.9 被引用前十论文

排序	类别	子类	年份	篇名	作者	刊名	引
1	口译教学	课程设置	2004	《大学本科口译教学的定位及教学》	鲍川运	《中国翻译》	154
2	元研究	研究历史	2005	《口译理论研究成果与趋势浅析》	刘和平	《中国翻译》	135
3	元研究	研究历史	2004	《口译质量评估研究的历史回顾》	蔡小红 曾洁仪	《中国翻译》	98
4	口译教学	教学法	2007	《专业口译教学的原则与方法》	仲伟合	《广东外语外贸大学学报》	60
5	元研究	研究历史	2007	《对近十年中国口译研究现状的调查与分析》	刘绍龙 王柳琪	《广东外语外贸大学学报》	57

（待续）

（续表）

排序	类别	子类	年份	篇名	作者	刊名	引
6	口译过程	笔记	2007	《汉英交替传译过程中译员笔记特征实证研究——以职业受训译员和非职业译员为例》	戴炜栋 徐海铭	《外语教学与研究》	55
7	口译理论	-	2006	《法国释意理论：质疑与探讨》	刘和平	《中国翻译》	51
8	口译教学	教学法	2009	《论本科翻译教学的原则与方法》	刘和平	《中国翻译》	51
9	口译实践与职业	口译社会学	2005	《"口译在中国"调查报告》	王恩冕	《中国翻译》	50
10	口译过程	口译记忆	2004	《论口译记忆策略》	李芳琴	《中国科技翻译》	48

备注：论文的被引用率与论文发表时间有相关度。以上 10 篇论文中，有 5 篇发表于 2005 年及以前，最新的一篇论文发表于 2007 年。

根据以上分析，可以得出这样的初步结论：

（1）2004-2013 年十年间，国内口译研究的论文数量大幅增长，研究领域日趋多样，出现了一些新兴的研究领域，如口译能力、口译技术、特殊口译类型等。

（2）在口译研究领域也出现了跨学科转向迹象，口译的社会学研究、口译职业化、口译历史、译员等研究增多。

（3）在传统研究领域中，研究更为细化，比如口译教学涉及 10 个子类别的研究。

（4）在口译研究方法方面，实证研究相较以往数量有所增加，研究方法有一定拓展，而语料库的建设与应用成为口译研究的新热点，且不乏团队合作。例如，陈菁和符荣波（2014）以 1998 年至 2012 年期间发表的各类文献为对象，从发展历程、研究话题、成果分布等角度对语料库口译研究的历史和现状进行梳理和分析，指出存在的问题并对发展趋势作出展望，以期对未来的研究提供参考和借鉴。

二、2004-2013国内核心期刊主题评析

为更好地反映我国2003-2013口译理论研究情况，需要对论文主题进一步分类，并以不同主题形式介绍论文题目，以期能为今后的口译研究提供选题参考，对口译感兴趣的研究人员也可以从中发现问题，发现"空白"，避免重复性劳动，从而推动口译研究的不断深入。对于教学研究论文的具体分析请参考本书第七章第一节。应该补充一点，下面的分析多少有"班门弄斧"和"画蛇添足"之感，因为所选论文都是专家审阅后已经发表的。这里只是就口译研究选题"借题发挥"而已。如有冒犯，还请相关作者海涵。

1. 跨学科研究

收集的论文在跨学科研究范围内涉及认知学、神经学、关联理论、功能理论、目的论、顺应论、生态学等。

表 5.10 认知、神经学研究与口译相关论文

解读同传的服务属性——从 Daniel Gile 的认知负荷模型谈起
口译"元交际"功能的认知心理学研究——基于对口译"传播模式"的思考
口译认知研究的心理学基础
从认知心理学角度看长时记忆和工作记忆在口译理解中的作用
论口译双重语境的认知构建：在场概念与不在场概念——以温总理在记者招待会上使用的古训口译为例
交替传译信息处理中的认知负荷现象及其应对策略
口译中译员记忆认知能力及其培养策略
口译过程中认知心理因素的研究：回顾和启示
口译笔记的认知分析和反思
从口译的特点认识口译笔记的作用
英汉语篇对比认知与口译能力之实证研究
口译的神经心理语言学研究——连续传译"过程"模式的构建

　　以上12篇论文标题中，第一篇的"服务属性"与"认知负荷"似有冲突之处，前者可能更多涉及社会学，后者是认知学。当然，论文从译员高负荷条件下如何更多关注"服务"也是有话可说的。第二篇标题的前后辐射面都很大，"元交际"与"传播模式"没有矛盾，但再加上认知心理学，一个标题三个概念，多少有些沉重。《论口译双重语境的认知构建：在场概念与不在场概念——以温总理在记者招待会上使用的古训口译为例》作为论文标题字数过多，因为按照一般性学术期刊论文要求，标题字数应该控制在20个汉字左右。除《口译过程中认知心理因素的研究：回顾和启示》一文为文献梳理分析外，其余论文均主题突出。遗憾的是，从社会学角度研究口译的论文没有出现在此次的597篇中。

　　我们知道，翻译的社会学理论是在法国著名社会学家 Pierre Bourdieu 的社会学理论基础上发展起来的。翻译的社会学研究把翻译看作一项社会活动，研究社会各种因素对翻译活动的影响和制约，以及翻译活动和翻译产品对社会改革、社会构建和社会发展产生的历时和共时影响。在大数据和现代技术发展的今天，在翻译进入各个领域的时代，从社会学角度研究翻译活动成为必然。在翻译学社会研究方面，2010年任文出版了她的博士论文《联络口译过程中译员主体性意识研究》；2014年孙婷婷出版了她的博士论文《中国政府招待会中口译员的角色研究》。从某种意义上讲，这两本专著是从社会学角度研究口译译员的代表性成果。

　　神经学对口译研究非常重要，但人脑这个黑匣子蕴藏着无数待开发的秘密。西方语言有诸多的相似性，但汉语与西方语言的互译一直有很多问题没有找到答案。并列性双语者与合成性双语者的区别到底在哪里？相信中国神经学专家的新发现[1]一定会给未来的汉外口译研究提供巨大理论支撑和帮助，其研究成果必将推动口译教学研究。

表 5.11 关联理论 / 功能理论 / 目的论 / 顺应论与口译相关论文

基于关联交际的同声传译
关联理论视阈下的口译认知过程与口译教学探究
关联理论与口译推理思维

（待续）

1　参阅 109 页脚注。

（续表）

关联理论与口译策略研究
关联顺应视角下的汉语文化负载词的口译研究
关联理论对口译笔记的解释力（英文）
交替传译中的笔记（英文）
意义忠实·语境关联·交际效果——口译质量评估的多棱视角
从功能主义翻译目的论看失败的口译行为
目的论连贯原则在汉英外交口译中的体现——基于现场口译的语料分析
试论目的论三原则在商务口译中的应用
语言顺应论关照下的企业涉外商务口译
口译：选择、协商与顺应——顺应论的语境关系在口译中的应用

　　语言学与翻译或翻译与语言学有不解之缘，因为翻译毕竟借助语言或以语言形式呈现。从最早的应用语言学到后来的翻译研究，再从翻译研究到翻译学，翻译学科无论怎样发展都离不开语言研究。但应该指出的是，语言学借助翻译进行研究，翻译不是语言学研究的对象，语言学要回答语言方面的问题，而翻译学的研究对象是翻译。在此次的论文统计中，没有发现口译文本类研究。鲍刚（2011：28-49）把口译工作言语分为四大类，即叙述语类、介绍语类、论证语类和联想语类。无论是哪一种话语语类，都具有某种"格式化"的问题，即存在某种独特的言语"套子"。每一类的文本特征不同，对译员的理解、记忆和表述要求也略有差别。当然，一篇讲话有可能在不同程度上涵盖四类文本特征，但也具备每一语篇各自的突出特征或主流特征。根据言语特征分析口译特征和策略，研究结果也会对译员培训发挥积极作用。

表 5.12　生态翻译学 / 变译理论与口译研究论文

生态翻译学视阈下的导游口译
生态翻译学视角下会议口译中文化负载词的翻译
生态翻译学视阈下的导游口译
变译理论与口译探微
口译中的"变译"方略探析

这里首先要提出的问题是："生态翻译学"与"翻译生态学"有区别吗？区别何在？胡庚申（2009：3-8）发表文章，对"生态翻译学"作出定义：在"翻译适应选择论"基础上发展起来的"生态翻译学"是从生态学视角对翻译进行的综观整合性研究。胡氏文章拟针对现有研究的局限和缺失，进一步阐述生态翻译学关注的焦点和发展研究的趋向，探寻翻译学研究综观与整合的途径。文章指出，从翻译学、语言学、文化学、人类学和生态学等不同学科视角的跨科际研究"关联互动"，并最终融入它们所共同依托的生态系统，从而构成翻译生态系统的有机整体。文章还认为，生态翻译学研究的"跨科际整合"将具有整体主义的方法论意义。许建忠2009年出版专著《翻译生态学》，李亚舒为此书作序，认为翻译生态学"是翻译学与生态学相互渗透的产物，也就是依据生态学的原理，特别是生态系统、生态平衡、协同进化等原理与机制，研究多种翻译现象及其成因，继而掌握翻译发展的规律，进而揭示翻译的发展趋势与方向"（许建忠，2009：序）。上面的3篇论文都选择了"生态翻译学"，从生态学视角对翻译进行思考。"百花齐放，百家争鸣"，学术界更应如此。从这个意义上讲，生态翻译学是一种不同视角的思考，与社会学研究不无关联。

2. 法国释意理论与口译研究

法国释意理论 1968 年的诞生以 Seleskovitch 发表专著 *L'interprète dans les conférences internationales*（《国际会议译员》）为标志，70 年后代得到迅速发展，除该派理论研究人员发表多部专著和翻译系列丛书外，1976 年第一位翻译学博士生毕业至今，80 多位博士对该理论的发展和传播作出了突出贡献。从对口译职业译员的观察研究，到逐步拓展至笔译研究，内容涵盖科技翻译、文学翻译、法律翻译、手语翻译、语言教学与翻译教学的关系等研究。该派的主要代表著作也被翻译成多种文字。

最早将法国释意理论介绍到中国的应该是北京语言大学的孙慧双。他于 1979 年翻译出版了 Seleskovitch 的第一部专著 *L'interprète dans les conférences internationales*，但中文简译本名称为《口译技巧》[1]，随后他又于 1992 年翻译

1　孙慧双在1982年还翻译发表了 J. Herbert 的 *Le manuel de l'interprète*（中文名《口译须知》）。

出版了 Seleskovitch 和 Lederer 合著的 *Interpréter pour traduire*（中文名《口笔译概论》）[1]。笔者于 2001 年翻译出版了 Lederer 1994 年发表的 *La traduction aujourd'hui – le modèle interprétatif*（中文名《释意学派口笔译理论》），2011年再版。闫素伟和邵炜于 2007 年翻译出版了欧盟指定、由 Seleskovitch 和 Lederer 共同完成的 *Pédagogie raisonnée de l'interprétation*（中文名《口译训练指南》），笔者于 2008 年翻译出版了 Gile 的 *La traduction, la comprendre, l'apprendre*（中文名《笔译训练指南》）。为相对全面介绍法国释意理论，笔者于 2011 年编辑出版了《法国释意理论：译介、批评及应用》，对该派理论的诞生、基本理念、原则、发展和存在的缺陷进行了梳理，还特别将 Lederer 教授关于翻译研究方法的论文翻译成中文收入书中，为读者深入了解该派理论提供了更全面的信息。

除这些专著外，还有部分论文被翻译成中文发表。法国释意理论在中国逐渐被了解、被引用、被研究。以下文章集中在对该派理论的分析、探讨、批评或应用上。中国学者对该派理论核心思想中的意义单位和脱离原语语言外壳饶有兴趣。

表 5.13 法国释意理论相关论文

双语记忆表征视域下的"脱离原语语言外壳"
论口译的翻译单位
口译认知过程中"deverbalization"的认知诠释
社会表征视阈下的释意理论解读
口译研究范式与释意理论
文化视角对释意派口译理论的积极作用
口译中的释意与等效
法国释意理论：质疑与探讨
从释意理论看商务口译中的忠实于意义

（待续）

---

1 另一个中文版本由汪家荣等译，书名为《口译理论实践与教学》，1990 年由旅游教育出版社出版。

（续表）

巴黎释意学派口译过程三角模型研究
国际口译界有关巴黎释意学派口译理论的争议及其意义
经典的缺憾——释意学派口译理论批评
口译即释意——关于释意理论及有关争议的反思
从释意理论看口译研究
释意理论的历史性解读
巴黎释意学派口译理论成就谈
释意与关联——关联翻译理论与口译释意理论比较
从释意派角度论新闻发布会误译现象（英文）
记者招待会的口译和释意理论——兼谈释意训练
运用思维推理，在口译实践中脱离原译话语外壳——兼评一期《对话》节目英译汉技巧

　　一种理论出现后会有不同的声音，这在学术界是十分正常的事情。在结构主义语言学盛行时期，释意理论率先提出口译交际模式作为研究对象是一种突破性尝试，翻译研究自此从自然交际出发，若干年后推出以脱离原语语言外壳为特征的口译程序三角模式，从根本上解释了职业口译不是语言的直接转换，而是信息的沟通，从而逐步理清了翻译研究与语言学的关系。几十年后的今天再看该派理论的原始构架，应该承认，该理论与语言学的争论对语言学后来的研究和发展起到了积极作用。从功能理论到目的论，从话语分析到语篇和语用分析，如果不是翻译研究对语言学发展有影响，至少是翻译学的发展与语言学发展有相互促进的作用。当然，任何一个理论都会有其薄弱的地方，一个语言学家可以在若干年后做到自我否认，更何况每一种理论诞生于特定年代，有特定环境和背景，因此也会随着时代和研究的发展得到不断的补充和完善，甚至是被自己或他人推翻。应该承认的是，巴黎高等翻译学校的释意理论传播广泛，对译员和译者培养发挥了不可替代的作用。

　　中国翻译素有"信达雅"之说，这与法国的释意理论是否有相似之处？巴黎高等翻译学校毕业的谢思田围绕该题目完成了他的博士论文，随后发表论文

《中西译理的视界融合—— 严复'信、达、雅'与法国'释意理论'总体类比》，全面深入地对两个理论进行了对比，结论正如标题所言，译理视界融合。

3. 各类口译形式（领域）研究

表 5.14 不同领域口译研究论文

中西法庭口译研究回顾与展望
法律翻译研究：内容与思路
漫谈金融口译
香港法庭口译的历史沿革
我国法庭口译机制简论
谈司法审判工作中的庭审口译
我国法庭口译的现状与对策
香港的法庭口译制度评析
我国内地与香港法庭口译制度比较研究
刍议我国法庭口译制度的构建
国内医疗口译的现状、问题及发展——一项针对广州地区医疗口译活动的实证研究
口译的职业化与职业化发展——上海及江苏地区口译现状调查研究
远程会议口译——回顾与前瞻
社区口译新趋势——电话口译
社区口译在中国
论我国法庭口译制度的构建
论媒体场合中的口译
怎样做好外交口译工作
论施工现场口译

（待续）

（续表）

商务口译中的跨文化差异
电话口译在我国的一次重要实践——广州亚运会、亚残运会多语言服务中心的电话口译
试析计算机辅助工具在口译中的应用
基于 AdaBoost 的手势识别

以上论文绝大多数涉及不同领域的口译特点研究，包括法庭、医疗、工程、商务、司法、金融等不同区域内的口译活动。真正讨论口译形式的非常有限，论文中讨论的内容只包括远程会议、社区口译、电话口译、手势（非手语）识别等。随着口译在各领域的广泛使用，相对应的系统化研究也应逐步深入，例如：中外口译过程特征、口译产品研究、口译质量评价体系研究、职业口译活动（历史）研究、各类口译形式的语料库研究、中外笔记研究、中国口译市场与国外口译市场研究等等。

表 5.15　同声传译相关论文

猜测与反驳——同声传译理论发展路线研究
同声传译研究的认知模型述评
工作记忆与口译技能在同声传译中的作用与影响
同声传译工作记忆模型研究
同声传译的工作记忆机制研究
同声传译对工作记忆发展潜势的特殊影响研究
同声传译过程中的"雪球效应"
汉外同传挑战与对策分析
汉英同传中删减与增译现象的案例分析
浅谈同声传译中的预测技巧
同声传译策略论
同声传译的顺句驱动和非顺句驱动策略
数与同声传译翻译质量
反省法对于同声传译研究适用性探析——兼论口译研究的学科独立性

在这 14 篇与同声传译相关的论文中,涉及的基本上是汉英或英汉,其余语对研究其少见到。其原因有多种,除缺少能够刊登非通用语语对研究杂志外,最主要的还是从事同声传译的译员同时搞研究的较少;另外,非通用语学生一般都是进入大学后才开始学习英语以外的其他外语,到本科高年级或研究生阶段时,其所学外语也很难达到工作语言要求。在这种情况下,同声传译教学法研究论文自然也更少,因为在职做口译同时又教书、搞科研的人寥寥无几。

在上述论文中,《猜测与反驳——同声传译理论发展路线研究》和《同声传译研究的认知模型述评》属于"梳理性"研究;《同声传译工作记忆模型研究》《同声传译的工作记忆机制研究》和《同声传译对工作记忆发展潜势的特殊影响研究》属于认知学和心理学方面的跨学科研究,其余 8 篇基本上属于"技巧"或"策略"类研究,而这些策略或方法研究几乎还停留在"经验"或规约基础上。

事实上,国际上正式使用同声传译员从纽伦堡(四个语种的)审判开始的。随着这个职业的发展,相关研究也随之深入。"上世纪 50 年代,同声传译研究伊始,同声传译的复杂性就开始吸引了一些研究者的视线。学者们利用当时认知心理学中流行的信息加工研究途径对同声传译进行分析,根据认知加工的顺序性构建内部表征。他们借助计算机隐喻,对认知加工进行了符号化的流程描写 (TT)。这些描写明确了从输入到输出之间的大致程序,初步描述了同声传译的复杂性。但是,信息在加工过程中的具体表征形式没有得到清晰的解释。字词输入后被简单地当作符号单位进行处理,字词本身与意义之间的关系若即若离,接口模糊不清"(高斌、柴明颎,2009:12-16)。

勒代雷的《同声传译——经验与理论》是早期系统研究同声传译的重要成果之一。国内针对同声传译的研究成果偏少,近几年有上升趋势,从下表的研究主题可以看出一些端倪。

表 5.16 将翻译过程作为研究对象(工作记忆、思维、心理、角色、主体性等)的相关论文

口译工作记忆研究
口译与工作记忆研究
口译教学中记忆的认知分析

(待续)

（续表）

口译记忆认知与记忆策略探索
口译与记忆：历史、现状、未来
论口译记忆策略
论口译记忆
口译标准"信"的实现——记忆心理学在口译中的应用
口译中思维惯常定势举隅
逻辑思维与口译理解
口译心理（压力、负荷等）
意义阐释与口译思维运作的主体间性：语言游戏视角
Workload Studies：一项以人为本的口译工作调研——国际会议口译协会（AIIC）译员"工作负荷研究"述评
口译的怯场心理分析及对策
口译焦虑的动因、级度及其影响
口译焦虑量表的研制
口译焦虑对交替传译的效应与影响
现场口译中译员"减压策略"举隅
心理压力对口译解码过程的影响
译员社会角色
从"传声筒"到"医患关系的协调者"——一项针对医疗译员角色的实证研究
会议口译员职业角色自我认定的调查研究
试论口译过程中译员的"中立性"问题
作为机构守门人的法庭口译员角色研究
从海姆斯的 SPEAKING 模式探析口译员跨文化调停者角色
口译过程中译员角色的"此在"性及角色适应
口译员——有效的沟通者和传播者
从话语分析的角度重识口译人员的角色

（待续）

（续表）

政治冲突中口译员的角色研究——《口译公正：道德、政治与语言》述评
口译主体性、跨文化意识、素质研究
口译中译员主体性意识的语用研究
译员主体性的体现
从温家宝总理 2008 年的记者招待会看口译员的跨文化意识
从布什清华演讲的现场口译谈译员素质与实战技巧
医学国际会议口译员综合素养与学科素养分析
口译的"不在场效应论"与译员的临场应对
论商务英语口译者的必备素质
译员：并列双语者抑或合成双语者？
口译中的模糊信息处理
口译中超语言信息探析
英汉交替传译中原语输入速度与译文完整性的相关性研究
中英不平衡双语者口译中的原语理解过程
试论口译中的主题思想识别
口译中原语意义提取的差异性研究
语境在口译取词中的应用
口译过程中影响理解的因素及理解能力的培训策略
汉英组合交替传译中译员笔记的语言选择
口译方向性对译语非流利产出的影响
汉英交替传译中停顿位置的对比研究
汉英交替口译非流利现象个案研究
汉语四字格口译策略分析——以 2013 年两会李总理记者会为例
口译过程中会话含义的形式化处理：原理与应用
论语境关系顺应在口译实务中的应用
论文化语境关系顺应在口译中的应用

（待续）

（续表）

从"讹"的视角谈汉英口译策略
汉英交替传译中衔接手段的转换
口译中的信息差及其调控策略
汉英交替传译中口语性／书面性偏移的描述性研究——以两场记者会现场口译为案例
谈古训汉英口译的言效契合原则
了解普通英语词的粗俗涵义 避免口译尴尬
论口译中的"零度"与"偏离"
论听众因素对译员口译策略的影响
口译笔记法训练对听力水平的影响研究
交替传译笔记实例分析及启示
口译过程的两阶段解读——以一般语言理解和产出为参照
话语标记语在会议口译中的重要性及翻译策略
口译信息传递原则与策略
口译应变策略
英汉口译过程中推理的作用
数字口译探究
英语缩略语汉译的趋简与等效处理
中英文速记在口译中的运用
中英口译中的文化输出
从中英数字差异看多位数口译
英语专业高年级学生汉英口译中的语块使用研究
论口译的简洁性
浅议口译中言语转换的简洁性
口译工作领域
论礼仪口译的特点及策略

（待续）

（续表）

论结核病防治国际合作项目英汉翻译策略——兼议西部口译人才现状与对策
特殊用途口译：理论与实践——论品酒会现场口译策略
景观设计英汉口译中明示记忆的运用机制
非母语接受者与援外培训口译策略
顺译与新闻英语口译信息处理探微
大型体育赛事中的口译应用技巧研究——哈尔滨第 24 届世界大学生冬季运动会反思
中外商务谈判中财务会计问题的口译
论国际商务口译的语言交际技巧
论商务口译技巧
科技英语口译逻辑问题评析
科技口译策略选择与操作问题
浅谈科技口译现场的潜在挑战和应对措施
科技口译质量评估：口译使用者视角

关于该表格的讨论详见 68 页。

4. 测试评估等

表 5.17 口译测试评估相关论文

谈英语口译竞赛中的口译质量评估
口译的质量与控制
口译质量的基本标准与多重视角
口译质量评估研究的历史回顾
从口译标准到口译规范：口译评估模式建构的探索
口译能力的评估模式及测试设计再探——以全国英语口译大赛为例
以过程为导向的口译职业能力评估研究

（待续）

（续表）

交际语言测试理论下的口译测试构卷效度研究——以上海市英语中高级口译岗位资格证书考试为例
全国翻译专业资格（水平）考试英语口译试题命制一致性研究报告
中澳口译水平考试及资格认证对比谈
论口译测试的规范化
回顾与展望——上海市外语口译岗位资格证书培训与考试项目研究报告
谈口译资格认证考试的规范化设计
口译能力与口译测试有用性之关系研究
"口译能力"评估和"译员能力"评估——口译的客观评估模式初探
语块在长时记忆中的状态与口译质量

5. 研究方法

表 5.18　口译研究方法相关论文

基于语料库的记者招待会汉英口译中情态动词的应用研究
基于语料库的汉英会议口译中 some 的应用研究
测试环境下基于语料库的翻译显化现象研究——以连接词和人称代词主语为例
口译语料库研究的原则与方法
语料库口译研究——口译产品研究方法的突破
中国英汉平行语料库的设计与研制
汉英同传中词汇模式的语料库考察
日中口译平行语料库的设计与建设
语料库口译研究——语料库翻译研究的分支
国外语料库翻译学研究述评
语料库翻译学：课题与进展
基于语料库的口译研究：回顾与展望

（待续）

（续表）

汉英会议口译语料库的创建与应用研究
口译语料库的开发与建设：理论与实践的若干问题
面向教学的口译语料库建设：理论与实践
网络环境下口译焦虑模态研究——以听焦虑为例
汉英会议口译中语篇意义显化及其动因研究——一项基于平行语料库的研究

另外非常值得一提的是仲伟合和贾兰兰（2015：17-25）[1]发表的《中国口译研究的发展和研究走向浅析——一项基于国内口译研究博士论文的分析》，因为博士论文是口译研究重要的文献来源，也是推动口译研究的重要力量。这篇论文以 2000 至 2013 年中国口译研究的 32 篇博士论文为研究对象，通过系统梳理和总结，从研究数量、研究视角、研究主题、研究方法等方面描述中国国内口译研究的发展概况，探讨存在的问题和研究的走向并提出未来口译研究提升的路径。

根据该论文分析，32 篇博士论文主题有 5 个：口译理论研究综述（4 篇，12%）、口译过程研究（16 篇，50%）、口译产品及译员表现（6 篇，19%）、口译实践与职业（4 篇，12%）、口译教学研究（2 篇，7%）。以下是博士论文主题与先前对 CNKI-597 篇论文主题对比表：

表 5.19　口译论文主题对比表

主题	博士论文 %	CNKI-597 篇论文 %
口译理论研究综述	12%	5%+13%（元研究）=18%
口译过程研究	50%	18%
口译产品及译员表现	19%	9%+4%（译员）=13%
口译实践与职业	12%	13%
口译教学研究	7%	37%

1　博士论文主要在三所高校完成：上海外国语大学 20 篇，广东外语外贸大学 8 篇，北京外国语大学 2 篇。另外两所高校为四川大学和厦门大学，各 1 篇。

对比后发现，博士论文中口译过程研究占比相当高，达到 50%，而 CNKI 论文中关于口译教学的研究占比最高，达到 37%。这一现象表明，博士论文的选题更多在理论层面（信息处理过程、认知处理过程、话语互动行为、社会文化活动、可分解技能），而期刊论文则更关注操作层面的问题。当然，博士生没有充分的教学经验，无法深入研究教学问题也是现实。

在 32 篇博士论文中，有 26 篇（81%）为实证研究方法，最为广泛使用的是观察法、调查法和实验法。只有 6 篇（19%）是定性研究。这与国际上近几年博士论文采用的研究方法趋势接近（86% 为实证研究）。论文作者认为，博士论文主题有待进一步拓宽，文献的借鉴参考需要更加系统全面，研究方法需要改进，研究主题需要更加丰富（2015：23-24）。

总体而言，我国的口译研究与西方研究还存在一定差异或不足，主要表现在：笼统概括性的研究在近十年的研究中仍占一定比重，特别是期刊论文，跨学科研究仍显不足；在研究方法上，描述性和实证性研究方法亟待规范化、科学化。

三、关于口译论文在国内的影响力研究

谈到国内的口译研究，有一点值得关注：即把作者发表的论文数量与引用率放在一起进行考量，从而逐渐避免盲目追求论文数量、忽视其质量等问题。

徐子韵 2015 年发表论文，基于对 1949-2012 年中国口译研究硕士与博士论文及期刊论文引用文献的分析，研究国内口译研究文献、研究机构与地区的学术影响力（Xu & Pekelis，2015）。数据源于图书馆、书店、学术期刊网（CNKI 与万方数据库）、国家图书馆、台湾博士论文数据库等，包括 1,289 本硕士论文、32 本博士论文及 2,909 篇期刊论文，引用文献共计 59,303 条。作者将所有引用文献手动输入基于 SQL 语言管理的数据库，进行社会网络分析 (Social Network Analysis)，后又使用 Google 的网页排名（PageRank）算法得分对文献、研究机构影响力进行排名，得到以下结果：

表 5.20 国内 20 部最具影响口译研究文献

Position	Page Rank Score	Document Name (Chinese)	Document Name (English)	Author Name (English)	Empirical?	Disciplinary Approach	Document Type
1	0.002665723	口译理论概述	*An Overview of Interpreting Theories*	Bao Gang	No	Interpreting Studies	Monograph
2	0.002278718	口译技巧：思维科学与口译推理教学法	*Interpreting Techniques: Scientific Thinking and The Use of Inference in Interpreter Training*	Liu Heping	No	Interpreting Studies	Monograph
3	0.002132773	高级口译教程	*An Advanced Course in Interpreting*	Mei Deming	No	Interpreting Studies	Textbook
4	0.001410438	英汉同声传译	*English-Chinese Simultaneous Interpreting*	Zhang Weiwei	No	Interpreting Studies	Textbook

（待续）

（续表）

5	0.001397705	口译理论与教学	*Interpreting Theories and Education*	Liu Heping	No	Interpreting Studies	Monograph
6	0.001372465	口笔译理论研究	*Research on Interpreting and Translation Theories*	Liu Miqing	No	Interpreting Studies, Translation Studies	Monograph
7	0.001060445	实用口译手册	*A Practical Handbook of Interpreting*	Zhong Shukong	No	Interpreting Studies	Textbook
8	0.000702	新编英语口译教程	*A New Coursebook of English Interpreting*	Lin Yuru	No	Interpreting Studies	Textbook
9	0.000636	口译训练模式内容方法	*Interpreter Training: Models and Methodology*	Zhong Weihe	No	Interpreting Studies	Article

（待续）

（续表）

							（续）
10	0.000583	口译理论与实践语言与交际	Interpreting: Theory and Practice in Language and Communication	Li Kuiliu	No	Interpreting Studies	Monograph
11	0.000572	实战口译	Field Interpreting	Lin Chaolun	No	Interpreting Studies	Textbook
12	0.000489	口译教程	Interpreting Coursebook	Lei Tianfang	No	Interpreting Studies	Textbook
13	0.000476	口译研究新探	An Exploration of Interpreting Research	Cai Xiaohong	No	Interpreting Studies	Collective Volume
14	0.000470	口译教学研究：理论与实践	Research on Interpreter Training: Theory and Practice	Yang Chengshu	No	Interpreting Studies	Monograph
15	0.000456	英语口译教程	A Coursebook of English/Chinese Interpreting	Mei Deming	No	Interpreting Studies	Textbook

（续表）

16	0.000451	当代翻译理论	*Contemporary Translation Theories*	Liu Miqing	No	Translation Studies	Monograph
17	0.000432	以跨学科的视野拓展口译研究	Interpretation Study with an Interdisciplinary Perspective	Cai Xiaohong	No	Interpreting Studies	Article
18	0.000432	译员的知识结构与口译课程设置	Knowledge Structure and Curriculum Design for Interpreter Training	Zhong Weihe	No	Interpreting Studies	Article
19	0.000424	大学本科口译教学的定位及教学	Positioning Undergraduate Interpreter Training	Bao Chuanyun	No	Interpreting Studies	Article
20	0.000418	中国翻译教学	*Research on the Teaching*	Mu Lei	No	Translation Studies	Monograph

（待续）

在这 20 部文献中，有 8 本专著，7 本教材，4 篇论文和 1 本论文集。从研究方法上看均为非实证研究。

下面的图表是国内 20 项最具影响力的口译实证研究。

表 5.21 国内 20 项最具影响口译实证研究论文

Position	PageRank Score	Document Name (Chinese)	Document Name (English)	Author Name (English)	Disciplinary Approach	Document Type
1	0.0000435	中国口译研究又十年	Another Decade of CIS Research	Hu Gengshen, Sheng Qian	Interpreting Studies	Article
2	0.000113	从图式理论看背景知识在口译中的作用	A Schema Approach to the Role of Background Knowledge in Interpreting	Liu Jianfu	Interpreting Studies	Article
3	0.000113	面向教学的口译语料库建设理论与实践	A Corpus-based Approach to Interpreter Training. Theory and Practice	Wang Binhua, Ye Liang	Interpreting Studies	Article
4	0.000112	国内口译研究的发展及研究走向	Development and Trends in CIS Research	Mu Lei, Wang Binhua	Interpreting Studies	Article
5	0.000111	口译在中国调查报告	Interpretation as a Profession in China	Wang Enmian	Interpreting Studies	Article

（待续）

（续表）

6	汉英交替传译过程中译员笔记特征实证研究	0.000110	An Empirical Study of Note-taking in Chinese-English Consecutive Interpreting	Dai Weidong, Xu Haiming	Interpreting Studies	Article
7	对近十年中国口译研究现状的调查与分析	0.000107	A Survey of Interpreting Research over the Past Decade	Liu Shaolong, Wang Liuqi	Interpreting Studies	Article
8	记者招待会的口译和释意理论	0.000106	Interpreting for Press Conferences and the Interpretive Theory of Translation	Wu Xiaoli	Interpreting Studies	Article
9	台湾翻译产业现况调查研究总结分析报告	0.0000901	A Report on the Taiwanese Translation Industry	Zhou Zhongtian, Zhou Chang'e, Ye Xinxing	Translation Studies	Report
10	从发表文章的状况加强我国的口译研究	0.0000866	The Need for Improving Interpreting Research: An Article Count Perspective	Hu Gengshen	Interpreting Studies	Article

（待续）

（续表）

11	0.0000824	大学生志愿者在会展口译实践中遇到的问题及对策	Issues and Strategies in Volunteer Interpreting for University Students	Yuan Jian	Interpreting Studies	Article
12	0.0000806	口译过程的认知因素分析与记忆能力与口译的关系	Memory and Interpreting: A Cognitive Analysis	Zhang Wei	Interpreting Studies	Article
13	0.0000791	从温家宝总理2008年的记者招待会看口译员的跨文化意识	Cross-cultural Awareness for Interpreters: A Case Study of Premier Wen's 2008 Press Conference	Jin Yan, Chen Ming	Interpreting Studies	Article
14	0.0000783	从交际学角度看同声传译的质量评估	Quality Assessment of SI: A Communicative Perspective	Nie Yonghua	Interpreting Studies	Thesis
15	0.0000770	考试焦虑对错误记忆的影响	The Influence of Test-related Stress on Memory Errors	Chen Shunsen, Tang Danhong	Cognition	Article
16	0.0000752	中外记者招待会中口译员的角色定位	Interpreters' Roles at Press Conferences	Su Wenda, Zhao Shuwang	Interpreting Studies	Article

（待续）

（续表）

序号	影响力	中文题名	英文题名	作者	学科	类型
17	0.0000700	背景知识与语言难度在英语阅读理解中的作用	Background Knowledge and Language Complexity in English Reading Comprehension	Yuan Luxia, Wang Chuming	Linguistics	Article
18	0.0000700	汉英交替传译活动中译员笔记困难及其原因的实证研究	An Empirical Study of Note-taking Problems During Chinese-English Consecutive Interpreting	Xu Haiming, Chai Mingjiong	Interpreting Studies	Article
19	0.000418	同声传译与工作记忆关系的认知分析	A Cognitive Analysis of Simultaneous Interpreting and Working Memory	Zhang Wei	Interpreting Studies	Doctoral Dissertation/Monograph
20	0.0000659	话题熟悉程度、语言水平和问题类型对ELF听力理解的影响	The Effects of Topic Familiarity, Language Proficiency and Question Types on EFL Listening Comprehension	Huang Zidong	Second Language Acquisition	Article

从以上20项文献形式看，除张威的1篇博士论文/专著外，其余皆为期刊论文。有11项为合著，与非实证研究多为独立作著形成鲜明对照。即便是实证研究影响力排名第一的文献，在所有口译研究文献影响力排名中也仅位列第113位，说明实证研究的影响力与国外有区别。

接下来是国外 20 部最具影响的口译研究文献，即在中国引用率最高的作品。

表 5.22 国外 20 部最具影响口译研究文献

Position	Page Rank Score	Document Name	Author Name	Empirical?	Disciplinary Approach	Document Type
1	0.004453806	*Basic Concepts and Models for Interpreter and Translator Training*	Daniel Gile	No	Interpreting Studies, Translation Studies	Monograph
2	0.001675562	*Interpréter Pour Traduire*	Danica Seleskovitch, Marianne Lederer	No	Interpreting Studies	Monograph
3	0.000902	*Conference Interpreting Explained*	Roderick Jones	No	Interpreting Studies	Monograph
4	0.000679	*The Interpreter's Handbook*	Jean Eerbert	No	Interpreting Studies	Textbook
5	0.000618	*La Traduction Aujourd'hui: Le Modèle Interprétative*	Marianne Lederer	No	Interpreting Studies	Monograph

（待续）

（续表）

6	0.000606	*Language, Culture and Translating*	Eugene Nida	No	Translation Studies	Monograph
7	0.000599	*Interpreting for International Conferences*	Danica Seleskovitch	No	Interpreting Studies	Monograph
8	0.000499	*Simultaneous Interpretation: A Cognitive Pragmatic Analysis*	Robin Setton	No	Interpreting Studies	Monograph/ Doctoral Dissertation
9	0.000480	*Translating as a Purposeful Activity*	Christiane Nord	No	Translation Studies	Monograph
10	0.000406	*The Interpreting Studies Reader*	Franz Pöchhacker, Miriam Shlesinger	Yes	Interpreting Studies	Collective Volume
11	0.000396	*Relevance: Communication and Cognition*	Dan Sperber, Deirdre Wilson	No	Linguistics, Cognition	Monograph
12	0.000382	*Psychology of Language*	David Carroll	No	Linguistics, Cognition	Monograph
13	0.000348	*Pédagogie Raisonnée de L'interprétation*	Danica Seleskovitch, Marianne Lederer	No	Interpreting Studies	Monograph

（待续）

（续表）

14	0.000333	*An Introduction to Functional Grammar*	M. A. K. Halliday	No	Linguistics	Monograph
15	0.000316	*Approaches to Translation*	Peter Newmark	No	Translation Studies	Monograph
16	0.000310	*A Textbook of Translation*	Peter Newmark	No	Translation Studies	Textbook
17	0.000309	*Contexts in Translating*	Eugene Nida	No	Translation Studies	Monograph
18	0.000308	*The Interpreter's Resource*	Mary Phelan	No	Interpreting Studies	Monograph
19	0.000293	*Dictionary of Translation Studies*	Mark Shuttleworth, Moira Cowie	No	Translation Studies	Reference Book
20	0.000289	*Translation and Translating: Theory and Practice*	Roger Bell	No	Translation Studies	Monograph

由表 5.22 可见，Gile 教授的 *Basic Concepts and Models for Interpreter and Translator Training* 在中国的引用率最高，他的精力分配模式在口译圈可谓家喻户晓。

法国释意学派创始人的著作有四部进入榜单（第二、第五、第七和第十三）。其中 1984 年发表的 *Interpréter pour traduire* 有两个中文版本，一个是孙慧双翻译的《口笔译概论》，另一个是《口译理论——实践与教学》[1]。特别要提的是，与其他用英文写作的作者相比，她们的著作基本上是依靠中文版本在国内得到传播的，因原作是用法语撰写的。

Nida 和 Newmark 均各有两部著作入围，其对等和功能理论在中国的口译研究中也是举足轻重的。值得一提的是，Herbert 的 *The Interpreter's Handbook* 的中文版《口译须知》[2] 是中国引进较早的口译文献，其引用率一直较高，在榜单中排名第四。

还有一个现象值得注意，榜单中出版时间最近的是 2001 年的三部著作，即排在第 10 位的 *The Interpreting Studies Reader*，排在第 17 和 18 位的 *Contexts in Translating*，*The Interpreter's Resource*。如果这三部发表最晚的著作能够进入榜单，说明其影响力巨大。

表 2.23 则是国外 20 项最具影响的口译实证研究文献在中国的引用排序。

1　孙慧双译，1992 年由北京语言大学出版社出版；汪家荣等译，1990 年由北京第二外国语学院出版。

2　法文版为 *Manuel de l'interprète*《口译须知》，孙慧双译，1982 年由外语教学与研究出版社出版。

表 5.23 国外 20 项最具影响口译实证研究文献

Position	Page Rank Score	Document Name (English)	Author name (English)	Disciplinary Approach	Document Type
1	0.000406	*The Interpreting Studies Reader*	Franz Pöchhacker, Miriam Shlesinger	Interpreting Studies	Collective Volume
2	0.000230	The Magical Number Seven, Plus or Minus Two: Some Limits on Our Capacity for Processing Information	George A. Miller	Cognitive psychology	Article
3	0.000136	Conference Interpretation: Expectations of Different User Groups	Ingrid Kurz	Interpreting Studies	Article
4	0.000134	*Remembering: A Study in Experimental and Social Psychology*	Frederic C. Bartlett	Social Psychology	Monograph
5	0.000117	Role of the Reader's Schema in Comprehension, Learning and Memory	Richard C. Anderson	Educational Psychology	Article
6	0.000116	Testing the Effort Models' Tightrope Hypothesis in Simultaneous Interpreting	Daniel Gile	Interpreting Studies	Monograph/Doctoral Dissertation

（待续）

（续表）

7	0.000107	Testing the Effort Models' Tightrope Hypothesis in Simultaneous Interpreting	Daniel Gile	Interpreting Studies	Article
8	0.000106	Segmentation of Input in Simultaneous Translation	Frieda Goldman-Eisler	Interpreting Studies	Article
9	0.000106	A Description of Various Types of Omissions, Additions and Errors of Translation Encountered in Simultaneous Interpretation	Henri C.Barik	Interpreting Studies	Article
10	0.0000975	*Bridging the Gap: Empirical Research in Simultaneous Interpretation*	Sylvie Lambert, Barbara Moser-Mercer	Interpreting Studies	Collective Volume
11	0.0000921	Simultaneous Interpretation: Qualitative and Linguistic Data	Henri C. Barik	Interpreting Studies	Article
12	0.0000905	Verbal Memory During Simultaneous Interpretation: Effects of Phonological Interference	Valeria Daro, Franco Fabbro	Interpreting Studies	Article
13	0.0000898	The History of Research into Conference Interpreting	Daniel Gile	Interpreting Studies	Article
14	0.0000842	Survey on Expectations of Users of Conference Interpretation	AIIC	Interpreting Studies	Report

（待续）

（续表）

15	0.0000839	The Effects of Source Language Presentation Rate on the Performance of Simultaneous Conference Interpreters	David Gerver	Interpreting Studies	Article
16	0.0000791	Information Processing among Conference Interpreters: A Test of the Depth-of-Processing Hypothesis	Sylvie Lambert	Interpreting Studies	Article
17	0.0000790	Sight Translation and Interpreting: A Comparative Analysis of Constraints and Failures	Marjorie Agrifoglio	Interpreting Studies	Article
18	0.0000788	How Faithfully do Court Interpreters Render the Style of Non-English Speaking Witnesses Testimonies	Sandra Hale	Interpreting Studies	Article
19	0.0000760	The Effects of Topic Familiarity on Second Language Listening Comprehension	Barbara C. Schmidt-Rinehart	Second Language Acquisition	Article
20	0.0000725	Exploring Hesitation in Consecutive Interpreting: An Empirical Study	Peter Mead	Interpreting Studies	Article

相对于最具影响力的 20 部著作,实证研究最具影响力的论文作者中有读者熟知的 Gile 教授,更有近些年随着中国口译研究发展而排在引用率第一的 Pöchhacker 教授,其他外国学者的名字和研究成果随着实证研究的不断深入先后出现在中国口译研究论文中。应该说,这些著作在英文圈中有广泛影响,英语以外语种的研究者受到语言因素的限制引用较少,这一点也需要引起重视。

徐子韵博士对国内研究机构的考察分析结果证明,中国的口译研究主要集中在高等学校,最具影响力的十个研究机构排序如下:

表 5.24 国内口译研究机构影响力排行榜

University	Page Rank algorithm	Number of Affiliated authors
广东外语外贸大学	0.04550179562	63
上海外国语大学	0.03229189315	34
北京语言大学	0.02141445616	6
厦门大学	0.01704954987	15
北京外国语大学	0.0162242336	6
台湾辅仁大学	0.01327604974	12
北京第二外国语学院	0.009729564475	13
中国科学院大学	0.009066149694	3
深圳大学	0.008832757971	1
对外经济贸易大学	0.008316114419	10

从上图可见,口译研究最具影响力的三个地区为:北京、上海、广东。最具影响力的前两所机构发表论文数量也最多。但从排名第三位起,情况有所不同。广西大学、广西师范大学与赣南大学发表的论文数量尽管位居前十,却未能进入该榜单。而中国科学院大学与深圳大学两所机构的论文发表数量均未进入前十,却位居第 8 和第 9 位。中科院仅凭三名论文作者,深圳大学仅凭一名作者(16 篇论文)进入该名单。榜单中其他机构均有六名以上作者。

国内口译研究机构形成了两个主要"研究联合体"。广东外语外贸大学、深圳大学与对外经济贸易大学同属一个联合体，以广外为中心，即广外的研究被其他大学大量引用，广外的研究者大量引用深圳大学作者的成果，对外经贸大学常引用广外的文献。在全国 626 家口译研究机构中，有 328 家拥有三位以上长期出版论文的研究者。最具影响力的十所机构中的另六所构成第二个团体，中心是上海外国语大学和北京语言大学。上海外国语大学为包括北京语言大学和厦门大学在内的其他学校提供了大量引用文献。而北京语言大学的研究成果被整个口译研究界大量引用。2002 年前，没有一所口译研究机构显示出特殊的地位。2002 年起，广东外语外贸大学、北京语言大学在口译研究界开始居于主导地位。其中广外的文献引用中有大量自我引用，同时期北京外国语大学、北京第二外国语学院与厦门大学等机构也有多次自我引用。2005 年，上海外国语大学、清华大学、厦门大学等研究机构影响力崛起。2008 年，广东外语外贸大学的影响力持续加强，北京语言大学位居第二，但其影响力增长速度低于广外。同年，上海外国语大学的影响力接近北京语言大学，位居第三。2010-2012 年，尽管全国口译研究文献数量飞速增长，广东外语外贸大学和北京语言大学在口译研究界仍居主导地位。

徐子韵博士的结论是：研究机构发表的文献数量与其学术影响力之间没有必然的联系。广东外语外贸大学和北京语言大学凭着强大的学术影响力，自 21 世纪初期开始就成为中国口译研究的主导性机构，一直持续到 2010 年后。近二十年来，广东和上海发展出了自己的研究圈子，逐渐代替了北京自 1995 年起保持的主导地位，而地域上的距离与引用关系的远近也无必然联系。

我们是否可以从论文影响力研究得出一个值得期盼的结论：论文的价值不在于数量，而在于质量。当然，另一个不争的事实是，主题越宏观、概括性越强的论文被引用率越高，这一点在国内 10 篇引用率最高的论文中可以得到验证。

第六章　口译教学研究

　　无论是鄢秀的研究，还是王茜与笔者的近期研究，有一点是显而易见的，即口译教学研究的比例虽然有差异（国外 25%；国内 37%），但都是口译研究的重要内容。口译教学研究的对象到底是什么？哪些研究对教学至关重要或迫在眉睫？本章将从口译教学模式的理论基础出发，讨论口译教育与口译教学理念的差别，进而探讨交替传译和同声传译的教学方法，并围绕中译外和外译中的差异分析采用不同教学方法的必要性，进而回答在国内语言环境下，如何解决语言提高与口译教育的关系。

第一节　中外口译教学研究成果比较

　　在鄢秀的论文中，我们看到如下数据：在占论文总数 25% 的口译训练与评估论文中，译员培训（48%）和口译教学（29%）占比最大，口译评估比例也高达 23%。国内以口译教学为研究主题的有 220 篇（共 597 篇），占总数的37%，其中的 103 篇（47%）为口译教学研究，其次是课程设置研究（65 篇，占 30%），两项相加达 77%。

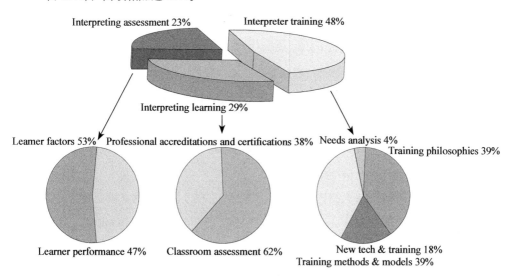

图 6.1　鄢秀教授关于口译培训及评估研究分布图（参阅图 5.5）

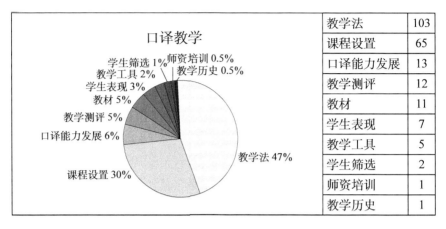

教学法	103
课程设置	65
口译能力发展	13
教学测评	12
教材	11
学生表现	7
教学工具	5
学生筛选	2
师资培训	1
教学历史	1

图 6.2 国内口译教学研究情况图

深入分析"教学法"论文后不难发现，口译人才培养模式、口译策略意识培养、各类不同学校口译课程设置、交替传译和同声传译中听力笔记与表达训练、某一学科理论在口译教学中的应用等等，这些问题的宏观描述和技术性操作论述比较多，虽有实证研究，但仍不系统，与口译教学紧密相关的心理学、认知心理学、教育心理学及翻译研究本体论研究尚显不足。

有关课程设置的论文基本分为三大类：一是介绍国内外地区（比如国内的港澳地区，国外的欧盟、加拿大、美国、澳大利亚等）高校口译课程设置的，二是探讨各类学校和专业（专业学位教育、民族高校、体育院校、地方院校、商务英语等）或不同层次（本科、研究生等）口译课程设置的，三是讨论口译课与其他课程的关系。值得一提的是，在 12 篇（5%）教学测评论文中，真正讨论教学评估的有 4 篇，即《论口译教学训练评估》《口译学能测试及其研究》《本科翻译专业口译教学的测试与评估现状及体系构建研究》与《英语专业本科口译教学测试与评估探索》，其余涉及的基本上是外语专业四级或八级中的口译测试，并非职业口译测试与评估。

另外，关于口译教材，这是中国"特色"，很多教师认为，没有教材便无法组织教学，口译自然也不例外。这与国外情况有明显不同，例如欧洲，很多翻译院校使用的是欧盟推荐的巴黎高等翻译学校编写的《口译训练指南》，概述涉及的是教学理念、原则、方法和教学中尤其应该注意的问题，是名副其实的"指南"，具体教学内容则需要教师根据各国家和地区的不同、根据学校特色和专业特色自行选择。

口译教育是否有理论依据？什么样的教学模式符合口译教学规律和特征？如何制定口译教学法？

第二节　从"译员培训"到"翻译教育"

霍氏的"译员培训"包括教学评估方法、测试技巧和课程设计（杰里米·芒迪，2007：21）。由此看，霍氏的"译员培训"停留在教学层面。按照刘宓庆的说法，在这样的框架下，翻译"教学思想"成为全部教学实践和教育计划的指针，或者说"指导原则"。"没有正确的指导原则，就不可能有富于成果的实践"，"翻译教学思想应该反映时代的特征，体现翻译所肩负的重大使命"。因此，翻译教学必须尽最大努力满足社会需求和目的语文化建设需求、适应并指引翻译实务的发展，适应素质教育和素质教学的要求（刘宓庆，2003：13）。

从霍氏翻译应用理论研究中的"译员培训"到刘氏翻译理论中的"翻译教学思想"，虽然其发展脉络不是纯线性的，但可以看到学界对翻译教学的认识在不断变化。从"技巧""艺术""窍门儿""匠"到学科与方法论，以及具有思辨能力的交际人，教学从简单的"培训"变成了真正意义上人的培养，即学习如何做人，同时学习如何做事，让学生"上道儿"。

我国近些年口译教学研究的发展也印证了这样的轨迹。1994年在厦门大学林玉茹教授倡导下召开了30人左右的首届口译教学研讨会，就如何教授口译进行讨论。"1996年11月，全国首届翻译教学研讨会在南京召开，这是我国翻译史上第一次集中研讨翻译教学的学术会议"（穆雷，1999：95）。学者们当时讨论的还仅仅是课程开设、教材编写、某对语言的转换方法等。翻译长期作为语言教学的手段存在，"不少人包括一些翻译教师是将这两者混为一谈的，经常可以从一些标题为'翻译教学'的文章中看出，作者实际上谈的是教学翻译或称学校翻译。他们主张利用翻译进行外语教学，用翻译来检查学生对外语的理解程度和对语法规则的掌握，这实际上是外语教学法流派中的翻译法，而非我们所要讨论的翻译教学"（ibid.：113）。随后若干年研讨会集中在是否要讲理论、理论如何联系实际等问题上。从出版的教材上看，每一章先讲理论，后辅助以实例，但还是教师讲解为主，学生始终处于被动地位。翻译专业建立后，教学大纲中增加了专门的理论课，但翻译理论与实践课的关系还是理不清。

2006 年翻译作为试办本科专业进入三所大学，2007 年翻译专业硕士教育进入 15 所，现在 159 所大学开办翻译本科专业，205 所大学设立了翻译专业硕士学位教育[1]。但发人深省的是：不少开办翻译专业教育的学校在教学上仍然停留在语言转换层面，停留在简单的翻译技巧层面，停留在以教师讲授翻译理论、学生被动听的层面。在这样的教学环境中，教师是主体、学生为中心仍然是纸上谈兵，更谈不上真正的翻译教育。

2011 年，上海外语教育出版社引进出版了英语版《口译教育的基本建构：课程与测试》（*Fundamental Aspects of Interpreter Education, Curriculum and Assessment*），柴明颎为此书作导读。本书"由美国蒙特雷国际研究院高级翻译学院的口译教师 David B. Sawyer 以该院的口译教学为案例，在对口译课程与专业评估理论进行研究的基础上撰写而成。作者通过理论与实证研究，提出了经过改良的课程模型"（2011：1）。该书作者首次将 Interpreter Education 放在标题中提出来，这对后来的"翻译教育"概念作了铺垫。当然，作者并没有在书中就这一概念作出详细定义或说明。无论如何，口译教育自此"冠冕堂皇"地出现在中国的研讨会上。

2012 年，全国第九届口译理论与教学暨国际研讨会选择"全球化时代的口译教育"为主题，会上中外学者大声疾呼，强调"翻译教育"理念。这是词汇的玩弄，还是概念的变化，或是学科发展的必然？我们只要看看教学和教育的定义便可得出结论。

《现代汉语词典》将教学定义为教师把知识、技能传授给学生的过程，将教育定义为培养新生一代准备从事社会生活的整个过程，主要是指学校对儿童、少年、青年进行培养的过程。

潘菽（1983：1）对教育的定义是："教育是一种社会事业，是人类培养新生一代的一种社会实践。在教育中，教育者按照一定的目的、计划和措施去影

1　最新数据请参考 xii 页脚注 1。

响受教育者，受教育者通过自己的积极活动接受教育的影响。教育者在设法影响受教育者的同时，也要不断地教育自己。"

概括地讲，翻译教育的本质在于：按照社会要求，有目的、有计划、有组织地把学生培养成社会需要的翻译人才。在翻译教育理念中，学生是实施教育的核心。作者认为，"传道、授业、解惑"是对"教育"言简意赅的阐释。翻译教育的本质是育人，即培养从知到行的人，解决知什么和如何行的问题。否则，道非道，业非业，惑仍为惑。概括而论，译员培训与口译教育相比，后者将培训对象放在了核心地位。因此，学习者研究[1]应该成为今后更为关注的内容。

第三节　口译教学模式研究

教学模式是一定的教学理论或教学思想的反映，是一定理论指导下的教学行为规范。不同的教育观往往提出不同的教学模式，例如二语习得建立在Chomsky 的普遍语法、Krashen 的监控理论、"环境论"（后延伸出 "文化迁移模

1　外语学习者动机研究成果较多，口译学习者动机、学习能力发展特征等研究还有待深入。刘润清教授（2014：1-6）指出：拥有大数据之后，我们可以分析什么视频被观看得最多，什么教材的借阅率最高，中国英语学习者写作中最常犯的错误是什么，每个学习阶段的词汇量是多大，等等。从大数据的细节里，我们可以分析出学习者的性格、学习风格、认知倾向、学习策略、动机类型等，也可以分析出教师的教学理念、认知方式、习惯性教学行为、与学生的互动倾向、反馈时的风格、知识面的宽窄、教师的魅力、学生的评价等。将来，我们肯定会去分析为什么某些视频最受欢迎，为什么某些"微课"备受学生喜欢，为何某人的教案被大量售出，等等。总之，任何教授和学习行为都在网上留下"指纹"，我们的信息会被第二次、第三次加以利用，而且不同的利用必将创造出不同的价值。"如何教授 21 世纪的学生？这些出生后就与键盘为伍的'手指人'是否还需要与其教师相同的基础知识？教师是否需要采用新的教学法，或新技术是否意味着用教学新工具教授原有的知识？数字板替代了黑板，虚拟学习环境替代了大教室，是否还能以原有的方式获得知识？ web 2.0 和 3.0、协作学习、即时评估或远程移动学习均已成为可能，这一切都会改变学习和教学环境。学生可以 24 小时在线获得需要的资源，这是否意味着他们的学习完全可以独立自主？他们如何设计自己的学习？如何选择不同的方法和工具？尤其是 21 世纪年青人是否真的想通过社会网络学习？他们是否满足于让机器人替代教师？"这些问题恰恰是 2012 年 11 月 28-30 日在柏林召开的"新技术：教育革命"研讨会上专家学者希望回答的问题，"超越明天"成为论题。

式"Acculturation Model）等理论基础上。情境陶冶模式的理论依据则是人的有意识心理活动与无意识的心理活动、理智与情感活动在认知中的统一。近些年，语言学、认知语言学、功能理论、语义和语用学理论、关联理论、建构主义理论、释意理论、目的论、认知负荷理论、信息论和交际理论、心理学、认知心理学、有声思维等成为研究学者推出翻译教学模式和方法的部分理论依据。

2012 年在北京语言大学召开的全国第九届口译理论与教学国际研讨会上，一些高校依托各类不同相关理论推出了具有不同特点的教学模式，如以翻译能力发展为核心的过程模式（北京语言大学）、以评估为教学手段的过程模式（厦门大学）、以任务驱动为基础的互动教学模式（北京外国语大学）、以能力培养为目标的全方位培养模式（广东外语外贸大学）、以升级考试带动教学质量提高的教学模式（上海外国语大学）、以翻译能力指标量化为特征的教学模式（西安外国语大学）、以成果为导向的教育模式（四川大学）。

浏览 CNKI 刊登的论文，我们还可以看到其他诸多教学模式或教学方法，诸如情景教学法、角色扮演教学法、笔记模仿法、案例教学法、语法翻译法新用、技能法、以学生为主体的引导式教学法、探究式讨论法、比较翻译教学法、实况式翻译教学法等等。随着慕课和翻转课堂的出现，有些学校开始尝试微课程教学。但我们也注意到两个问题：一是"以点带面"，将适合于某一教学阶段的模式广泛应用于整个教学过程，忽视了教学不同阶段的特征和教学模式的针对性，缺乏模式所需的五要素，缺乏关联性和系统性；二是一些理论的应用有"独断"之嫌，一种理论"一统天下"，偶然看到一种理论（或提法）便将其运用在教学中，构成一种教学模式或方法，即没有理清相关理论的来龙去脉和针对性，也没有认真把握该理论与教学模式的关系，更没有将教学模式与教学法加以区别，甚至将某一理论或称研究结果应用在某一教学阶段后便作出带有普遍意义的结论。应该说，各种理论的产生有其背景，有其应用范围，当然也有其局限性。

那么，我们以何种理论为基础构建翻译教学模式呢？有一点是不可置疑的，即翻译活动成功与否关键在译者/译员，语言知识只是基础，他/她在翻译活动中所做的绝对不是简单的语言转换，而是一种十分复杂的与认知知识和跨文化交际紧密相关的智机能活动，特别是口译，翻译成功与否关键在人。所以，翻译本体论、与"智机能"相关的理论方可解释其活动规律和特点，以这一理论为基础设计教学模式才能与口译教育目标相吻合。

一、翻译研究本体论与口译教学

翻译研究本体理论，即 Holmes（2007：18）讲的有关翻译性质、对象、任务等规律性的理论研究，分为纯理论研究和应用理论研究两大类。作者建议将 Holmes 图表中的产品、功能和过程研究放在描述性翻译研究中，将口译研究补充到专门理论中。因为，几十年过去了，口译研究取得了长足发展，而且口译研究关注的译员、口译过程等都是对翻译学研究的扩展与补充，同时也为翻译学研究拓宽了视野，从主要依赖语言学、关注翻译产品到跨学科研究，将译员和翻译过程放置于研究中心，其带来的结果也不言而喻。

谈及翻译理论，西方有布拉格学派、伦敦学派、美国结构学派、以奈达为代表的交际学派、德国的莱比锡学派、前苏联流派等。Edward Gentzler 在《当代翻译理论》（修订本第 2 版）中详细研究并介绍了北美翻译培训派、翻译科学派、翻译研究派、多元体系派和解构主义派的主要观点，还有后来的释意理论、目的论等。这些理论发端于 20 世纪 60 年代中期，直到今天都一直有着广泛的影响。应该特别指出的是，释意理论不仅一改翻译学依赖语言学的现状，而且在翻译教学中发挥了十分积极的作用。在 Holmes 的框架图中，译员培训、翻译辅助工具和翻译批评被放在应用翻译学中。的确，翻译教学对翻译理论研究成果的依赖程度很高，尤其是对翻译活动和过程的描述，因为对翻译活动和过程的描述与研究会直接影响对翻译的性质、对象和任务所作的定义，而对翻译的定义又会直接影响教学大纲的设计，也会影响教学方法的制定。应该说，翻译的应用理论研究也是举足轻重的，其成果不仅可以验证已经提出的理论层面的结论，还可以在某种意义上推动纯理论研究的发展。应该补充的是，口译也有纯理论研究，这种研究对口译作为双语交际的性质、特征、规律等作出了科学的解释，对口译教学有直接指导意义。

翻译市场出现的非文学类文本越来越多，翻译职业要求不断提高，除文本处理能力外，还需要更多的与信息化技术相吻合的能力，需要诸如项目管理等文本外管理能力，翻译已经进入职业化时代。与以往以宗教典籍、社科经典和文学名著为主的翻译相比，翻译职业化时代的特征发生明显的变化，主要表现为翻译的主流对象、翻译的方式、翻译的工具和手段、翻译研究的对象、翻译研究队伍结构等方面的变化。口译市场也不例外，从以外交、外事、政治等领域为主的翻译逐渐扩展到各个领域和各个层面的交流，交际环境等不断发生变化，对译员的要求也随场合和环境的不同出现差异。这些改变要求学者对翻译的理念和定义重新加以思考，要求参与教育的人员对翻译教学培养理念和内容进行调整，翻译理论也有待进一步探索和建设。因此，翻译学研究任重而道远。

二、口译教学的跨学科研究 [1]

首先，口译教学研究离不开语言学视角下的语篇研究。语言离不开语言，但口译研究的不是语法、句法或词法，而是语篇。口译能力从某种意义上来讲是一种语篇处理能力，即一种从原语篇提取信息、理解和加工并完成另一语言的言语生成活动。叙述类、论述类、描述类等讲话的语篇特征和话语组织及行文结构等值得深入分析研究。口译不能局限于文本研究，因为文本外因素对口译质量的影响远远大于笔译。换句话说，笔译中文本承载的信息大于口译中的讲话。交际人、交际背景、交际场合、交际环境、交际中发生的一切，包括声音、语调、手势、PPT 等都对语篇意义的形成至关重要。

其次，口译教学研究与心理学和认知心理学密不可分。"认知心理学运用信息加工观点来研究认知活动，其研究范围主要包括感知觉、注意、表象、学习记忆、思维和言语等心理过程或认知过程，以及儿童认知发展和人工智能（计算机模拟）。""认知心理学的核心是揭示认知过程的内部心理机制，即信息是如何获得、贮存、加工和使用的"（王甦、王安圣，1992：1，5）。"翻译是一种心理活动，或给予语言媒介的心理活动，它是对原语符号进行解码，

1　本部分主要参考许明的论文《跨学科视野下的口译能力研究》，该文于 2012 年刊登于《中国外语教育》第 2 期。该论文的引用得到作者的同意，使用时作了部分修改，特此说明。

从中提取意义，并对提取的意义再以译语重新编码的过程。翻译不同于给予其他媒介或单一语言媒介的阅读或创造活动，它是一种给予双语的认知加工的心理活动"（颜林海，2008：15）。"在译者能力系统中，知识结构、智能结构和方法结构是最基本的构成部分。显然，译者必须具备宽广的立体知识背景、稳固的知识结构；智能结构是人在认知活动中所表现出的各种心理活动特征的总和，包括感知力、记忆力、思维力、想象力、创造力等各种心理活动能力；方法结构是译者能力系统中最表层、最活跃的因素，译者知识积累和智能水平的状况愈是接近，方法的优劣所起的作用就愈是突出。智能结构中的思维能力、方法中的思维方式，是构成翻译思维的相辅相成的两方面，辐射于翻译的全过程，直接影响译品质量。这是我们分析翻译与思维之间关系的出发点，是我们借助于系统方法论来研究这一问题所取的特定视角"（龚光明，2004：1）。"实际上，翻译能力培训的过程，也就是强化受培训者的认知的过程，使他从对翻译、对学习翻译知之不多到知之较多，最后达到知之甚多的过程"（刘宓庆，2003：33）。

　　如前所述，译者／译员是翻译活动成功与否的关键，而口译中的听辨（注意、加工等）理解、借助语篇和语言外知识理解语言表述的信息（逻辑分析和对信息的加工能力）、记忆、使用符合译入语规则和文化范式的表达方法根据交际目的恰当表达理解的信息，这些交际行为都离不开心理学和认知心理学的基础理论。例如在口译中如何解决"注意力"问题、如何培养译员有意识地借助语言外知识理解听到的信息、如何对听到的大量信息进行选择、如何将有用的信息有效储存并能在表达时实现逻辑提取，这些都与心理学或认知学相关。如果注意力可以训练，如果综合能力可以培养，认知能力是否也可以通过训练提高？如果智力是先天的，认知能力又如何呢？不会外语的人的认知能力与懂外语的人的认知能力是否存在差别？差距在哪里？经过训练与没有经过训练的译员有差别吗？译员作为一个独立的认知个体，其口译能力的发展离不开认知能力的发展、其认知能力的发展必然会促进口译能力的发展。因此，口译能力中认知能力的研究主要在于揭示译员不同的技能习得阶段其认知机制所应该具有的认知性能及其所表现出来的综合话语信息处理能力。

　　实际上，不同语言有不同的思维模式，这一点已经有相对成熟的研究成果。

Whorfianism[1] 认为，不同语言对应不同的思维 / 性格模式，学习该种语言会导致人的思维和行为模式改变，而改变的 triger 就是使用这种语言 / 浸入该语言环境。而且使用语言时候（说话）的认知模式，跟不说话时候的认知模式，也有一定的区别，这证实语言参与认知过程。特别要提到的是，对多语者来说，即使没有语言切换，其认知过程 / 特征本身也随着语言的学习而改变了，基于同样的道理，多语者的性格也可能已经发生了潜在的改变，但是这种改变是渐进的。

到目前为止，还没有人对译员思维模式与双语或多语人思维特征做比较性实证研究。译员的不同语言思维转换的自动化程度更高是不可否认的事实，也就是说，译员的认知知识库由于所掌握的不同语言而得以不断丰富。在口译中，原语和译语虽然不同，但语言与认知知识库之间的回路由于训练和实践变得非常通畅。这与双语或多语人不同，后者是转换语言存储区域，用哪种语言，进入哪种语言存储区，前者则是在不同语言区域与认知区域间的智力活动。译员反应迅速、思维敏捷、逻辑清楚等特征也从另一个角度证明了这种"假设"。这些应该是口译认知科学研究需要深入发掘的。

近些年，翻译研究的社会学转向引发了越来越多学者的思考。Peters 认为，"翻译从根本上说并不属于语言学的范畴，因为作为一种'对话行为'（acte d'interlocution），翻译不仅仅是在使用不同语言的人之间进行，因此翻译的基础并不在于语言符号的表达能力，而是取决于人们建构的社会关系，进行人际交流（échanges interpersonnels）的能力，这其中便包括人类使用工具的能力，即翻译的技术运作"（俞佳乐，2006：43）。近些年，很多学者开始从社会学的角度研究译员和译员活动，国内最有代表性的当属任文教授 2010 年出版的博士论文《联络口译过程中译员的主体性意识研究》[2]。她研究的是联络口译过程中

1　Whorfianism，即沃尔夫主义，通常指语言相对性，也称为 Sapir-Whorf 假说，是语言学和认知科学中的概念范式，认为语言的结构影响其说话者的认知或世界观。

2　在任文教授 2006 年发表于《中国翻译》第 2 期的《从话语分析的角度重识口译人员的角色》一文中，她试图以跨学科的视野，从话语分析的角度，将日常谈话口译看作是由不同话语系统的人通过口译者所进行的一个面对面的口头交际活动，一个特殊的话语过程，并运用话语分析中的"话轮转换机制"解析口译过程，指出包括译者在内的所有谈话参与者都对交际活动的方向和结果产生影响。

译员的主体性意识。她认为，主体性意识主要包括显身意识、赋权意识和非中立的立场观。作者提出的研究假设是：称职的联络译员不仅应具有出类拔萃的语言文化知识和翻译技能，还应常在交际过程中体现出较强的主体性意识。为了证实这一假设，作者采取多视角、综合式的研究方法，既有跨学科的理论分析，也有话语分析、问卷调查和译员访谈的实证研究，其研究结果在口译实战和口译培训等方面具有重要的启示意义。

口译的社会学研究从另一个侧面推翻了翻译界一直恪守的"译员的中立原则"，如果把译员视作交际的一部分，视译员为认知个体，那他/她"中立"的努力是应该受到尊重的，但其"个体"特征很难在交际中消失殆尽。这一点从任文的论文中可以窥见一斑。尤其随着信息化时代的发展，面对海量信息，客户越来越多地期待译员提供"筛选"后的有用信息，这为发挥译员的主观能动性提供了空间。"翻译不是个人的活动，而是一种社会交际形式，翻译有其社会功能，翻译的成果必须受到社会接受力（social acceptability）的检验"（刘宓庆，1999：53）。

口译与交际学或传播学息息相关，因为职业口译就是信息的传递和转换。吕俊（2007：36）指出：翻译与传播学的"共性都是传播，是信息的处理与交流"。俞佳乐（2006：35）认为，"无论笔译还是口译，翻译活动都是信息的传播过程，是交际活动。翻译与单语交际的最大差别是交际必须通过译员实现，而不是交际双方直接完成。"关于信息发送因素，Pergnier 提出了四个参量："发送主体（l'émetteur）、发送客体（l'objet）、接收人（le destinataire）和发送媒介（le vecteur）。当这四个参量中的任何一个发出变化时，信息的发送环境也随之改变，整个陈述（énoncé）的含义就发生变化，因此，这几个参量在信息的产生和接收中起着举足轻重的作用。"进一步讲，"翻译过程从本质上说是一个信息加工的过程。在翻译过程中，译者会有意识地通过自身的认知功能来认知和再现原语文本：认知功能包括图式、同化、顺应、平衡、自我调节等"（颜林海，2008：17）。交际的质量在很大程度上取决于交际双方的认知平衡，译员也不例外。具体讲，译员能否与交际人共享相关主题和知识？如何有效获得这些知识成为"专家"，从而保证交际通道的通畅无阻？以语言能力为基础，不断获取必要的认知知识并将其转化为认知能力，尽可能做到与交际者知识水平接近，这样才能保证交际的顺利进行。

口译与跨文化研究更是紧密相关。因为，口译归根结底是涉及两种语言文化的跨文化交际活动。交际双方语言有差异，语言是文化的载体，这说明文化层面也存在差异。地缘政治、社会制度、经济体系、意识形态、生活习俗等都会有差异。这方面的论述较多，此处不再赘述。但值得一提的是，译员的跨文化意识是跨文化交际成功与否的重要因素之一。近些年中国政治生活领域先后出现的"猫理论""三个代表""科学发展观""一带一路""双鸟论""有权不能任性"等对翻译而言是一种挑战。译员不仅要深入理解中文涵义，了解其产出的背景，还要找到能够让外国人明白的表达方法，这其中的跨文化问题值得探索。经济全球化和文化多元化是一个矛盾体，全球化会逐渐加大在某些领域的共同认知，减小差别，但文化的多元化又是这个世界存在的价值。文化多元意味着差别，差别是文化丰富的基础。译员在这样一个矛盾体中工作，跨文化意识相当重要。口译教学中跨文化意识的培养便成为重要内容。

与口译教学不可分离的还有教育学，包括教育心理学。教育学是以教育现象为研究对象的科学，教学、课程、教学过程、学生学习过程和心理等是教育学和教育心理学的基本范畴。如果教育是人的精神和与之相适应文明的再生产过程，是使人类精神、文化和文明得以积累、继承和发展的过程，那么，教育的基本矛盾便是教与学。如果一个教授口译的教师不懂口译，不懂学生学习口译的规律和特点，不懂得如何把培养高层次、应用型、专业性翻译人才放在核心位置设计并安排教学，教学质量很难得到保证。我们对北京语言大学 2014级 MTI 学生进行了"教与学"比例现场问卷调查，79 位同学中有 41 人认为"教"的比例只能占 30%，30 人选择 40%。这一结果表明，如何处理好应用型人才培养中教与学的关系值得关注与研究。

国际上的翻译院校对教师的基本要求之一是具有丰富的翻译实践经验，或者叫具备"从业者"资格。在这些从业人员中，有些人既搞研究也懂得教学，这是十分理想的状况。但也有部分人实践经验非常丰富，但不懂教学，对科研也没有任何兴趣。教师队伍完全由"从业者"组成，这一原则值得商榷。实际上，国内的翻译教师由三部分人构成：一类是实践、教学和科研为一身的；一类是搞科研的，但其科研主题和内容与翻译教学风马牛不相及；还有一类是教语言出身的，或称有语言学研究背景的。无论是什么样的学术背景，作为一名教师，教育学是不可或缺的。如果不懂得教育学、不懂翻译教学的现象和规律、不能合理设计安排教学内容、不能采用科学的教学方法，培养翻译人才只能是一句空话。

综上所述，口译教学模式的选择应以翻译职业和该职业对翻译人才要求为前提，以不同阶段的教学目标为基础，根据学生能力发展实际情况确定。全国第九次口译理论与教学国际研讨会上七所学校提出的模式各有千秋，既有整体性教学理念，也有阶段性教学模式。应该说，教学模式只要能为不同阶段和总体培养目标服务就有其价值。在选择恰当的教学模式和方法时，要注重语言基础训练，加大百科知识学习，注重职业道德培养，努力提高职业能力，注重职业技能训练，养成良好职业习惯，注重当地社会需求，突出各校办学特色。

口译作为一种特殊的交际活动涉及语言、认知、交际等不同层面的问题，从语言学、认知心理学、交际学等学科中汲取对揭示口译活动本质有效的概念、分析思路和研究方法，对口译学科体系研究的完善具有积极的促进作用，也对口译能力培养过程的科学化提供必要的营养。

三、口译能力培养研究

为什么要研究翻译能力？翻译能力到底指什么？如何定义？翻译能力的发展是否是分阶段性的？如果回答是肯定的，那么每个阶段的特征是什么？如何根据技能培训特点设计教学法？如果总是一概而论谈论翻译能力，不注重能力发展的内在规律和特点，能力培养恐怕是一句空话。

所谓能力，指能胜任某项任务的主观条件。"能力实际上是一个综合性很强的概念。技能具有'可传授性、可模仿性、可操作性'的特点"（文军，2004：63）。围绕翻译能力（ability of translation）国内外很多学者都曾尝试作出定义和描述。关于翻译能力研究，李明秋（2009：80）在《口译能力要素对译员素质培养要求分析》中提出了智力因素和非智力因素"二分法"；文军（2005：64）则认为，翻译能力是由几个"分力"构成的，因此，他在转述 Albecht Neubert 对翻译能力构成的描述时提出了翻译能力"分力论"（语言／文本能力、策略／技巧能力、自我评估能力、理论研究能力）；Gile（2009：73-86）则提出了"IDRC 翻译模式"，当然还有潘菽（1992：138-139）的技能培训理论。

从最新的研究成果来看，苗菊、高乾（2010：35）从"用人单位的角度审视职业译者应具备的技能"，提出了将"技术写作"能力——即"涵盖一切传递技术信息的文本类型和文本格式"的写作能力——的培养纳入 MTI 翻译能力培养的范畴。俞敬松、王华树（2010：38-42）结合当今社会迅速发展的高科技和翻译市场对翻译人才培养提出的新要求及其北京大学计算机学科教育的优势，提出培养"懂语言、懂文化、懂技术、懂管理"的新型计算机辅助翻译硕士的新思路。虽然上述新观点是针对 MTI 专业翻译能力培养的整体描述，但是对口译能力的构成研究也有一定的启发意义。

按照 Vermeer 和 Reiss 的目的论（Skopos）理论，决定翻译过程的最主要因素是整体翻译行为的目的，一切翻译行为由行为的目的决定，翻译中理解和表达阶段都有选择问题，而选择均为其目标服务。翻译目标主要表现在三个方面：为什么翻译、目标文本交际功能、特殊翻译手段的策略功能（Nord，2008：41-42；张美芳、黄国文，2002：3-6）。由此而论，实现文本内在的和文本间的连贯需要一种从目的出发具备的文本转换能力和跨文化交际能力。文军（2005：64-73）认为，翻译能力这个概念本身"既包含了翻译学科的知识与技能（语言／文本能力，策略能力）、理论研究能力，也包含了学员自我能力的提高（自我评估能力），还包括了对提高翻译能力具有辅助作用的 IT 能力……"，他还将其总结为语言能力、文本能力、学科能力、文化能力及转换能力五种能力。国内目前比较认可的对翻译能力的构成分为三个板块，例如在《高等学校翻译本科专业教学要求》中，翻译课程分为语言知识与能力、翻译知识与技能、通识教育。巴黎释意理论提出，语言知识、主题知识和百科知识是基础，职业翻译方法是核心，换句话说，理解、分析、表达能力必不可少，但同时必须掌握职业翻译方法（勒代雷，2001）。

笔者综合以上口译能力划分的四种论断，提出了职业翻译能力构成的整合模型（见第三章第一节）。此模型将翻译能力概括为双语能力、分析综合抉择能力、语篇处理能力和职业能力四种能力。这四种能力囊括了翻译能力的各构成要素，如双语能力中的工作语言使用能力和跨文化交际能力，分析抉择综合能力和语篇处理能力中的阐释分析、抉择、记忆、文化转换和言语生成，职业能力中的资源、工具使用和职业道德等。在此整合模型基础之上，笔者（2010）还以交替传译和同声传译为例提出了"口译能力发展阶段图表"，此图表进一步详细描述了口译能力发展的阶段化特征和相对应的训练模式。此图表将交替传译的能力培养作为同声传译能力培养的初级阶段，同时将交替传译的能力发展（或培养）概括为四个阶段、同声传译的能力发展（或培养）概括为六个阶段（见第三章第四节）。各个发展阶段主要以口译类型和技能自动化程度为标准来划分层级界限并实现连贯衔接。不同的发展阶段内主要以技能构成为主线，对其进行分解阐释。

口译过程的复杂性决定口译能力构成上的复合性。从一定意义上来讲，国内外现有的口译模式所模式化的构成要件也均可看作口译能力的组成部分。据此，口译能力（包括同传和交传）至少可以涵盖脱离原语语言外壳能力、听取分析能力、短期记忆能力和协调能力、记笔记能力、记忆能力、笔记信息读取能力、译语生成能力、话语分析能力、跨文化理解能力、原语及言外知识的理解能力、目标语重构能力、转换能力、抉择能力等。综合学者的研究成果，可以将口译能力概括为语言能力、认知能力、交际能力和转换能力四大部分。在口译活动中，语言是媒介，认知是载体，交际是目的，转换是方法、技巧和策略。

口译能力研究过程中要注重口译能力发展的层次性。口译能力的发展是层次化的，尤其是在现有正常的教育体制下，其发展过程应该是与口译的教育教学过程相吻合的。这就要求在口译教学过程中应该在不同阶段突出不同能力的培养。自动化程度是阶段划分和不同阶段量化的主要依据。口译技能的习得可大致分为初具能力阶段、熟练阶段和专家水平阶段三个阶段。初具能力阶段的技能中心是对情景作出整体的分析和规划；熟练阶段的技能中心是同时运用经验与直接的理性与分析；专家水平阶段是完全依赖直觉的阶段，即我们强调的自动化阶段。笔者（2011）在《翻译能力阶段性发展特征及教学法》一文中对交替传译和同声传译的不同能力和子能力进行了详细的描述，陈菁（1999）将不同能力与子能力制作成下表。

表 6.1 交替传译和同声传译的不同能力与子能力表

Progression of Skills for Consecutive Interpreting	Unit 1 Lessons 1-5 Memory training Public speaking Figures	Unit 2 Lessons 5-10 Note-taking Case study notes Figures	Unit 3 Lessons 11-15 Pragmatic skills Paraphrasing Coping tactics	Unit 1 Lessons 16-20 Behaving professionally Summary Communicating across cultures Sight translation

Key to symbols
○ shows first introduction of skill in a lesson
● shows further use of skills in lessons
♠ shows revision of skills at the end of units

Lessons

Skill	1	2	3	4	5	6	7	8	9	10	11	12	13	14	15	16	17	18	19	20
Sight translation (2) Sentences and sense groups																			○	♠
Communicating across cultures (3) Humour and jokes																			○	♠
Sight translation (1) Structuring your delivery																		○	●	♠
Communicating across cultures (2) Idioms																		○	●	♠
Summary (2) Focus on main points																	○	●	●	♠
Communicating across cultures (1) Cultural references																	○	●	●	♠
Summary (1) Analysis and organization																○	●	●	●	♠
Behaving professionally																○	●	●	●	♠
Coping tactics (2) Skipping and asking														○	♠	●	●	●	●	♠
Coping tactics (1) Reconstitution													○	●	♠	●	●	●	●	♠
Paraphrasing (2) Parts of speech, structures and sentence length												○	●	●	♠	●	●	●	●	♠
Paraphrasing (1) Restructuring and reformulation											○	●	●	●	♠	●	●	●	●	♠
Figures (7) Intensifiers and softeners									○	♠	●	●	●	●	♠	●	●	●	●	♠
Note-taking (4) Case study notes									○	♠	●	●	●	●	♠	●	●	●	●	♠
Figures (6) Comparisons								○	●	♠	●	●	●	●	♠	●	●	●	●	♠
Note-taking (3) Symbols and abbreviations (2)								○	●	♠	●	●	●	●	♠	●	●	●	●	♠
Figures (5) Stability and fluctuation							○	●	●	♠	●	●	●	●	♠	●	●	●	●	♠

（待续）

（续表）

	1	2	3	4	5	6	7	8	9	10	11	12	13	14	15	16	17	18	19	20
Note-taking (2) Symbols and abbreviations (1)						○	●	●	♠	●	●	●	●	♠	●	●	●	●	●	♠
Figures (4) Trends					○	●	●	●	♠	●	●	●	●	♠	●	●	●	●	●	♠
Note-taking (1) Individual notes					○	●	●	●	♠	●	●	●	●	♠	●	●	●	●	●	♠
Figures (3) Percentages (%), totals, and prepositions				○	♠	●	●	●	●	♠	●	●	●	●	♠	●	●	●	●	♠
Public speaking (3) Eye contact				○	♠	●	●	●	●	♠	●	●	●	●	♠	●	●	●	●	♠
Figures (2) Rates, ratios and totals			○	●	♠	●	●	●	●	♠	●	●	●	●	♠	●	●	●	●	♠
Public Speaking (2) Speed of delivery			○	●	♠	●	●	●	●	♠	●	●	●	●	♠	●	●	●	●	♠
Memory Training (3) Mnemonics and aids to memory			○	●	♠	●	●	●	●	♠	●	●	●	●	♠	●	●	●	●	♠
Figures (1) Cardinal numbers, fractions, decimals and percentages		○	●	●	♠	●	●	●	●	♠	●	●	●	●	♠	●	●	●	●	♠
Public speaking (1) Voice projection		○	●	●	♠	●	●	●	●	♠	●	●	●	●	♠	●	●	●	●	♠
Memory training (2) Categorization, generalization and comparison		○	●	●	♠	●	●	●	●	♠	●	●	●	●	♠	●	●	●	●	♠
Memory training (1) Encoding, storage and retrieval	○	●	●	♠	●	●	●	●	♠	●	●	●	●	♠	●	●	●	●	●	♠

陈菁（2013：206-207）同时还制定了口译课堂质量监控表。

表 6.2　口译课堂质量监控表

监控指标	评估等级	简单评语	评估说明
陈述流畅度			
1.1 吐字清晰	优 良 中 差		
1.2 语调自然	优 良 中 差		
1.3 语速均匀	优 良 中 差		
1.4 音量适中	优 良 中 差		
1.5 声音平稳从容	优 良 中 差		
1.6 无过多的填充词	优 良 中 差		不添加过多的口头表达语，如"这个、那个、well, kind of"等
1.7 无过多的自我修正	优 良 中 差		不反复更正、重复

（待续）

（续表）

语言准确度			
2.1 发音准确	优 良 中 差		
2.2 语法准确	优 良 中 差		
2.3 语言地道	优 良 中 差		语言表达自然，尽量不机械对译
2.4 语言得体	优 良 中 差		译语语言风格和正式程度与原语和情境相符
逻辑连贯度			
3.1 信息具有逻辑性	优 良 中 差		
3.2 使用合理的连接手段	优 良 中 差		使用必要的连接手段如连接词和关系词，使译文更通顺、更有条理
信息忠实度			
4.1 无信息误解	优 良 中 差		
4.2 无信息遗漏	优 良 中 差		避免因理解和表达困难而造成信息丢失
4.3 无信息增添	优 良 中 差		避免随意添加信息

在口译能力研究过程中，需要特别注意主要能力与附属能力之间的关系，研究所采用的教学方式如何在突出重点能力培养的同时兼顾其他附属能力的培养。从方法论角度谈，口译能力的发展应该是呈曲线型的，需要借助长期观察跟踪测量才能发现其特征。总而言之，口译能力的系统研究需要细化和量化口译能力的不同发展阶段，更需要细化和量化其培养内容，而不能用简化的"技能"一言以蔽之。语言学所关注和研究的问题、认知心理学的概念和理念以及所采用的方法均可为口译的跨学科研究提供全新的切入点。口译能力研究的关键在于结合教学实践找到一种行之有效的检测和测量手段，通过实证研究，发现学习各阶段的能力培养规律，对整个培养过程中其能力发展变化过程进行全程量化汇总，这是深入描写口译能力的重要研究途径。

第四节　口译教学质量评估研究

本书第四章第五节中讨论的是口译质量和口译教学质量评估问题，这方面国内还有很多问题没有解决。对一个教学单位各方面的评估并不能替代教学过程中对教和学质量的评估。

2016 年初我们在 CNKI 数据库上点击"口译评估"发现，2000-2015 年共有相关主题论文 36 篇：

表 6.3 CNKI 数据库"口译评估"相关主题论文 36 篇

口译质量评估研究对口译教学的启示
交替传译质量自评研究——基于翻译硕士（口译方向）的案例研究
科技口译质量评估：口译使用者视角
口译质量评估：以服务对象为依据——一项基于现场口译活动的调查研究报告
从释意派的视觉论口译质量评估模式在会议口译中的应用——以政府领导人答中外记者问之现场口译为例
话语标记语与口译质量评估
中国东盟合作背景下的英语口译质量评估所面临的问题与对策
口译质量评估和口译技巧的整合研究——经验意义分析的视角
口译质量评估的"忠实"原则和"交际"原则
评估口译忠实度的策略
多元化口译质量评估体系的探索与实践
论口译质量评估的信息单位
论口译的多样性及其质量评估
会议口译质量评估调查——译员与使用者的对比分析
对口译质量评估模式的再思考——以 2014 年第五届海峡两岸口译大赛东北区赛为例
从口译用户看口译质量评估

（待续）

（续表）

中国口译学习者语料库的副语言标注：标准与程序
语块教学策略对提高学生会议口译准确性的实验研究
谈英语口译竞赛中的口译质量评估
口译质量的基本标准与多重视角
口译质量评估的文化性维度：跨文化交际意识的思考
口译方向性对译语非流利产出的影响
口译中的信息差及其调控策略
交传口译质量自评研究初探
我国高校俄语口译质量评估标准
对英语专业八级口语口译考试评分的探讨
跨文化交际意识与能力——口译质量评估的一项重要参数
科技口译与质量评估
图式理论照应下的口译忠实度评估
口译质量评估的信息单位——以一口译中视译案例为分析
基于多学科背景下的口译教学课程设置——问题与对策
从认知超负荷模式看口译中的信息差及其调控策略
从释意派理论看口译员的忠实与自由
关联理论对口译的解释力
口译中的意义
口译质量评估研究的历史回顾

从以上论文题目不难发现，与口译教学质量评估相关的只有《口译质量评估研究对口译教学的启示》《交替传译质量自评研究——基于翻译硕士（口译方向）的案例研究》和《我国高校俄语口译质量评估》三篇，其余多为口译评估或不同角度的相关思考。口译评估基本单位（信息单位、语言或其他）、口译方向与评估标准、用人方与译员评估视角差异、忠实与自由及评估历史仍然

是大家关注的重点。

实际上，口译教学评估对口译人才培养质量至关重要。教学阶段的口译评估可以包括：

(1) 语言能力评估。虽然教学大纲对学生的语言提出了基本要求，但如何评估和实现大纲要求还没有具体研究，例如，语言水平达到何种程度可以接受交替传译培训？何种水平可以开展视译培训？何种水平能够教授同声传译？何种水平可以从事一般性主题翻译？何种水平可以从事"专业性"翻译？通过何种手段测试才能检测出学生真正的语言交际能力？如何根据各校培养目标制定相应的语言水平测试？语言水平不达标怎么办？等等。

(2) 准译员行为测评。准译员的衣着、表情、站位、走路与交流方式、讲话声音控制、采场经验等都应列入培训检测中。

(3) 译前准备和译后整理技能（学习能力）评估。有效学习能力、集中学习能力、总结提高能力对译员准备会议和长期发展十分重要，因此要对相关因素进行针对性评估，保证准译员有能力参与口译培训。

(4) 口译过程评估（理解、无笔记表述、笔记、表达等）。什么叫理解？如何检测？理解哪类讲话？理解哪种难度的讲话？讲话难度如何确定？什么叫表达流畅？有不懂原语的听众参与评价吗？如果没有，如何确定表达的准确性？过程评估应该包括口译能力的各个子能力发展过程评估，逐一达标，从而实现教学目标。

(5) 心理承受压力能力评估。承受来自各方面的压力，这是对口译译员的特殊要求。如何训练心理承受能力？哪些训练可以有效提高这种能力？这些值得深入研究。

(6) 主题知识和百科知识测评。根据各校的"专业"方向测定学生必须拥有相关知识。这里最难的应该是确定必要的知识库"底线"，这方面宏观阐述偏多，至今没有具体研究成果。

(7) 职业伦理、职业道德、保密等规则也应纳入评估范畴。

总之，这里涉及的更多的是学的评估，教学方面评估在前面第四章第五节中已经陈述。二语习得、心理学、认知心理学、交际学、翻译学等理论均可对以上内容的评估提供理论依据。当然，如果能够针对每一个内容开展实证和描述类研究，其成果必定推动口译教学评估的深入。

第五节　与口译职业教育相关的若干研究问题

接翻译史书记载，真正意义上的专业口译活动发生在 1919 年。在第一次世界大战结束后的巴黎和会上，因为有说英语的美国总统威尔逊和英国首相乔治参加，原本在外交场合作为国际语言使用的法语成了交流的障碍，英法交替口译被大规模采用。因此，1919 年巴黎和会的口译活动也被认为是会议口译（conference interpreting）的真正开始。

口译作为一种实践活动，在我国已有两千多年的历史。古时，从事口译职业的人被称为"译""寄""象""狄银""通事"或"通译"。中国使用交替传译已有很长的历史，但直到上个世纪 90 年代才开始在一些大城市举行的国际会议上使用同声传译。

中国的职业化口译教学工作起步较晚。上个世纪 70 年代末，北京外国语学院（现北京外国语大学）承办的联合国译训班（中、英、法）被认为是当代中国专业化口译教育的开始。之后直到 90 年代初，广东外语外贸大学和厦门大学相继开设了中英口译专业方向班，把口译专业教学带进了大学本科阶段。上海外国语大学在 2003 年成立高级翻译学院，广东外语外贸大学在 2005 年也成立了高级翻译学院，旨在采用 AIIC（国际会议口译员协会）标准培养国际会议口译人才。据不完全统计，中国目前有翻译学院（系）近 30 个，另有多所高校在语言学或文学下开展翻译方向硕士和博士生培养，设有口译方向或口译课程。

刘宓庆认为翻译教学的核心任务（包括翻译实务和翻译理论教学）可以总括为："培养学生的翻译能力和强化学生对翻译的认知，这也是翻译学素质教育的基本目标。"刘宓庆讲的翻译能力包络五个方面：语言分析运用能力、文化辨析和表现能力、审美判断和表现能力、双向转换和表达能力、逻辑分析和校正能力（2003：30-34）。教师有效的教学行为应体现五种意识：对象意识、情景意识、目标意识、自主意识和裁判意识（许建忠，2009：225）。与笔译相比，职业口译虽然也发生了不少变化，但基本形式仍然是交替传译和同声传译，只是形式更为丰富（电话口译、远程口译、在线口译等）。

鉴于本书第一部分第三章第三节中对口译子能力（表 3.1）作了详细描述，并在第四章第二节提出了相应的"实战式""自省式""模拟式""团队式"和"互动式"五式教学法，我们在这一部分的讨论则是从口译职业要求出发，重点讨论文本外译员应获得的不同能力。这是因为，到目前为止，市场能够找到的不同语对的口译教材很少涉及这些能力的培养，而这些又是职业译员必备的素质和能力。

一、职业伦理与规范

国际翻译家联盟是这样描述翻译的 12 项基本义务的：

（1）翻译是一种智力活动，其目的是将一种语言的文学、科学和技术文本转换成另一种语言，鉴于翻译的工作性质，对翻译从业者提出特别要求。

（2）译者永远是翻译的唯一责任人，无论他／她与用户有何种关系或签署何种合同。

（3）译者不能因个人反对而曲解文本，或作出损害翻译职业义务的解释。

（4）翻译必须做到对原文文本及其思想和形式的忠实与准确表达，忠实原著即是译者的道德约束，也是法律规定。

（5）译者不能混淆忠实与逐字翻译，为保证译作在另一国家和语言中被接受，不排除对敏感性很强的形式、氛围、作品的内涵等作必要的适度调整。

（6）译者必须具备良好的译出语知识，同时还要特别娴熟地掌握译入语。

（7）译者还必须具备基本的文化知识，充分了解翻译的内容，如果待译文本主题超出自己的能力，应该拒绝翻译。

（8）译者在职业活动中必须避免任何不正当竞争，尤其是为获得某一机会而接受低于法律法规已经确定的价格。

（9）一般而言，不应要求更不能接受有损自己和职业尊严的工作条件。

（10）译者必须尊重用户的合法利益，对因翻译工作而知晓的信息必须视同商业秘密加以保守。

（11）作为一名"派生"作者，译者与原作者和原作是一种特殊的从属关系。

（12）译者必须得到原创作品的作者或用户的授权方可翻译其作品，同时还要尊重与作者相关的所有其他权利。

国际会议译员协会也对会员的诚信、职业性、保密性等制定了具体标准，如果违反，将会由下属的纪律处分委员会根据相关条例对当事人予以处罚。在所有标准中，严格的保密规定是第一条，包括所有人员在任何场合（含教师在课堂上）都不能披露会议相关信息，而且不能以会议译员身份随意索取机密资料。接受一项任务意味着一种道德承诺，因此不能随意转让他人替代。协会成员不得接受任何可能影响专业尊严的工作或条件。会员应避免任何有损协会或其成员利益的言语或行为。除此之外，还有与口译质量相关的要求[1]。

国际译联对译者提出了 12 条要求，国际会议译员协会明确了译者 / 译员的权利和义务，可以说严格遵守这些权利、履行职责和义务是伦理道德要求。当然，首先提出"翻译伦理"的当属法国文学翻译家 Antoine Berman，随后 Anthony Pym 提出了"翻译职业伦理"，Lawrence Venuti 的"异化"主张即是他的"存异伦理"，芬兰学者 Andrew Chesterman 提出了五大伦理模式：再现、服务、传意、规范和专业责任（陈振东，2010：85-88）。Chesterman 的五大模式虽然有待深入分析和探索，但他的伦理模式带给我们很多启示和思考。

2013 年中央编译出版社出版了彭萍的《翻译伦理学》，该书首次将翻译学与伦理学结合在一起，系统地探讨翻译伦理学的学科性质、地位、研究对象和任务、研究方法等。该书基于翔实的资料，详细而系统地从伦理视角审视翻译理论研究、翻译实践活动、翻译批评、翻译教学等方面，特别是从伦理的视角深入探讨了如何纠正翻译研究中的某些不正之风、如何处理译者应该忠实原作还是对读者负责的两难选择、翻译工作者的"隐形"和"显形"、著作的重译、翻译容错率、翻译工作者的版权、翻译批评中的伦理标准、翻译教学中教师伦理及学生伦理等诸多问题，提出了自己独到的看法，填补了国内该领域研究的空白。

1　国际会议口译员协会（AIIC）官网，2012，Code of professional ethics，http://aiic.net/page/6724（2015 年 3 月 20 日读取）。

近些年也有其他学者围绕伦理与翻译展开思考，但似乎这些讨论还没有真正进入翻译教育。不能准时上岗、会议前不踩场、不作必要的充分准备、水平不足也敢接受各种任务、随便或不经意披露会议信息、着装不符合礼仪要求等等，这些应该在训练中加以重视，提倡发扬中国文化中倡导的高尚的职业道德情操、良好的专业素质，从伦理道德高度培养学生做人做事，成为名副其实的职业人（任文，2010）。

二、译员的主体意识性问题

任文撰写的博士论文《联络口译过程中译员的主体意识性研究》（2010）首次采用实证与描述结合方法系统研究口译领域中译员的主体性意识性问题，证明联络口译中译员主体意识是存在的。谢天振（2016）指出："在传统的译学理念中，是没有译者权利这一说的。以中西翻译史为例，差不多两千年以来我们在谈到译者时，谈到的只有'任务''义务'和'责任'，却从不会提到译者的权利。在相当长的一段时间里，译者甚至连在译作上的署名权都得不到保证。"实际上，虽然在翻译理论中一直强调"忠实"或"隐身"或"中立"，但译员是一个实实在在的个体，他/她的存在是客观的，无法做到完全"隐身"，在跨文化交际中也很难完全摈弃译员个人"意识"，要讨论的应该是一个"度"的问题，即在何种情况下译员如何做到"客观"和"相对中立"[1]。

当今的口译职业发生了很大变化，译员出现的场合呈现多样化趋势：除政治外交等场合，商务谈判、法律（法庭）口译、医学口译、技术类口译、社区一般性联络口译、影视口译、远程在线口译、手语等都需要"专家译员"，而这些译员在何种程度上尽可能避免"主观判断"、何时需要"主体意识"参与、如何参与等成为必须研究的问题。

还有一种现象：译员岗位"不稳定"，在做译员的同时还扮演着"谈判员""协调员""顾问"等角色，这种情况下译员的"主体意识"会增强。多身

---

1 译世界，2016，谢天振：译者的权利与翻译的使命，http://www.yeeworld.com/article/info/aid/6392.html（2016年1月20日读取）。

份、多重背景下译员的主体意识特征研究也有一定的意义。

三、职业译员参与培训

按照国际上翻译院校的原则，授课教师应该是职业译者／译员。这样做的优势无可置疑，相对只懂"理论"或"照本宣科"的语言教师而言，译员教师的特点是能够将市场需求带进课堂，课程内容是"活生生"的跨文化交际素材。

但译员授课的弊端也多有显现：译员教师随时因口译工作而耽误课程，学生不得不再集中补课或提前上课，多少影响教学质量；虽然教师口译实践能力很强，但并不意味着懂教学法，上课内容几乎可以用一个"练"字概括，当学生询问"为什么这么翻译"时，回答也是"这是习惯，多练即可！"。教学进度的合理性、教学方法的科学性等问题有待商榷。

能否组织有意愿参与教学的译员接受教学法和翻译理论培训？如果这一点在国际上难以实现，在中国操作还是有可能的。目前已经有若干中外译员非常关注口译教育，他们的身影经常出现在翻译研讨会和教学法培训班上。

语言背景的教师、有专业背景并懂翻译的教师、研究翻译理论的教师、职业译员教师、用人单位会议或译员管理者、跨学科研究人员（特别是心理学、认知学和跨文化等）如果能够组成教学团队，按照教学大纲、课程进度分工指导和操练，译员培养的质量有望尽快得到提高，加强这方面的研究已成必然。

第七章　口译理论研究与教学实践

在本书第一部分口译教学篇中，我们分析了语言教学与口译教学的差别、口译职场对译员的要求、职业口译能力特征以及口译教学法及评估。在第二部分口译研究篇中，我们对国内外口译研究现状和趋势作了分析，重点就口译教育与口译教学法的理论基础进行了阐述。在《口译理论研究与教学实践》一章中，我们的关注点是如何将口译研究成果应用于口译教学，即通过对若干篇论文的选题、内容和研究方法[1]分析看如何从事相关研究，如何在教学实践中发现问题，进行思考和研究，或如何用已经取得的理论研究成果指导教学实践，从而为读者提供研究线索，使其能够着手启动自己感兴趣的研究课题。

第一节　口译研究选题分析

Gile 教授指出，"上世纪五六十年代开始，口译研究中开始出现一部分实用教材以及对口译职业的思考。随后，一些认知心理学家和心理语言学家对同声传译运行机制进行了探索性思考，尤其关注口译中超强的认知负担及其对译文的产生造成的问题。之后的 15 年内，主要是一批口译教学人员专门针对口译进行理论研究，推动者当属巴黎高等翻译学校的 Seleskovitch。她的影响在上个世纪 70 年代末和 80 年代初非常显著，之后逐渐减弱。90 年代初出现新的转折，主要由特里斯特大学翻译学院口译员 Laura Gran 和年轻的神经学家 Franco Fabbro 牵头，他们带领口译系的一届学生从事与神经生理学有关的实证性跨学科研究。这一实证跨学科研究活动再次在世界各国引起强烈反响。特别是近 15 年来，相继在芬兰、西班牙、日本、德国、中国和韩国引起口译研究者广泛的兴趣：会议口译程序、译文的语言学特征、口译教学、口译质量、口译史、口译的社会学问题、法庭口译、大众口译、媒体口译等等。

1　这部分主要以王茜与笔者在《上海翻译》2015 年第 1 期发表的论文数据库为基础，围绕其中的典型论文回答提出的问题。

在东欧，尤其在俄罗斯和捷克，口译的实证性和跨学科研究从未停止"（吉尔，2008：208）。

巴黎高等翻译学校创立的释意理论建立在口译实践基础上，这是众所周知的事实。从 1968 年 Seleskovitch 发表《国际会议口译译员》到 2015 年，释意学派有多部著作出版，其中不少被翻译成多种不同文字，影响广泛。巴黎高等翻译学校网站上公布的该派理论核心研究人员发表的法文专著[1] 共 13 部，除文学翻译研究外，其余都与教学和翻译实践相关。该校 1978-2015 年通过答辩的博士论文共 84 篇[2]，其中研究口译与口译教学的共 10 篇。我们来分析一下其中主要论著的选题。

（1）*Interpréter pour traduire*，有《口笔译概论》和《口译理论实践与教学》两个中文版本。该书以 Seleskovitch 和 Lederer 教授早期的论文为基础，主要围绕翻译研究和教学中需要澄清的重要概念展开：什么是翻译（代码转译还是重新表述、明喻与暗喻、从经验到概念、口译讲话不是翻译语言、释意与机器翻译、翻译层次、同声传译等）、口译教学（原则与方法、同声传译教学法、技术题材准备等）、翻译与语言（同声传译——语言观察哨、通过翻译看言语机制、介于阐释与语言学之间的翻译学、预测在理解中的地位、翻译的牺牲品、翻译的作用不可忽视、通过表达理解思想内容等）。

（2）*Pédagogie raisonnée de l'interprétation*，中文版为《口译训练指南》。欧盟会议翻译公共服务部部长希望欧盟"会议翻译公共服务部史无前例的经验能够成为评定翻译能力和选择译员的标准"（2011：31），特将撰写该书的任务交给 Seleskovitch 和 Lederer，因为她们既是专业会议译员，又是巴黎高等翻译学校的教授，有丰富的教学经验。该书出版后成为"圣经"式教科书，成为欧盟多所翻译学校重要的教学参考书。该书重点强调翻译教学不同于语言教学，因为翻译是要捕捉话语的意思，并在译入语中用具有创造性的等值语句来表达这些意思。这涉及方法问题，学生应该学会这种方法，教师应当向学生教授这些方法（2011：35）。在该书第二版中，由于加入欧盟的国家增多，各机构使

1　巴黎第三大学官网，2014，法国释意理论主要专著清单，http://www.univ-paris3.fr/publications-esit-47878.kjsp?RH=1257522045619（2015 年 8 月 30 日读取）。

2　巴黎第三大学官网，2014，巴黎高等翻译学校博士论文一览表，http://www.univ-paris3.fr/publications-esit-47878.kjsp?RH=1257522045619（2015 年 8 月 30 日读取）。

用的语言越来越多，要求翻译教学随之进行新的思考，因此作者围绕新技术和非通用语等增加了新的内容。

两位教授认为，由于时效性和即时性等特点，以及口译教学所用素材必须具有口头交际特点和职场特征等要求，口译教材与笔译教材相比也有其特殊性。该书分成了两大部分，第一部分由六章组成，包括口译入门：无笔记交传、交替传译、同声传译、理论课程、符号语言的翻译、评估等；第二部分由五章构成，即外语的语言提高及 B 语言的使用、用 B 语言做同传、同传接力、翻译教师培训、新技术与翻译。

还有一本重要的著作值得一提，虽然不是口译教学的，但对口译教学也有十分重要的借鉴意义。这就是：

（3）*La traduction: la comprendre, l'apprendre*，中文版为《笔译训练指南》。该书一共八章：翻译教学方法论、职业翻译质量基本原则、翻译忠实性基本原则、翻译序列模式、背景知识的获取、职业译者的工作语言、翻译教学实践要点和翻译理论要点。

与中国口译教学研究相比，以上三部著作更多关注的是翻译教学原则、方法、相关概念、理论与实践的关系、教学质量评估等。

巴黎高等翻译学校的博士论文选题也有一定的参考价值。

（1）Pratique et difficultés de l'enseignement de la traduction en Corée – comparaison avec sa pratique en France（2013）（《与法国教学实践比较：韩国翻译教学实践与难点》）

（2）L'enseignement de l'interprétation consécutive : une étude de cas turc-français（2013）（《交替传译教学：土耳其—法语教学为例》）

（3）Le processus cognitif de la compréhension en interprétation consécutive : acquisition des compétencees chez les étudiants de la section japonaise（2006）（《交替传译理解认知程序：日语系大学生能力获得研究》）

上面三篇博士论文的选题都是口译教学，第一篇是通过比较寻找本国教学特征和方法；第二篇是具体语对口译翻译研究，试图发现其特点；第三篇则突出口译认知程序与认知能力的获得之间的关系，属于应用研究。

正如 Gile 教授所言，东欧和亚洲的口译教学研究者对口译程序和跨学科研究有很大兴趣，我们通过 CNKI 刊出的论文可以了解国内的口译教学研究是否与国际趋势相吻合，是否具有中国特征。

第二节 口译教学论文选题分析（CNKI）

为阅读方便，我们还是以本书第五章第二节中口译分类表为基础进行选题分析：

表 7.1 口译教学研究分类表

	教学法	103		
	课程设置	65		
	口译能力发展	13		
	教学测评	12		
	教材	11		
口译教学	学生表现	7	220	37%
	教学工具	5		
	学生筛选	2		
	师资培训	1		
	教学历史	1		

在我们选择的 597 篇论文中，有 220 篇涉及教学，占总论文量的 37%。从上表可见，"师资培训"和"教学历史"各有 1 篇，学生筛选和学生表现共 8 篇，教学工具 5 篇，教学测评 12 篇，口译能力发展 13 篇，其余 65 篇涉及课程设计，103 篇为教学法。仔细阅读论文后，为便于讨论对论文分类作了微调，在分类论文 [1] 标题后标注论文数量、增加简短点评及思考。由于教学法部分量比较大，我们最终选择 40 篇作为参考。

表 7.2 口译教师培训相关论文

全国高等院校翻译专业师资培训对本科口译教学的启示

点评：该论文主题不是专门针对教师培训的，而是从教师培训引发的对本科教学的启示。教师培训对象不一定只针对本科翻译专业，更多是硕士专业授课教师。因此该方面的研究有待加强。

---

1 这里只选择论文名称，删除了作者姓名和期刊名称，其目的是集中讨论论文选题，讨论不针对任何个人和期刊。

授业解惑，乃教师职业之本。目前，多所高校开办翻译本科和硕士专业，教师任教资格成为必须关注的问题。其中口译授课教师大致可以分为四类。第一类为"三栖"人才，既有口译实践经验，也有一定的教学经验，同时从事口译理论与教学研究。这是非常理想的教师队伍。第二类为有一定的口译实践经验，有专业背景（已完成博士阶段的学习），但教学经验尚不足。第三类为口语不错，没有或基本没有口译实践经验，但被领导点名授课，纯属"赶鸭子上架"。第四类为有其他专业背景，教学经验比较丰富，外语水平不错，有笔译实践经验。

针对翻译师资匮乏现状，中国译协十几年来一直举办暑期研修班。特别是近些年，与MTI全国教育指导委员会和教育部翻译专业协作组联合举办各类研修班或培训班，由原来的口译研究扩展到"口译实践"（交替传译＋同声传译）和"口译教学法"，还增加了项目管理和机辅翻译等内容，为翻译专业教育和研究培养了一批批人才。但是，还有很多课题亟待研究，例如参加培训的教师背景调查分析（是否参加口译实践、具体参与量、是否有口译授课经验等）、培训后上岗情况、培训前后教学质量考评情况（第三方或学生反馈、或教师本人回答问卷等）、口译师资科研背景与培训后科研成果调查分析、教师培训是否应包括教育学和心理学或认知心理学相关内容、教师个人成长与从事教育的关系，等等。总体而言，对教师学员的跟踪研究值得重视，其结果不仅对更好地设计培训方案有利，对教师中长期发展会有很大帮助。近几年采用的学员先投稿、论文经筛选后学员进入研修班、导师对论文进行点评、论文修改、优秀论文发表等做法对鼓励年轻人开展口译理论与教学研究有推动作用，可惜的是口译研究论文相对较少。

表 7.3 口译教学史相关论文

中国口译教学三十年：发展及现状

点评：目前期刊发表的有关教学历史的文章一般为研究成果的统计与分析，不完全属于史学角度的研究。但该文应该是第一篇关注中国口译教学发展的论文。

翻译教学史研究基本属于空白。众所周知，东汉以前我国的翻译活动主要是各民族为沟通交流进行的口译，但随着佛教传入中国后，大规模的书面翻译肇始于东汉，发展于魏晋，在唐朝时达到高潮，虽然宋代后逐渐式微，元代接近尾声，但在这一千多年的时间里，中国出现了很多优秀的翻译家，如东晋的释道安、唐代的玄奘等。他们不但有大量的翻译实践，还提出了自己对于翻译标准和方法等方面的见解，无论是释道安的"五失本，三不易"，还是鸠摩罗什的存本旨，"依实出华"，或是唐代玄奘"既须求真，又须喻俗"的翻译原则，都在中国翻译史上留下了深深的烙印。1894 年，《马氏文通》的作者马建忠提出"善译"标准，要求译者对原作"所有相当之实义，委曲推究"，"确知其意旨之所在"，而能"心悟神解，振笔而书"。1862 年成立的京师同文馆，简称"同文馆"，为培养翻译人员的"洋务学堂"；最初只设英文、法文、俄文三班，后陆续增加德文、日文及天文、算学等班。自此，翻译的培训逐渐走向体系化。同文馆学生毕业后大半任政府译员、外交官员、洋务机构官员、学堂教习。1902 年 1 月并入 1898 年创建的中国第一所具有现代意义的大学——京师大学堂。

1979 年受中国政府和联合国总部委托，北京外国语大学成立了联合国译员训练部，为联合国培养同声传译和笔译人才，前后 12 批共计 217 人，其中大部分在纽约、日内瓦等地的联合国机构任职。1994 年，译训部开始以高级翻译学院的名义招生，有硕士学位授予权，为国内培养高级口译人才。2003 年上海外国语大学高级翻译学院成立，2005 年广东外语外贸大学高级翻译学院成立。到目前为止，196 所大学设翻译本科专业，205 所大学为翻译专业硕士培养单位 [1]。中国早期翻译人才培养模式是什么？改革开放后的翻译专业与语言专业的区别到底是什么？在翻译专业发展史上，有哪些值得借鉴的经验或汲取的教训？语言类院校是如何培养出翻译人才的？或者说，语言类院校毕业生是如何走向职业翻译道路的？翻译专业的发展与国家社会经济等因素有何种关系？诸多问题需要回答。

表 7.4 学生筛选与学生表现相关论文

口译潜能中的 EQ 因素研究
甄选合格会议口译员的科学性和艺术性——由欧盟口译总司译员招聘考试引发的思考

（待续）

1　最新数据请参考 xii 页脚注 1。

（续表）

MTI 会议传译方向学员的<u>学习动机</u>和体验——一项针对广东外语外贸大学的实证研究
基于性格特质的科技英语口译<u>自主学习能力</u>研究
日语专业专科生口译课程<u>学习意识</u>的调查研究——以广东外语外贸大学南国商学院为例
口译学习策略的概念维度建构与实证检验
英语专业学生口译交际策略观念研究
英语专业高年级学生口语/口译学习动机研究
学习者视角下的口译专业课程需求调查与分析——以国内 4 所高校翻译本科专业的交替传译课程为例
生态翻译学视角下依托项目的 MTI 口译学习模式研究
英语专业本科学生汉英交传笔记特征及其与口译成绩的关系——一项基于学生交传笔记的实证研究

点评（1）：关于学生筛选，第一篇文章虽然不是宏观的评价标准，但就 EQ 进行思考，这对于制定入学评价标准有很好的参考价值。以欧盟口译总司译员招聘标准为基础思考国内译员遴选，也有很好的参考价值，但对绝大多数中国高校而言，有一定难度，就招生体制而言，操作会面临一定问题。科学性容易理解，艺术性至少从标题上看不易理解。

上面提及的同文馆有严格的考试制度，学习期间有月课、季考、岁考三种。每三年还要举行大考一次，列入优等者升官阶，次等者记优留馆，劣等者除名。国际大学翻译学院联合会有 40 多个单位成员，这些学校有严格的入学、升级和毕业考试制度。巴黎高等翻译学校的口译考试可谓令人"毛骨悚然"：入学没有人数限制，如果没有合格的可以一个不招，有时只有一人符合条件，学校就只招收一人。进来不等于一定能出去。口译系一年级期末有交替传译升级考试，平均三分之一的学生要重读，且只允许重读一年。第二年的同声传译不允许重读。在这样的考试制度下，很多毕业生"不敢"参加毕业考试，他们先找实习单位上岗锻炼，等有把握通过考试时再申请参加毕业考试。即使如此，也有人根本无法拿到毕业证书。参加入学和毕业考试的考官除教师外，还有业内或国际机构的专业人士，当然还有只懂其中一种语言的专家，他／她的任务是专门就某一语言的表述问题进行考评。

国内目前有 205 所高校招收 MTI 学生，但绝大多数没有十分严格的入学、期中和毕业考试（虽然都经过国考和面试），近几年形成一种现实：只要进了高校，毕业证书已板上钉钉。这种专业教育体制造成的后果是，不论学习努力与否，不论学习质量好坏，"人人平等"，将本应培养的语言服务人才沦为"混文凭"的人，进入社会也不受欢迎，更无法解决社会的需要，直接影响中外交流质量。学生质量如何考查？学生学习期间的成绩如何鉴定？谁来考查？采用什么标准？何种毕业生可以获得什么样的毕业文凭？不能获得毕业文凭的人怎么处理？是否能够采用或开发慕课、翻转课堂、大数据等技术跟踪学生的学习能力发展，并根据其发展质量评价其任职能力？翻译实践成绩如何评定？实习成绩如何评定？该成绩在多大程度上影响其毕业成绩？ 诸如此类的问题很多，有待进一步研究。相关问题请见本书第四章第三节国外翻译机构介绍。

点评（2）：关于"学生表现"，几篇论文集中在"学习动机""学习意识""学习／交际策略"和"自主学习"方面。最后一篇是关于交传笔记与成绩的关系研究。动机研究还不够全面，学习意识、学习策略等只是口译学习中的部分表现，与口译学习紧密相关的诸多其他现象还没有进入研究视野。虽有实证研究，但代表性和典型性规律有待深入挖掘。《英语专业学生口译交际策略观念研究》选题过于宽泛，英语专业本科生或研究生？水平如何确定？另一篇论文《英语专业本科学生汉英交传笔记特征及其与口译成绩的关系——一项基于学生交传笔记的实证研究》标题前半部分有待确定，三年级或四年级？

教和学本来是两个词，久而久之，不知道何时何种情况下被压缩成中文的一个词"教学"。实际上，在教育学层面，这应该是两个概念，即教什么与怎么教，学什么与怎么学。在二语习得研究中，学习动机研究很受重视，但在翻译专业学生的学习动机研究方面还远远不够，"喜欢口译""好找工作""能挣钱"等似乎是选择学习口译的主要动因。应该进一步研究"动机"与"学习态度""学习方法""学习效果"等因果关系。另外，与口译教育相关的诸多问题都没有从"学"的角度加以探讨，如师生／学生互动程度与学习质量的关系研究、工作坊／实战模拟等实践性较强的训练对学生心理素质养成的作用、外语听说难度与汉语听说难度对学生心理的影响、课堂口译与实习口译质量的比较研究等，如何教在教学工具和教学法论文中会有更多体现，如何学应该进入研究视野，毕竟学生是教育的对象，如何自我教育、如何在接受教育中成长、如何解决做事和做人的关系等都值得探讨。

表 7.5　口译教学工具相关论文

多媒体环境下大学英语口译教学的生态化思考
同声传译训练系统在同传教学中的应用
Webquest 在口译"译前准备"教学中的应用研究
计算机辅助口译自主学习理论模型构建
立体式口译教学模式探究与实践——以现代教育信息技术为视角
网络环境下任务型口译教学模式的设计与实践
口译专能习得机制———一种基于网络的口译习得模式
多媒体教学手段在英语口译教学中的应用

点评：8 篇论文基本都围绕多媒体与相关技术的运用展开。"多媒体"在口译教学中到底指什么？"生态"一词近些年开始被广泛应用在翻译研究中，但什么是翻译生态？是生态翻译还是翻译生态？什么叫生态化思考？这些问题都值得推敲。《同声传译系统在同声传译教学中的应用》《Webquest 在口译"译前准备"教学中的应用研究》《计算机辅助口译自主学习理论模型构建》内容一目了然，可以让感兴趣的读者产生阅读的期待。

经济全球化、文化多元化给翻译市场和翻译职业带来巨大变化，翻译的产业化、信息化、流程化、协作化和职业化趋势已非常明显，微软和其他一切企业开发的新的语音识别软件、以大数据为依托的译云、电话语音翻译软件和技术等对口译职业带来巨大挑战。口译教育何去何从？如果说笔译从文学翻译占主导走向非文学翻译占主导，如果说笔译本地化和翻译软件可以不断提高翻译速度和质量，那么口译由译员承担主要任务的职业还有多长的路能走？应该说，短期内机器还无法完全替代人，但我们也必须适应现代技术的发展，教和学也不例外。如果慕课和翻转课堂能够改变部分知识型课程的授课模式，口译能力训练在多大程度上能够借助新科技？哪些能力可以借助？如何测评？哪些能力仍需要面对面授课？教学模式如何适应新形势和新变化？如果口译能力是阶段性发展的，能否设计开发适用于不同阶段的训练软件？这种软件依托强大的数据库和语料库，不仅可以记录每个学员不同阶段的发展轨迹，还可以在适当时候进行测评。另外，（平行双语或多语）语料库如何根据译员能力培养进行建设？能否借助多媒体手段设计开发符合职业口译场景的交际环境用于教学和考试？为此，翻译教育需要更多掌握现代技术和软件的工程师参与，更需要企业专业人士的参与，否则在象牙塔里很难制造（培养）出符合社会需要的"产品"（人才）。

表 7.6 口译教材相关论文

国内口译教材（1988-2008）研究
国内口译教材（1999-2010）研究、出版及编写现状综述
口译教材与口译人才培养契合之实证研究——基于我国三大出版社的教材统计分析（1990-2011）
口译的特点与口译教材：问题与前景
口译的认知与口译教材的编写——跨学科口译理论在《英语口译教程》编写中的应用
翻译本科新专业的口译教学理念探索——兼谈外研社翻译专业本科口译系列教材的编写
基于语料库的翻译专业口译教材建设
口译教学中的选材与版权问题——以香港口译教学为例
符号学视域下的会议口译教材开发
口译教材中"语形特征对比"的编写方式合理性探讨
试论民族院校的英语口译教材建设

点评：前三篇是对特定时期口译教材编写的梳理，略有重复之感，因为所涵盖时间前后也只差两年。第二和第三篇包含了翻译专业本科和硕士设立后教材的出版情况，特别是三大出版社与相关职能部门紧密配合，为推动翻译专业教学出版了大量的教材。从标题看，《基于语料库的翻译专业口译教材建设》考虑到口译的特点，采用了最新的教材编写模式；而《口译的特点与口译教材：问题与前景》《翻译本科新专业的口译教学理念探索——兼谈外研社翻译专业本科口译系列教材的编写》和《符号学视域下的会议口译教材开发》理论视角明确且针对性较强；《口译教材中"语形特征对比"的编写方式合理性探讨》是探索性研究，分析"语形特征对比"为基础的教材是否合理；最后一篇论文主要针对民族院校的英语教材，对象明确。

前面介绍法国巴黎高等翻译学校推出的《口译训练指南》时已经说明，考虑到口译的即时性和口语性等特点，口译教材的编写与笔译教材有很大区别。学生手里有了教材，课前可以准备相关主题，这都不影响教学。但如果有学生在课前阅读相关材料后加以背诵，课上的表现则与真正意义的口译相去甚远。

另外，关于口译教材，在本书第四章第二节已经作了阐述，口译教材是中国"特色"，因为很多教师认为，没有教材便无法组织教学。这与国外情况有明显不同，例如欧洲，很多翻译院校使用的是欧盟推荐的巴黎高等翻译学校编写的《口译训练指南》，概述涉及的是教学理念、原则、方法和教学中尤其应该注意的问题，是名副其实的"指南"，具体教学内容则需要教师根据各国家和地区的不同、根据学校特色和专业特色自行选择。

表 7.7　口译教学测评相关论文

形成性评估及其在口译教学中的应用探析
高校学生参加翻译专业资格（水平）考试的现状分析——以日语口译实务为例
基于形成性评估的口译教师反馈——以视译教学为例
口译学能测试及其研究
本科翻译专业口译教学的测试与评估现状及体系构建研究

（待续）

（续表）

高校英语专业口译能力评估及其对口译教学的启示
全国英语专业八级口译考试评判标准评议
学生译员口译能力结构的测试与分析
英语专业本科口译教学测试与评估探索
英语专业本科口译教学结业测试设计与评估方法探索
口译互动式教学模式绩效研究
口译学习指标和测试评估
论口译教学训练评估

点评：在 13 篇教学测评论文中，真正讨论教学评估的只有《论口译教学训练评估》《口译学能测试及其研究》《本科翻译专业口译教学的测试与评估现状及体系构建研究》《英语专业本科口译教学测试与评估探索》等，其余涉及的基本上是外语专业四级或八级中的口译测试，并非职业口译测试与评估。

这里首先应该特别强调是，外语专业四级或八级口译考试与真正意义上的口译能力测试还是有区别的，无论是题材、体裁、长度、难度等均有不同，更大的差别在于外语级别考试没有提供交际场景，考生基本不知道是谁、在何时、在何地、对谁讲什么，也无法作译前准备。虽然目前全国的翻译职业资格考试也有类似程度不同的问题，但语言教学与翻译教学的培养目标毕竟不一样。如果教师认为四级或八级口译考试就是职业口译资格考试，这会严重影响口译教学质量，对考生的误导则是不言而喻的。

如前所述，口译测试有多重难度，可以涉及语言能力测试、主题知识测试、百科知识测试、译前准备能力测试、理解能力测试、表达能力测试、笔记掌握能力测试、心理变化和受压能力测试等，实际上，每一个子能力都可以进行测试，都应该由符合其特征的测试途径和办法。如果是教学质量评估测试，就应该按照教育学要求对教学大纲、课程设置、使用素材、教学方法和手段、教师资质、参与教育的人员、教学设施等等因素进行考量。另外，对测试理论和手段进行研究会反过来促进测试与评估质量的提高。

表 7.8 口译能力发展相关论文

从口译能力到译员能力：专业口译教学理念的拓展
从职业化和专业化的角度探讨口译人才的培养
翻译能力发展的阶段性及其教学法研究
如何在口译教学中培养学生的逻辑思维能力
浅谈口译员跨文化交际能力的训练
教学互动与口译能力培养
图示理论与口译记忆能力训练
行动研究与口译能力培养
口译中跨文化交际意识和能力的重要性（英文）
论口译中的跨文化交际能力
口译测试中的语言能力（英文）
口译教学中记忆、演讲和笔记能力的培养
口译与演讲艺术
谈口译中的演讲技巧
高级口译人才素质必备与形象塑造
解读图表：另一项重要的口译技能
关于英语专业学生口译能力培养的思考
论非专职口译者的素质与要求
医学国际会议口译员综合素养与学科素养分析
论商务英语口译者的必备素质
商务俄语人才职业能力培养的思考

点评：21 篇论文中前 17 篇讨论的口译能力包括：宏观口译能力（素养）、口译能力与译员能力、语言能力、跨文化交际能力、逻辑思维能力、记忆能力、演讲技巧（能力）等，最后 4 篇涉及非职业译员素质能力或某专业口译能力。从论文题目看，各子能力的实证研究严重不足，描述性研究仍占主导。

本书第三章专门就口译能力进行了论述，无论是研究者先前已经发表的成果，还是就各不同子能力研究而言，口译能力研究的深度远远不足，能力的界定和测评标准研究更是有待于深入开展，因为这是提高教学质量的重要理论依据。什么是译员能力？译员能力如何鉴定？相关子能力如何培养？如何检测？如何训练？能力监测标准的制定需要大量实证研究成果，在此基础上方可进行理论推导和描述性研究。

表 7.9 国外教学经验介绍与借鉴相关论文

国外专业口译教学的调研报告——兼谈对我国翻译专业办学的启示
试论会议口译人才培养的层次和相关课程设置——欧洲会议口译硕士核心课程分析
欧盟高级口译教学培训给我们的启示
国外高校（会议）口译专业办学层次概况
国外口译专业概况及其对我国口译办学的启示
澳大利亚口译硕士课程：内容、特色与启示
美国应用型翻译人才培养及其对我国 MTI 教育的启示
经典的变迁——巴黎释意学派口译办学模式研究
ESIT 模式与中国的口译教学
加拿大本科翻译专业教学及其启示
比利时高级口译教学的启示
携手合作 打造精品口译院校——访欧委会口译总司司长 Marco Benedetti（英文）
从英国的口译硕士课程看高级口译培训

点评：对国外教学经验的借鉴是必要的，尤其是在我国翻译专业建设初期。但各国情况不同，语言和文化环境相异，生源质量不同，教师结构相异，教学机制不同，教学历史背景长短不一，即使是同样的专业翻译教学，由于各国市场需求不同，各国家和各学校也需要根据各自的特点设计教学大纲和课程。"启示""模式研究""课程分析"等选题是合理的，如何根据我国情况借鉴国外教学经验是我们必须面对和回答的问题，因为照搬是不可能成功的。国外有本科翻译专业的学院不多，我国翻译本科专业到底该怎样建设？本科与MTI研究生是否有区别？区别在哪里？如何体现？如果从能力发展的角度加以研究，结论很清楚，即本科阶段是基本能力和素质培养阶段，或者说是获得交替传译子能力的基础阶段，毕业时，学生基本掌握各项子能力，但自动化程度还不高。接下来的研究生学习除需要巩固交替传译等能力外，还要进行同声传译等训练，同时扩充专业知识，提高翻译质量，完成口译的自动化和职业化训练，毕业后直接进入职场。

目前很多学校既有本科翻译专业，也同时开设 MTI，但教学大纲没有明显差别，培养目标近似、课程设置雷同、教学内容和方法无法体现差异。另外，同质化现象较为严重，各校还不能根据所在地区和市场对人才的不同要求组织翻译教学，如果近期不能改变这样的现状，培养出来的学生将很难适应社会的需求。特色并不等于抹杀大学的基本方针——素质教育，因为翻译教育的核心是人，解惑授业是根本，做事之宜和做人之道是根本。在此基础上，职业化教育＋专业特色也许是中国如此之多高校开展翻译教育的出路之一。下一组论文的第一篇则是在试图回答这个问题。

表 7.10　口译教学模式与课程设置相关论文

从职业化和专业化的角度探讨口译人才的培养
翻译教学模式：理论与应用
口译课程设置与口译教学原则
口译培训的定位与专业建设
专业口译教学的原则与方法

（待续）

（续表）

翻译专业人才培养：理念与原则
翻译硕士专业学位教育的特色培养模式
口译教学：模式与原则
口译课程培养模式探索
谈口译研究与专业口译培训
翻译硕士 (MTI) 课程设置研究
翻译硕士专业学位（MTI）实习模块的设计
MTI 口译方向专业实习探索
理论与模型的嬗变——论翻译培训与研究
新形势下的本科口译教学
大学本科口译教学的定位及教学
本科翻译专业培养模式的探索与实践——谈北京外国语大学翻译专业教学理念
对专业翻译教学建构的思考：现状、问题和对策
将零课时教学模式应用于口译课的可行性
口译零课时教学模式初探
口译人才培养的"3P 模式"研究
口译课程发展刍议——译员能力的视角
口译课程模式的开发及应用——以培养译员能力为中心的模式
功能翻译理论观照下的翻译专业本科口译教学模式探索
立体论与多模态口译教学
口译课程发展刍议——译员能力的视角
英语专业口译课程设置研究
以视译促交传——一项基于实证的相关性研究报告
翻译教学专业化背景下的双语课程体系建设

点评：这一组论文可以分为三部分，一部分是本硕宏观教学模式与课程设置研究，另一部分是MTI和本科翻译专业教学模式及课程设置研究，第三部分则是从某一理论或口译能力出发思考口译课程问题。

首先，针对不同层级教学开展研究是合理的，但也应该研究翻译教育及课程设置的系统性和连贯性。针对某一能力设置某门课程，如果是实证研究，其成果会对课程体系建设产生积极意义，但如果是"坐井观天"，其结论的普适性会受到质疑。当然，中国的教育在某种程度上还受到行政权力的"干预"或制约，看似科学的并不一定是可操作的，能操作的并不一定完全是科学的。但作为研究人员，作为教育工作者，我们的任务是研究教育的科学性和可持续性，即使是专业硕士，培养的人也不能是"机器"，毕业生首先是大写的人，然后是做事的科学性和职业性。因此，无论怎样实践教学模式，无论怎样设置相关课程，都应符合应用型人才发展规律，并有利于其成长和获得相关职业能力。进入大学学习的人都已经超过18岁，都是成年人。他们的心理特质表明，知识只有理解了才能记得住，知识变成能力的唯一途径是训练。成年人意味着成熟，他们具备必要的学习能力，关键是引导。教学模式和课程设置到现在没有明确的关于自学的内容和具体要求，传统的课后作业是学习（消化），学生如何借助现代化技术手段加强自学？因为内化过程的基础是自省，而学习、思考、消化、记忆、运用、总结、提高过程可以借助课堂，同时也可以借助工作坊（模拟场景、模拟演练等）、网络软件、远程听课、远程指导、实践、观摩、实习等等。这些都应该进入教学研究视野。

表 7.11　口译教学与其他课程的关系相关论文

论基础课与口译教学
浅谈口译教学和大学英语教学的关系
试论英语专业口译课模式与教学策略
英语口译教学的目标与内容选择
论专业型英语口译人才培养模式——兼论非英语专业英语口译教学模式
大学英语选修课程的探索与实践——以口译教学为例

（待续）

（续表）

商务英语专业口译课程教学与考试改革新探
高校公共英语口译教学的现状及对策
非英语专业大学英语口译教学研究
翻译教学专业化背景下的双语课程体系建设

点评：如果将"论基础课与口译教学"变成"论基础阶段口语课与口译教学的关系"似乎更紧密，或者拓展为"论基础阶段的 xxx 课与口译教学的关系"。"浅谈口译教学和大学英语教学的关系"重点在口译教学，作者是想讨论口译教学在英语教学中的地位，还是其他？如果承认英语专业不是翻译专业，那么讨论的主题应该是英语专业口译课程问题，一个专业的建设和一门课程的建设还是有显著差异的。接下来几篇都是非外语专业的口译课研究，能够回应一部分院校教师的关切。

随着中国各个领域的交流不断加强，各专业领域对翻译人才的需求是巨大的，特别是有专业背景的译员会非常受欢迎。这是十分值得研究的课题。实际上，有专业背景的学生主题知识和百科知识在某种程度上对语言能力不足是一种补偿，如果他们没有能力从事外交、政治、文化等领域的翻译，并不意味着他们在相关专业领域也无法工作。笔者曾在某汽车公司培训译员，发现如果让他们翻译非汽车领域的内容十分困难，但是，凡是与汽车制造、汽车新产品开发、汽车销售、汽车保养、部门会议等相关的新闻发布会、讨论会和产品介绍会等内容，经过一段时间的培训，他们基本上都能胜任工作。因此，根据专业或岗位需要"定向"培养有一定基础的学员不失为一种有效的训练模式。如果非外语专业的学生对口译十分感兴趣，经过筛选，将他们培养成特定领域的口译人才完全是可能的。

表 7.12 地方院校或其他专业口译教学模式与课程设置相关论文

口译研究及新疆高级维汉口译人才培养模式的构建
民族高校英语口译课程教学模式探索
地方性口译人才教学模式研究

（待续）

（续表）

广西—东盟博览会高级口译人才培养模式研究
基于沿海经济发展需要的商务口译人才培养模式研究
面向非英语专业学生的口译教学实践研究
关于高等体育院校英语专业口译教学定位的思考
独立学院英语专题口译教学探讨与反思
独立学院英语口译教学存在的问题及对策探讨
论独立学院英语口译教学所面临的瓶颈及应对策略
基于"三位一体"的高职《商务英语口译》课程开发

点评：无论是面向东盟博览会的口译教育，还是地方沿海城市或三、四线城市的高校或高职进行的口译培训，其人才培养目标和口译能力要求与其他院校相比应该没有本质性区别。我个人认为，这类院校遇到的主要问题有两个：一是学生入学时外语水平和能力可能不够理想，二是市场需求不明确引发的"学习动力不强"。

根据地方需求和专业特点有计划地培养口译人才是解决我国口译人才短缺的一个重要途径。实际上，无论语篇难度高低，无论哪种专业，口译基本能力训练是一致的，需要解决的只是针对性问题，目标要明确，课程设置要合理，训练途径和方法要因地制宜，加上内容难度适当，口译技能有针对性（交替传译、联络口译、耳语同传、方言与汉语等等），教学目标还是可以实现的。

表 7.13 专题口译或语对口译教学研究相关论文

"专题口译"课程的专题设置及语料选用
从口译教学四原则论"模拟会议传译"的课程设计
西班牙语本科口译课教学改革初探
日汉口译教学模式探讨

点评：这四篇文章中，前两篇为"专题性"课程讨论，后两篇为相关语对口译研究。

这里需要强调的是，专题口译与其他口译课程的关系要清晰，是突出"特色"，解决某特定专业领域口译遇到的问题，还是实战型课程，如"模拟会议"？如果是模拟，需要考虑的主要因素是如何还原真实会议（待确定）的交际特点、讲话特点，如何作好译前准备，如何设计并引导学生应对"突发事件"等。

特定语对研究有其实际意义，但前提是要承认，无论是英汉、法汉、日汉、韩汉或其他语对，口译的基本能力训练是一致的，没有区别，唯一的不同是汉语与另一语言结合出现在口译中，可能会产生一些特殊的转换问题，需要在口译中或口译训练后加以解决。需要指出的是，语言问题应该在口译训练前通过各种途径解决，基本原则是口译前扫除语言障碍，例如语言学习基础阶段要与后面口译内容有衔接、相关主题的笔译先于口译、主题双语准备、译前讨论等。如果在口译中仍然有语言方面的问题，还可以在口译训练后拿出一定的时间有针对性地解决遇到的问题，帮助学生建立自己的语料库或资料库。从翻译学角度看，任何一对语言之间的翻译是可能的，口译的技能是相同的，语言转换问题永远不能与技能培训相提并论，教学中要严格区分是语言水平不足导致的口译错误还是因口译技能水平差（没有掌握方法）导致出现的翻译错误。

表 7.14 口译调查报告及其他论文

国外专业口译教学的调研报告——兼谈对我国翻译专业办学的启示
对英语专业高年级学生口译能力的调查——兼谈口译教学
学习者视角下的口译专业课程需求调查与分析——以国内 4 所高校翻译本科专业的交替传译课程为例
口译职业化趋势下的西部口译人才培养探究——一项基于川、渝两地口译职业调查的研究报告
对翻译专业本科课程设置的探讨—— 一项针对我国首批翻译专业本科毕业生的调查
日语专业专科生口译课程学习意识的调查研究——以广东外语外贸大学南国商学院为例

（待续）

（续表）

对我国欠发达地区口译课程合理化设置的几点思考——一项基于 4 所高校外语院系的调查与研究
口译职业化带来的口译专业化调查报告
关于大学英语口译教学的调查与思考
英语专业本科生口译教学现况调查与分析
新疆高校维汉翻译理论与实践专业口译课程调查与分析
中国口译教学：现状、问题及对策
其他
拓宽视野，培养能力——上海外国语大学《英语口译》市级精品课建设
倡导业界和学界联手，打造国际水准专业译员（英文）
探讨新世纪的口译教学 迎接全球化的机遇与挑战
加强跨文化传播交流的国际接轨意识——提高口译人员素质迎世博
务实乃翻译教学之本：鲍川运教授专访纪实

点评：除一篇是对国外口译教学的调查，剩下的都是针对不同地区、院校、专业、学生或从不同角度出发完成的调查报告，调查的目的在于探索规律和问题，并进行思考和研究，提出不同类型的学校或专业进行口译教学的适当模式。最后 5 篇（含 1 篇采访）的题目具有很强的"宣传性和政策性"，或称原则性很强的文章，除报道一文外，更像口号，离研究性论文尚有差距。如果是领导讲话还可以接受，作为论文标题建议加以修改。论文，论什么？为什么写？提出的问题是什么？如何回答问题？论文并非介绍性文章，也不是主观臆想的泼墨挥洒，而是要解决或试图回答一个问题。即使是调查报告，最重要的应该是对调查结果的统计和分析，如果能从理论高度对其中有价值的结果进行阐述分析，作者的工作对专业建设是会有帮助的。文献梳理、调查报告、问卷或观察等是研究的基础，重要的是研究人员要对提出的问题进行解释、分析、理论思考、论证，给出有说服力的研究结果或定论。

表 7.15 口译教学法相关论文

技能化口译教学在具体教学环节中的体现——以大学本科口译教学为例
口译教学语料的难度甄别：功能语篇分析视角
注重背诵式语言输入 培养学生英语口译能力
双语记忆表征与口译教学
基于情境建构的口译教学观研究
口译教学中听力本质及训练探究
论口译教学中的语篇理解与翻译技巧
数字口译教学探究
数字训练与多语种口译训练系统
"专注听力"——口译听力培训方法之我见
大学英语教学改革视阈下的口译教学——以过程为中心的教学法探索
本科英语技能化口译教学实践探索
以学生为主体的口译引导式教学法——口译教学中采用不同译文的可行性研究
口译训练法在英语专业听力教学中的应用
释意理论对口译教学的启示
释意理论下的口译教学初探
口译认知特点与汉外口译能力训练
交传工作记忆原理对商务谈判口译教学指导
口译与口译教学探讨
口译课堂教学管理模式初探
以技能训练为中心的口译教学模式探索
口译教学的前期准备和规划
口译训练与实践中的知识积累

（待续）

（续表）

帮助学生实现口译"信"的标准——记忆心理学在口译教学中的应用
以学生为中心的多媒体口译教学探索
同声传译技能训练和运作模式
交传技能训练的五大模块
口译教学中的相关语用链接
英语同传口译课程师生团队译前准备教学训练方法探讨
口译交际的基本特点与口译教学
英语专业学生口译技巧训练研究
试析大学英语口译教学中存在的问题
汉英口译课堂内纠错决策模型
英汉口译听辨：认知心理模式、技能及教学
汉英礼仪祝辞的口译训练
浅谈汉英口译训练在大学英语口语教学中的作用
汉英口译教学：学生驾驭词汇能力的培养
汉译英口译教学中的增补问题
高职高专英语口译教学中的师生关系定位
口译理论与日语口译教学实践初探

点评：深入分析"教学法"论文后不难发现，口译人才培养模式、口译策略意识培养、各类不同学校口译课程设置、交替传译和同声传译中听力笔记与表达训练等、某一学科理论在口译教学中的应用等，均是宏观描述和技术性操作论述较多，虽有实证研究，但仍不系统，与口译教学紧密相关的心理学、认知心理学、教育心理学及翻译本体论研究等尚显不足，对教学模式通常包括的五个因素也没有系统研究。理论依据、教学目标、操作程序、实现条件和教学评价五个因素是教学模式的结构，其间有规律性联系，其特征为指向性、操作性、完整性、稳定性和灵活性。研究教学模式和教学法离不开这些基本要素。

本书第四章已经对职业口译教学法进行了比较全面的论述，包括教学模式、教学方法、教材、常见问题的处理等。同时，我们还给出了国外一些学校的教学大纲和课程设置作为参考，围绕中国不同层次的口译教育进行了深入讨论，提出了初级、中级、高级口译教学目标与内容，并针对应用型人才培养特点提出了"五式"教学法，作者还特别就中译外、语言提高和口译质量评估等问题给出了建议。

截至 2014 年，全国口译大会已经召开十次，参会人员从最早的口译教学经验交流到教材编写讨论、从口译课程到口译人才系统化培养、从口译教学到口译职业化问题、从口译教学到全球化背景下的口译教育，教育观念和理念发生了重大变化，正是在这样的基础上，口译和口译教学研究成果不断出现，口译教学模式不断推陈出新，各高校也都在探索以质量内涵提高为目标的口译教育模式和教学方法。

"教学模式体现教育理念和原则，教学方法服务于教学模式的实现。'意见'[1] 要求创新人才培养模式、探索在教师指导下、学生自主选择专业、自主选择课程等自主学习模式，倡导启发式、探究式、讨论式、参与式教学方法"（刘和平，2013：50）。采用四种模式提倡"自主"学习，这是新时期对高等教育提出的新要求。教学模式和教学法研究者自然也应该对这种"自主"学习给与更多关注和研究，因为自主学习符合成年人心理特点，而且与应用型人才培养需要的强度训练密不可分。

加强师资培训，不仅需要教授没有口译经验的教师如何学习口译，更重要的是让他们学习教育学，了解教学对象的心理特征、学习特征和规律，了解职业口译特征和要求，通过科学合理的教学模式和方法培养口译人才。

另外，口译教学法培训应该尽快扩充到英语以外的其他语种授课教师中，因为中国"一带一路"发展战略需要更多的英语以外的跨文化交际和翻译人才。目前中国的翻译教育现状是，英语有定期教师培训和各类研讨会，但英语以外的教师和研究者只有少数人参加，这与社会需求和教学现实形成对照，尽快改善这种情况已是当务之急。

1　教育部门户网站，2012，教育部全面提高教育质量的若干意见，http://db.hut.cn/show.asp?id=735（2015 年 2 月 15 日读取）。

由于新技术出现了越来越多的电话口译、电视转播口译、网络在线（专业咨询或其他）口译、口译＋语言服务咨询模式、数据解读、双语口语语料库建设等，这给口译教育和教学提出了新的课题，迎接挑战是我们唯一的选择。

第三节　口译教学研究内容与基本方法

仲伟合的《口译研究方法论》（2012）一书包括三个部分：第一部分对中国口译研究的历史和现状、对国外口译研究的历史和现状进行详细介绍和描述；第二部分是"学科理论与方法论"，对口译的学科理论和研究方法进行详细阐述；第三部分则是选题与方法，共有六章，分别是"口译过程研究及方法""口译产品研究及方法""口译质量评估研究及研究方法""口译职业活动研究及研究方法""口译教学研究及研究方法"和"语料库口译研究：口译研究方法的新进展"。结合以上对 CNKI 教学研究论文的分析，参考 Pöchhacker 的《口译研究概论》和仲伟合的《口译研究方法论》，我们在本节重点讨论口译教学研究与基本方法。

Pöchhacker（2010：164-165）提出口译研究主要包括三个方面：一是教学大纲和教学法研究，二是教学理念和内容研究，三是学员选拔和教学测试研究。仲伟合（2012：163-187）在此基础上提出了如下研究内容：口译教学理念与原则研究、口译教学体系和内容研究（大学外语口译教学、外语专业口译教学、翻译专业口译教学、翻译专业＜或方向＞研究生口译教学）、口译教学大纲研究、口译教学模式与方法研究、口译教材研究、口译教学环节研究、口译教学评估和译员能力研究、口译教学研究的特点和方法评述。

以上两本著作已经基本涵盖了口译教学研究的内容与方法，我们不再重复他们已经讨论的问题。现就几个主要理念和关系陈述如下：

在 Holmes 的翻译学框架中，教学研究属于应用理论研究，而理论性研究和应用性研究的区别主要在于研究目标不同、研究对象不同、采用的分析范式不同以及研究方法不同。口译教学研究的目标是观察探索各类不同教学类型（层次）呈现的现象（事实）、特征、规律等，发现问题，研究新的方法和手段，推出新的理念或理论；口译教学研究的对象既有教师也有学生，既有教材也有教学模式和方法，既可以有宏观的模式或体系研究，也可以有微观的（不同层次、不同类型等）个案研究或历史研究；文本或文本类型分析范式、话语互动范式、释意理论范式、认知处理范式、口译语料库分析范式、思维模式分析等范式均可用于应用理论研究；实证法、统计分析法、调查法、观察法、实验法、定量或定性及描述性研究等方法在 CNKI 论文中都有作者使用。

研究方法是哲学术语，指在研究中发现新现象、新事物，或提出新理论、新观点，揭示事物内在规律的工具和手段，一般包括文献调查法、观察法、思辨法、行为研究法、历史研究法、概念分析法、比较研究法等。具体而言，可以有调查法、观察法、实验法、文献研究法、定量分析法、定性分析法、个案研究法、跨学科研究法、功能分析法、模拟研究法、经验总结法、描述性研究法、信息研究方法、数量研究法、数学方法、思维方法、系统科学方法等[1]。就口译教学研究而言，上述提及的研究方法绝大部分都可以选用。

对口译教学而言，口译过程研究和口译质量研究十分重要，因为口译教育培养的对象是人，对译员在双语交际中的（理解、思维、分析、综合、表述等）表现和其能力标准的研究成果对制定教学大纲和课程设置都不可或缺，而口译产品研究和市场需求调查研究又是制定口译标准的基础。释意理论、功能对等理论、目的论、阐释学、交际学、信息学等不仅可以用来研究译员的行为和活动，也可以作为原则标准检测口译训练的质量。过程和产品研究也可以在口译教学研究中进行，如学生学习口译过程中的种种表现、心理和认知特征、测试评估或考试成绩与教学要求对比分析，以及围绕口译能力发展采用跟踪、调查、问卷、访谈等方法，寻找规律、发现问题，并对其进行深入的理论研究，这些成果对改善教学方法、提高口译教学质量都会有不同程度的帮助。口译教育研究离不开教育学、心理学和认知心理学等相关学科。如前所述（参阅本书第四章第一节），教学模式是在一定教学思想或教学理论指导下建立起来的较为稳定的教学活动结构框架和活动程序。作为结构框架，教学模式从宏观上把握教学活动整体及各要素之间的内部关系和功能；作为活动程序，教学模式最

1　百度百科，2015，研究方法，http://baike.baidu.com/link?url=kuasUdTqw2TJcZy7v6VrKzasu 1DNFU35QVbGkKsPKncsMgvjhKvkmSTuYw3_ywOq7sK8EtlW18q-ePPVSilpTK（2015 年 8 月 10 日读取）。

突出之处在于其有序性和可操作性。

在对 CNKI 论文题目的分析中我们注意到，教学模式和方法对很多人而言是没有特别的区别的，有些作者忽视了作为模式应有的结构框架和活动程序，没有把研究对象放到一个整体模式中加以分析，而是孤立地研究某门课程的教学方法，试图推导出一种似乎可以放之四海而皆准的原则，甚至是理论，如视译教学模式、笔记教学模式、数字教学模式等等。可以用视译课程作为例子，是交替传译阶段的带稿口译还是同声传译前的视译？对象是谁？前期训练基础是什么？在笔译课程前是否有快速阅读训练？训练目标是什么？计划用多长时间解决什么问题？如何检测？这门课程与同期或先后的其他口译课程的关系是什么？课程之间的辐射程度如何？教师是否集体备课，有没有分工或侧重？这一系列的问题说明，口译教学研究不能离开教育学等相关学科理论，因为人的认知心理和口译能力发展等都是核心问题。

中国的口译教育与国外相比有其特殊性：

范围大：超过百所高校有翻译专业本科、超过 200 所开设 MTI，且两个数字有进一步增长的可能；

办学机构类型多：综合类高校、外语类院校、高职类学校、中职类院校、各种性质的培训机构；

层次多：外语专业口译课、其他专业口译课、不同语种外语专业口译课、本科层次口译课、硕士专业口译课、硕士研究方向口译课、各类选修课等；

学生入学质量参差不齐：高中层次、大学高考层次、本科毕业层次、硕士毕业层次、在职在岗层次等；

教师队伍质量不一：虽然全国翻译硕士专业教学指导委员会和相关机构对任教师资有明确要求，但现实很为残酷，真正接受过口译职业教育和教育学培训的人数有限。这对口译教学质量是非常大的挑战，也是《口译训练指南》等指导性教科书无法替代大量且不断重复的口译教材的重要原因之一。在教学法中，教师、学生、教材、教学方法是一个整体，教师的任务是根据学生需求和水平制定与之相符的教学计划和课程安排，并采用科学合理的教学手段与途径，争取实现教学目标。但如果教师完全依赖于教材，没有教材便无法授课，这说明教师本身的质量需要提高。

口译职业化程度仍不高：学生无论在哪一类学校学习口译，都不意味着毕业后会从事相关工作。对部分学校而言，根据学生的学习动机和区域需求调整教学大纲和课程也成为研究课题之一。谈及口译职业化，不得不提的是，口译在社会上的认可度还不到位，除了对外交部翻译室几位精英的"崇拜"，社会对这个职业还没有给予充分的认可，其社会地位有待提高。

教学层次和教师队伍多元化问题的研究亟待加强。

教学层次多元化指以特定市场需求定位，如不同类型的展会译员、不同区域的联络（社区）译员、特定领域的谈判译员、不同领域的专业译员等等，职业化＋专业化应该成为研究的重要课题之一，这是因为，随着科技的发展和信息的爆炸，没有任何一个职业译员能够从事各种不同领域的翻译工作，即使能做，在某些领域也不可能达到完美。

教师队伍的多元化指除了学校老师外，企业、相关机构、职业译员等都应该不同程度地参与教学大纲的设计、授课、学生指导以及质量评价或评估等教学工作。政、产、学、研如何结合？各自的作用是什么？如何协调等问题也应进入研究视野。

关于实证性研究与描述性研究，Lederer（2010：11-18）在《论翻译学研究方法》一文中明确指出："没有放之四海而皆准的方法。任何一种方法都不能广泛应用于所有领域。因此，要根据研究内容采用适当的研究方法。"实证研究的两个分支是实验和观察，但无论是哪一个分支，都不是新的发明或发现。"对于'人文'派研究人员而言，'理论'研究在于研究其想法，表达其思考，目的性很强，即把翻译研究中对某一观点的观察思考广泛传播。"在翻译研究中，"我们并不排除在一些具体问题及具体情况上采用实证方法。但这并不意味着研究结果同自然科学一样是可信的。应该说，科学并非一种。"我个人认为，实证研究能够帮助解决具体问题的论证，例如大数据的统计结果可以帮助我们认识某种事实，无数实证研究成果相加，可能会对理论研究有帮助，但无法从根本上解决理论层面的问题。人的认知结构是十分复杂的，无论是语言认知还是其他认知能力都离不开神经学。口译教学研究的复杂性同口译研究类似，因为其核心是人。凡涉及人的研究都会遇到不变因素和可变因素及其带来的不稳定问题，只能是在某种特定环境下、特定人、特定条件下产生带有条件性的结论。更何况口译和口译教学研究还会有录音、转写等繁杂的工作需要耗费大量的时间和精力。总体而言，定量和定性研究必须兼而有之，实证性和描述性研究都有其作用，研究者应该根据自己的研究课题，选择恰当的研究方法，而不是一味追求方法上的"时髦"。

第四节　口译与口译教学研究论文选析

这部分选择本人发表的口译与教学研究代表性论文共 7 篇。选择本人的论文不仅可以避开版权问题，更重要的是想借此机会向读者说明本人的研究轨迹，勾勒出口译实践与口译教学的关系、口译研究与教学研究的关系，或称口译理论与口译教学实践的关系等。所选论文中有些是针对口译和笔译的，也有的是针对本科和研究生教育的。总结多年的研究，我认为以下几条原则必须坚持：

(1) 坚持研究方向，不断拓展研究视角

本人 1996 年在法国巴黎完成博士论文答辩，论文题目是《中国外语类院校法汉—汉法口译教学研究》。读博期间，在《国际关系学院学报》发表《论口译教学》（1994 年第 3 期）、在《中国翻译》与鲍刚共同发表《技能化口译教学法原则》（1994 年第 4 期）、在《北京第二外国学院学报》发表《口译课程教学纲要》（1996 年第 5 期）。

1996 年回国后应邀参加"全国首届翻译理论与教学研讨会"并作主旨发言，题目是《翻译的动态研究与口译训练》[1]。该文在《中国翻译》发表（1999年第 4 期），其主要内容是：翻译描述和对比研究取得了很大成果，翻译行为结果研究——静态研究也不断深入，这为翻译批评的展开和语言教学奠定了良好的基础。然而，翻译具有两重意义，一是静态意义，指翻译结果，二是动态意义，指翻译过程。翻译研究应该加强对翻译过程的动态研究，对产品的静态研究有利于翻译标准的制定，而翻译过程研究对翻译教学至关重要。

---

1 《翻译的动态研究与口译训练》一文被收入商务印书馆于 2002 年出版的论文集《面向 21世纪的译学研究》，该书由张柏然、许钧主编。

1998 年应邀参加"全国第二届翻译理论与教学研讨会"，发言题目是《再论教学翻译与翻译教学——从希拉克信函的翻译谈起》[1]。该文经过修改在《中国翻译》发表（2000 年第 4 期）。其主要内容是：从对希拉克信函翻译的分析入手，阐述语言翻译同职业翻译的差别，说明不同层次的翻译不仅有不同的功能和作用，而且思维模式存在差异。语言翻译停留在语言涵义的对应层次，语言教学旨在培养语言能力。职业翻译寻求语篇意义的对等。翻译教学是借助语言能力训练翻译技能。语言翻译只要求语言能力，职业翻译除语言能力外，还需要相应的认知知识和思维综合能力。语言教学不是翻译教学，不能替代翻译教学。

在后来的几年中，从口译的动态研究到对口译教学大纲等的思考，包括科技口译和新形势下的口译新形式及译员角色，本人的主要思考一直围绕口译教学和口译的跨文化问题。这期间主要发表论文如下（按时间顺序）：《职业口译程序与翻译教学》《口译理论与教学研究现状与展望》《口译与翻译学》《科技口译质量评估标准》《关于制定口译统一教学大纲的理论思考》《思维科学与口译程序》《口译的技能意识与口译教学》《职业口译新形式与口译教学》《译员在跨文化交流中的新角色：从一家合资企业股份回购谈起》与《翻译教学方法论思考》。

2001 年出版专著《口译技巧——思维科学与口译推理教学法》，2005 年出版专著《口译理论与研究》。根据徐子韵（见本书第五章第三节）关于口译专著和论文影响力研究，这两本书的影响力（引用率）在全国口译研究类别中分别排在第二和第五位。随着中国口译与教学研究的深入，本人的思考也从宏观开始进入专题研究。2005 年和 2015 年先后两次发表有关口译理论与研究成果与趋势的研究（第二篇与我的博士生完成），间隔 10 年，主要目的是通过梳理了解国内口译研究现状和问题，思考应该在哪些方面深入研究。其他论文的选题主要围绕口译研究与口译教学的关系（《谈口译研究与专业口译培训》）、市

---

1 中国驻南斯拉夫大使馆被炸后，不少国家首脑致电中国领导，其中法国时任总统希拉克致函，表示对中国政府和中国人民的同情与慰问。此信由法国驻华使馆人员翻译成中文。在翻译课上，教师与学生就信函翻译的诸多问题进行热烈讨论，感觉译文非常生涩，译腔十足，且整个语篇口吻略显生硬。围绕这封信函的翻译，大家认真讨论了语言翻译与语篇翻译的差异及翻译方法。

场需求与口译教学的关系（《口译培训的定位与专业建设》）、教学模式（《翻译教学模式：理论与应用》）和课程体系建设（《再谈翻译教学体系的构建》与《论本科翻译教学的原则与方法》）、翻译能力研究（《翻译能力阶段性发展特征与教学法研究》）及关于法国释意理论的专著和论文[1]。以下是 2005 年至 2015 年10 年间本人发表的主要论文：

1. 口译理论研究成果与趋势浅析，《中国翻译》，2005（4）；

2. 法国释意理论：质疑与探讨，《中国翻译》，2006（4）；

3. 译前准备与口译质量——从口译实验课谈起，《语文学刊》，2007（7）；

4. 口译培训的定位与专业建设，《广东外语外贸大学学报》，2007（3）；

5. Pour un enseignement professionnel de l'interprétation à différents niveaux – le cas de la Chine（不同层次的职业化口译教学——中国特色），*Forum*，2007（6）；

6. 谈口译研究与专业口译培训，《中国翻译》，2007（1）；

7. 论口译教学与语言教学的差异及口译教学的系统化，《语文学刊》，2008（1）；

8. 中译外：悖论、现实与对策，《外语与外语教学》，2008（10）；

9. 口译认知与口译训练，第 18 届国际翻译大会论文集，外文出版社，2008；

10. 再谈翻译教学体系的构建，《中国翻译》，2008（3）；

11. 《法语口译教程》，学生和教师用书各一册，上海外语教育出版社，2009；

12. 论本科翻译教学的原则与方法，《中国翻译》，2009（6）；

13. 翻译能力阶段性发展特征与教学法研究，《中国翻译》，2011（1）；

14. 探究全球化时代的口译教育模式（与许明合作），《中国翻译》，2012（5）；

1　在《中国翻译》发表的论文主要是为了悼念 Seleskovitch 教授；编写论文集是为了回答很多学者和研究生提出的问题，因为释意理论受到越来越多研究者的关注，其中也不乏批评之声。本人作为巴黎高等翻译学校的博士毕业生，对该派理论有比较深入的了解，因此有必要将相关论文整理出书，为研究者提供方便。

15. 翻译教学模式：理论与应用，《中国翻译》，2013（2）；

16. 政产学研：语言服务人才培养新模式探究，《中国翻译》，2014（5）；

17. 2004-2013 中国口译研究的发展与走向，《上海翻译》，2015（1）；

18. 翻译思辨能力发展特征研究——以 MTI 翻译理论与实务课程为例，《中国翻译》，2015（4）。

从以上 18 篇论文题目可以看出，博士论文撰写前后选定的研究主题一直没有发生变化，而且研究在不断深入。实际上，博士论文的选题源于早期的口译教学实践，遇到问题后很困惑，想通过撰写博士论文读书思考，找到解决问题的途径和办法。我经常跟博士研究生说，博士论文只是研究的开始，不是结束。但我国近些年毕业的一些博士生状况令人非常惋惜。穆雷、邹兵（2014：14-19）发表的论文中对国内近 700 篇博士论文的考察分析后指出："从总数上看，还有 226 名博士（占 36.2%）从未发表过与其博士论文相关的文章，有 81 名博士（占 13%）从未发表过翻译研究方面的文章，而且这些博士所从事的大部分仍然是翻译学、语言文学以及比较文学等语言文学类专业。"

另外，在搜索论文中还发现另一现象，即不少人研究方向过于多元化，东边一斧头，西边一榔头，主攻方向不明。正如前面所言，除翻译学本体研究外，语言学大类和文学特别是比较文学与翻译息息相关，跨文化研究、心理学、认知心理学、信息学、教育学、现代技术应用等与翻译密不可分。应该把翻译放在核心位置，从不同学科角度进行跨学科研究，比如神经学和认知心理学专家，翻译研究者应该寻求与他们的积极合作，比如意大利的特里雅斯特大学研究团队共同就翻译学感兴趣的问题进行研究。中国口译研究缺乏的恰恰是不同专业背景专家的合作。

从伦理角度看，另一种现象必须避免：一文多发。职称评审、申请项目、评优评奖等，这些与研究没有直接关系，不能因此影响自己的研究方向，更不能为求数量将一文"解剖"，重复发表。作为一个研究者，这应该是道德底线。

（2）处理好口译研究与口译教学实践的关系

笔者本人十几年来一直从事口笔译实践，翻译过文学作品，也为外国企业翻译了大量的科技资料。无论是一般会议的交替传译，还是谈判口译，总数不低于 100 场次；先后为北京奥运会、上海世博会及联合国相关机构组织的有关城市发展和人口问题大会等做过同声传译。这些翻译实践为教学提供了宝贵的素材和经验。我在读博前已开始教授口译，但一直有疑问，不知道如何在几年时间内用何种方法才能培养出合格的口译人才，带着这样的疑问进入巴黎高等翻译学校开始攻读硕士和博士学位。当时遇到的最大的理论问题有两个：1) 按照释意理论，学生在没有娴熟掌握工作语言情况下不能学习翻译，更不能学习口译；2) 国际惯例只能教授 B 或 C-A 翻译，反对从母语译成外语。这让我很纠结，因为在我的题目中既有法译中也有中译法。如何定义中国学生母语和外语水平、如何解决口译教学与语言能力提高成为关键。带着这样的问题，经过多年的研究，以上两个理论问题都找到了答案，因此顺利通过了博士论文答辩。但研究没有结束，因为理论上解决的问题不一定在实践中行得通。从《论口译教学与语言教学的差异及口译教学的系统化》到《译前准备与口译质量——从口译实验课谈起》，再到《中译外：悖论、现实与对策》和《口译认知与口译训练》，随着学生来源和专业方向的变化（从外语专业到翻译专业），语言与认知的关系、中译外等问题逐渐形成，教学中发现的问题和遇到的困难成为研究的动力和方向，借助多年的翻译实践和研究最终提出了《翻译能力阶段性发展特征与教学法研究》一文中的问题，试图解决学生能力发展和教学目标的关系、解决教学中诸多实际操作问题，而《法汉口译教程》的出炉又是教学实践和教学法研究的成果。

口译研究成果不仅对口译教学有影响，对口译实践也有促进作用，正如王斌华和穆雷所言，"1) 口译研究在提升口译活动以及译员的社会地位方面起到了明显的作用。译员不再被简单地看作是语言转换的'机器'，而是和其他行业人士一样从事复杂脑力劳动的职业人员。在这方面，以 Seleskovitch 为首的'巴黎高翻'的口译研究者起了不可忽视的作用。2) 口译研究激发了对口译活动的持久思考与探索，并催生了如今在口译教学和实践中起指导作用的一些原则（如巴黎高翻的'脱离原语外壳'原则、Gile 的'认知负荷'原则等）。这些思索还可能催生新的理论，并成为以后研究中实证检验的对象。3) 口译研究促进了口译实践者对其实践进行系统的考察和反思，在一定程度上形成研究与实践的良性互动。4) 虽然口译研究尚不能宣称已取得了'革命性的'重大发现，但对口译以下诸方面的探索都有了一些'相对客观的、以科学数据为基础的'研究文献。如关于口译质量已有文献证明，用户对口译质量的期望存在差异、口译质量评估应考虑诸多变量。关于口译表现已有文献证明，译员在不同条件下口译同一原语语段时，口译表现会有所不同。关于译员的'工作记忆'已有文献证明，译员的工作记忆容量与非译员的不同；关于口译中使用的"语言策略"已有文献证明，不同的语言组合，使用的语言策略有所不同；等等"（王斌华、穆雷，2008：86-87）。

（3）研究方法要与研究内容相吻合

如前所讲，口译教学研究属于应用理论研究。总体讲，实证研究和描述性研究都有必要。论文《译前准备与口译质量——从口译实验课谈起》试图通过实验证明学生译员的译前准备对口译质量有明显影响，或者说，用数据证明认知知识与语言知识的关系。论文《2004-2013中国口译研究的发展与走向》意在借助数据分析了解口译研究动态、研究主题和方法，从而思考下一步研究的方向。论文《翻译思辨能力发展特征研究——以MTI翻译理论与实务课程为例》既采用了实验方法，也采用了观察法、调查法和访谈法，用数据证明思辨能力发展特征，证明理论类或知识类课程同样可以训练学生的思辨能力。该研究经过对五轮课程的观察，对最初的实验结果进行了反复验证，论文给出的结论基本能够反映学生学习和教学现状。2002年前后，国内不少教师认为，学校性质不同、教学对象不同、教学时数和要求等也不同，因此应该制定完全不同的教学大纲。为此，我撰写并发表了《关于制定口译统一教学大纲的理论思考》一文，试图解答大家的疑问，从理论高度阐述制定口译统一教学大纲的可能性和必要性。而《翻译能力发展的阶段特征性及其教学法研究》正是对多年口译教学的思考。我在教学实践中先后遇到了很多问题或困难，例如交替传译笔记课给学生和老师制造了不少麻烦：不做笔记时可以基本完整并清晰表述听到的信息，一旦使用笔记，学生变得既不会听也不会记笔记了；开始教授笔记的方法也很失败：用几次时间系统介绍笔记记录方法，告诉学生为什么记笔记，如何记笔记等，但到头来学生看不懂自己的笔记，更无法进行表达；课堂上把握不了该何时讲解、如何讲解，学生口译中有时也经常插嘴、点拨或提醒，该重点讲解如何聆听信息时又不自觉地插入大量针对表述问题的讲评，甚至还放下口译训练，对表述中出现的语言问题纠缠不休；开始觉得，上课使用录音或录像会更真实，但真实材料的难度大大阻碍了学生的理解，又很难找到合适的材料，结果是口译课完全变成了语言进修课；还比如，开始不十分重视主题知识与语言知识的关系，觉得把重要的单词给学生就可以解决理解或表达问题，没有要求学生作充分的译前准备，结果不言而喻。针对教学实践中出现的这些问题需要认真思考，研读相关理论著作，也需要根据理论著作提供的原则或方法进行反复实验，努力寻找科学合理的教学方法。这期间，对学生的观察、访谈、问卷调查、成绩的分析以及到兄弟院校取经和参加研讨会等都会有助于思考，从而发现问题并为寻找解决问题的办法开拓新思路。

另一篇论文《政产学研：语言服务人才培养新模式探究》于 2014 年在《中国翻译》发表。论文撰写的背景是：开设翻译专业的高等学校数量在不断增长，但培养目标和课程设置与原来的外语教育始终没有本质区别，毕业生离开学校后真正从事翻译专业的人数不多，导致的结果是，这个新专业在社会上失去其影响力的可能隐约出现。另外，一份研究生毕业论文调查报告表明，在很多开设翻译专业的学校中，90% 的学生没有机会参与真正意义的翻译实习。与此同时，语言服务行业对翻译专业本科和 MTI 毕业生批评有加，对高校的责怪声不绝于耳。象牙塔"闭门造车"培养不出社会需要的人才，用人单位对翻译教育了解甚少。中国译协作为行业管理部门，又该做些什么？国外已经非常重视校企联合办学，我们如何借鉴国外的经验？哪些经验可以借用？如何培养社会需要的语言服务人才？论文强调，翻译教育应该真正体现以学生为中心，用人单位应该积极参与高校教学大纲的制定并承担一部分课程，高校教师应对翻译课程和教学方法进行改革，译协在校企之间搭建桥梁，全方位办学，一条龙式办学，逐渐解决办学目标和办学模式问题，这样才能培养社会需要的语言服务人才。

为保持一致性，下面选用的六篇论文删除了英文摘要和关键词，原则上保留刊物发表时论文的格式和内容。

一、口译理论研究成果与趋势浅析 [1]

论文摘要：中国的口译研究自上世纪末有了很大发展，涉及的领域逐渐扩大，研究方法逐渐走向科学化，口译理论研究与教学关系更加紧密。如何从跨学科角度脚踏实地加强实证和认知研究，如何引导口译向职业化方向发展，如何根据中外文特点进行口译教学，这是口译界面临的新课题。

关键词：口译研究；趋势；口译教学

20 世纪 60 年代以来，国际上从对口译的现象到对人的认知结构的研究、从口译职业培训到质量评估都取得了一定的成果，对口译的研究正朝着跨学科和更科学化的方向发展。相对而言，中国的口译研究起步较晚，应该是 90 年代后期才真正开始，在此之前，该领域研究的一直远远落后于笔译研究，1996 年前发表的涉及口译的论文不足 50 篇，且绝大多数都是谈口译经验，真正的口译研究成果寥寥无几。近几年无论是国际上还是中国，口译研究发展迅速，呈现出一些令人欣喜的趋势。

1. 国内外口译研究成果数字比较

Gile 自 1989 年开始主编国际口译研究信息网公报 *CIRIN Bulletin*，后将其公布在因特网上，目的是让全球对口译研究感兴趣的人员能通过现代化的手段了解最新研究动态，为他们提供交流的平台。该通讯每年两期，6 月和 12 月发行。下面的统计只涉及 2000 年至 2003 年的 8 期通讯，即第 20、21、22、23、24、25、26、27 期，因为这几年是口译研究迅速发展和成果丰硕时期，参与人员的范围从最早的几个国家扩展到几十个国家，涵盖的语种也从初期的英语和法语为主发展到现在的十几个语种。西方研究人员主要来自法国、英国、德国、瑞士、比利时、西班牙、意大利、瑞典、苏联、美国等，东欧若干国家也有成果问世；亚洲以中国（包括港澳台地区）、日本和韩国为主。根据不完全统计，8 期《公报》上刊登的论文具体情况如下：

---

1 该文于 2005 年发表在《中国翻译》第 4 期。

表 7.16 8 期《公报》刊登论文数目

时间	已发表论文	博士论文	硕士论文	论文集或专著
1995-2000	82	8	124	45
2001	155	4	23	21
2002	116	3	28	18
2003	189	3	24	10
总计	542	18	199	94

（注释：以上统计不包括学报上发表的论文，但包括部分中国作者发表的论文、论文集或专著）。

据不完全统计，2000-2004 期间《中国翻译》《中国科技翻译》和《上海科技翻译》共发表涉及口译的论文 58 篇，具体情况如下：

表 7.17 2000-2004 期间三本翻译期刊中口译相关论文篇目

时间	《中国翻译》	《中国科技翻译》	《上海科技翻译》
2000-2004	23	21	14

截止到 2004 年上半年，国内共发表约 20 部口译研究方面的论著，含 7 本译著（其中 5 本为法国释意理论创始人 Seleskovitch 和 Lederer 所著，另外 2 本为瑞士学者所著，这也客观地表明了法国释意派口译理论的地位。2000 年后国内学者所著的口译理论专著主要包括：鲍刚的遗作《口译理论概述》、杨承淑所作的《口译教学研究》、笔者所作的《口译技巧—思维科学与口译推理教学法》、蔡小红主编的《口译研究新探—新方法、新观念、新趋势》、黎难秋的《中国口译史》、刘宓庆的《口笔译理论研究》等。虽然中国对口译理论和教学的研究相对滞后，但如先前所讲，在作者统计的全球发表的约 94 部专著或论文集中，中国学者仍然作出了自己的贡献。除了口译专著，中国还出版了各语种口译教材或口译手册 100 多册，有的版本甚至已经出到第五个版本。如此多的口译教材问世反映了中国口译市场的活跃和需求的增长。当然，口译教材的撰写原则、内容和方法还有待深入研究，如果口译教材与笔译雷同，或始终停留在语言训练层面上，即使谈及口译技能，也只是皮毛，离口译职业化要求差距甚大。

2. 口译研究在中国

自 1996 年 9 月至今，在我国先后组织召开了五次口译理论与教学研讨会，厦门大学组织召开了"全国首届口译理论与教学研讨会"。与会代表集中讨论了口译教学的特点和规律，并就口译教学等具体问题进行了初步讨论。但由于与会者人数不多，规模相对较小，但应该是非常有意义的尝试，而且为后来口译研究的发展奠定了基础。

根据国内翻译市场形势的变化和要求，广东外语外贸大学于 1998 年 10 月组织了"全国第二届口译理论与教学研讨会"，会议内容较前丰富，形式新颖，个人研究与小组研究并重，理论研究与教学研究紧密结合，翻译系的学生还为与会者表演了专题辩论即席口译，受到广泛好评。口译理论和教学研究的结合成为突出特点。不少代表提出，应该建立专门的口译教学委员会，以指导全国的口译理论和教学研究。

随后，除北京外国语大学、广东外语外贸大学和厦门大学设立了专门的翻译（学院）系外，各高校均开设了翻译课，全国英语教学指导委员会还规定，口译课由原来的选修课变为必修课，培养翻译基本技能的任务摆在各高校面前。正是在这样的形势下，"全国第三届口译理论与教学研讨会"如期于 2000 年 10 月 24 日至 26 日在古都西安召开。来自 22 所高校的口译课教师汇聚一堂，回顾过去，展望未来，就大家关心的翻译学与口译研究、教材编写等进行了热烈的讨论。如果说，在 1996 年前很多人仍然认为语言教学和翻译教学几乎没有差别的话，到了 2000 年第三届口译理论与教学研讨会上，与会者几乎一致认识到，口译教学无论在教学目标、教学原则，还是从教学手段和方法上都有别于语言教学，这也是口译自身规律所决定的。翻译作为教学手段可以为语言教学服务，但语言教学不能替代翻译教学，因为心理语言学告诉我们，人在学习语言和进行翻译时的心理机制是不同的，语言信号进入大脑后启动的认知知识也存在差异，学好语言不等于能够进行翻译，而翻译要求掌握工作使用的语言。换句话说，语言能力是学习翻译的基本条件，但不是唯一条件。论争多年的焦点问题初步达成共识后，与会者对编纂以技能为主线、能够指导各语种口译教学的纲要表现出极大的热情。厦门大学推出的新口译教材和录音带正是为了满足广大口译教师的这一需要。与会者提出，应该在今后的研讨会上就大纲的使用情况进行深入研讨，分析利弊，用科学的方法和手段从理论和实践上论证其可行性，从而推动我国口译教学不断向前发展。

两年后，即 2002 年 5 月 25 日至 27 日在北京外国语大学召开了"国际口译教学暨第四届全国口译理论与教学研讨会"，从跨学科角度探讨口译程序与教学成为此次会议的主题。与会者递交的论文内容更加丰富广泛，跨学科特点更加突出，研究手段趋于科学化，研究人员年轻化和团队化，中国学者开始同国际知名专家展开对话。研讨会上，来自国外的 Gile、Setton 等教授作了专题发言，国内数名专家也介绍了近期的研究成果。会议期间，厦门大学、广东外语外贸大学、上海外国语大学等还就口译培训和资格考试等问题举行了专题讨论，为大会锦上添花，为口译教学研究拓宽了视野。

2004 年 11 月 6 日至 7 日在上海召开了第五届全国口译实践、教学研究会议。此次大会的主题"口译专业化：国际经验和中国的发展"充分反映出中国口译理论与教学研究关注的焦点问题。国际会议口译员协会（AIIC）主席、欧洲委员会口译总司、日内瓦大学和巴黎高等翻译学校口译系主任等 150 多名国内外专家学者和研究人员应邀出席了研讨会。会议主要围绕口译职业化教学、资格考试、质量评估、同声传译等展开讨论，一半以上的与会者在主会场或分会场发言，参与人数之多空前未有。应该特别指出的是，这次研讨会是在同年 2 月份上海外国语大学被批准从次年起可独立招收翻译学硕士和博士研究生后召开的，这是我国内地高等院校在外国语言文学专业下建立的第一个独立的翻译学学位点（二级学科），标志着我国内地高等院校在翻译学学科和学位点建设方面进入了一个新阶段。

另外，为推动口译教学研究的发展，《中国翻译》编辑部与美国蒙特雷国际研究学院高级翻译学院于 2004 年 7 月 20 日至 8 月 2 日联合主办了"2004 暑期全国英语口笔译翻译教学高级研讨班"，就口笔译教学基本理论、口笔译理论与实践、口笔译课程的定位和教学目标、课程设置、教材的选择、笔译基本技巧、模型、交替传译、同声传译及视译的基本技巧和教学、口译的测试和评估及口译教学实践等进行培训。参加口译教学法培训的教师和翻译人员（以英语为主）近 120 人。可以相信，这类培训将为口译研究和教学的发展起到十分积极的作用。

3. 口译研究涉及的主要领域

我们组织北京语言大学 2003 级翻译方向研究生对 Gile 教授收集的部分已正式发表在各类刊物上的论文题目共 206 篇进行了分类整理，主题可归纳为十个大类。

表 7.18 Gile 教授收集的部分刊载论文主题分类及数目

主题	数量
翻译理论与实践研究	23
口译程序	29
口译量化分析和质量评估	34
口译错误或问题分析，练习方法	36
各种形式的翻译	5
杂志、书籍、出版物介绍	4
术语研究	7
各国 / 阶段翻译史	10
专业翻译	21
口译教学和培训	37
总计	206

以上研究内容包括中国学者发表在国内《中国翻译》等主要翻译类刊物上的论文。我们可以从中得到至少三点启示：一是口译研究的范围比前些年更广泛，例如口译宏观理论研究、量化分析、术语研究、专业翻译等；二是数量有了大幅度增加，主题的广泛和数量的增加说明参加口译理论研究的人员数量在逐年上升；最后一个特点是，同前些年相比，论文的深度和质量也有了提高。

在口译领域影响比较大的有 Anderson 的从思维到话语全程的三段式认知程序模式、Gerver 和 Lambert 提出的全过程口译信息处理模式、Gile 的同声传译多任务处理模式（精力分配模式）（见《口笔译训练的基本概念与模式》*Basic Concepts and Models for Interpreter and Translator Training*），而 Setton 的模式是"基于当代有关言语感知、言语识别和言语活动之间关系的理论"（肖晓燕，2002：71）。另外，Lambert 和 Dillinger 也提出过部分过程模式，Daro、Fabbro、Paradis 等还从神经语言学的角度对口译过程进行了探讨。在口译研究第三阶段占主导地位的应是以巴黎高等翻译学校和 Selekovitch 教授为代表的释意派理论。

除对口译的跨学科研究外，对口译质量的评估成为学者们近些年关心的另一重大问题。"世界权威性翻译学术期刊 *Meta* 2001 年 46 集第 2 期以翻译质量评估为专题，全刊收录了 17 篇论文，除第一篇介绍性文章外，论文主题几乎覆盖到评估的各个方面：口笔译职业评估、教学评估、研究评估、历史学家的评估、评估参数、社会评估、文献翻译评估、评估的方法、评估的效度、评估的理论依据、语篇理论与评估的性能、口译雇佣者的评估、术语研究的教学评估、效果评估等。论文的撰稿者大都是当今西方译界著名的专家学者。2001年 4 月 19 日到 21 日在西班牙召开了题为'国际会议口译质量'的国际研讨会……研讨会上 50 多人宣读了论文，令人瞩目的是，除了关于国际会议口译质量的标准、交替口译与同声传译的标准、教学质量标准、评估原则、评估方法等常规性主题外，不少研究项目还从多个视角探讨口译的质量与评估问题，包括心理语言学角度、术语学角度、语言学角度、质量管理学角度、符号—价值哲学的角度、交际学角度、语篇类型学角度、医学中心理疗法的角度等。另外，此次大会提交的论文中相当部分是实证研究的成果。由此形成了跨学科或多学科交叉、多种形式的活跃的研究局面。"（蔡小红、曾洁仪，2004：49-54）。

应该说，中国真正意义上的口译理论研究经历了三个阶段：1996 年前以经验论为主线转入初级研究阶段，就口译和口译教学中的问题开始进行思考；第二阶段的研究主要是从静态转入动态研究，对口译过程进行描述，1996 年、1998 年和 2000 年第一、二、三届口译理论与教学研讨会论文可以充分说明这一点；随着国外研究成果的介绍和其他领域学者的加入，跨学科和实证研究逐渐替代对口译的一般性描述，2002 年的第四届研讨会论文介绍的基本上是跨学科和实证研究成果；随着中国口译市场的发展，口译职业化和职业口译人员的培训受到越来越多的关注，因此第五届口译理论研讨会的主题集中在口译职业化问题上。实际上，后两个时期的研究主要围绕口译思维过程和认知研究、口译能力研究（主要是口译模式的探讨和应用）、口译质量评估、口译方法论等展开，目标是推动口译研究科学化和口译培训职业化。

我国近些年的口译研究有四个突出特点：一是研究人员年轻化，翻译方向研究生的增加使不少对口译感兴趣的年轻人迅速加入到研究队伍中，他们的到来给口译研究带来了生机；二是翻译、研究和教学人员的三方结合，由于部分高校本身拥有强大的研究机构，例如语言学、心理语言学、认知科学、神经心理学等，这为从事口译研究的人员提供了良好的合作机会；三是跨学科研究，一些从事文学比较和功能或篇章语言学或认知科学研究人员的加盟为口译研究向跨学科和科学化发展提供了可能；四是跨国研究人员合作，无论是中国研究成果的对外介绍，还是国外研究成果在国内的宣传和实验，都为进一步加强对口译的宏观理论研究铺垫了道路。

4. 待回答的若干问题

现代认知心理学有两个重要的核心概念，一是"信息"，它是事物的属性、事物之间内在联系和含义的表征。另一个重要的概念就是"信息加工系统"。信息加工系统指能够接收、存贮、处理和传递信息的系统。人的信息加工系统主要由四部分组成，即感受器、效应器、加工器和记忆装置。对口译过程的研究实际上就是运用信息论以及计算机的类比、模拟、验证等方法来研究信息是如何获取、存贮、交换、提取和使用的。到目前为止，对职业口译的研究取得了一些成果，但也由于种种客观原因，很难进行大规模实地考察和实验。在目前情况下，如果能借助神经学研究成果，从不同角度对口译程序进行科学的实证研究，对不同水平（层次）的口译培训进行研究，也能帮助我们进一步认识口译程序。

1）对"理解、脱离原语语言外壳、重新表达"模式的思考

巴黎释意派理论在论述口译程序时强调，对原语理解后存在"脱离原语语言外壳"这样一个"概念化"过程，而重新表达恰恰建立在这个脱离了语言形式的"意义"基础上。该模式对翻译教学具有十分积极的作用。但如何从理论上加以阐述？脱离原语语言形式后，信息意义依靠何种形式存储在大脑中？载体是语言的还是其他某种形式的？叙述类讲话多少可以依靠顺时和形象记忆，而论述类讲话的记忆模式是什么？通常讲的"关键词"记忆属于语言形式还是变成了一种特殊的信息"感应器"？近期笔者在同法国认知心理学专家Jean Vivier 的一次讨论中了解，他认为"关键词"是大脑对信息的形象反应。脱离原语语言外壳并不意味着信息意义载体完全变成非语言的，而是指对语言信息加工处理后大脑记忆的不再是原来的语言形式，而是原语语言形式承载的意义，这种意义载体可以是语言的，例如关键词，也可以是某种符号或形象。例如，一段讲话的开头部分是对会议组织者和相关部门所做的工作表示感谢，"感谢"二字在表述的时候可以唤起记忆；随后是对国内经济形势的介绍，可以用"中经形"表示，依此类推。如果是叙述类讲话，形象记忆则可以帮助译者回忆起讲话的内容，如"物体形状、行走路线、表情、手势"等。由此可以看出，讲"脱离原语语言外壳"是指脱离原语表达信息的某种特殊语言形式，该形式承载的信息可以通过某种语言或非语言符号（有待进一步论证）记忆在大脑中，然后使用另一语言把记忆在大脑中的信息表达出来。这种载体有可能与原语的某种语言形式相吻合，也有可能是译入语语言表现形式，当然也有可能是语言学讲的"所指对象"（referent）或"指别成分"（deixis）等，这一点已得到职业口译实践的证明。

2）对同声传译"精力分配模式"的思考

"精力分配模式"建立在行为主义理论基础上，而且认知心理学中对双重任务的解释很难用在同声传译上，唯一可以借鉴的是用双重任务方法将口译任务分为主次。但在用这种主次任务方法对职业口译程序的观察后又出现了明显的问题：一是两项任务不可能完全独立；二是很难将两项任务分为主次；三是听和记忆信息与用另一语言重新表达意义之间并没有干扰。因此，J. Vivier 和 C. Durieux 两位学者建议使用"译员特殊注意力运作模式"解释在同一时间内复杂的多种活动的认知程序（待发表）。他们还对译员的记忆与口译、参照条件与控制、口译与多种模式等问题进行了初步的实证和理论研究。

以上两个问题可以通过对（初级、中级和高级）等不同层次的口译实践进行观察，并采取问卷方式调查，并对跟踪调查结果进行统计和分析，从而得出进一步的结果，帮助我们更好地认识和了解不同层次口译的程序和思维特点。

3) 对语言知识与认知知识关系的思考

按照法国释意派理论，在学员没有娴熟掌握工作所需语言水平时不能教授笔译，更不能教授口译。但该派理论也指出，认知知识可以帮助理解语言表达的信息，例如"上下文""译前主题准备""对讲话人的了解"等。我们的问题是：在大学本科和研究生阶段的口译教学中，学生的外语水平尚未达到职业口译所需的水平，但教学目标要求必须教授职业口译。那么，学生的外语水平达到何种程度可以教授职业口译？如何测评学生的外语水平？如何处理口译教学与外语进修的关系？如何帮助学生充分利用已获得的和即将获得的认知知识填补语言知识的不足？评价这两个阶段学生口译水平的具体标准如何确定才能体现标准的合理性和科学性？笔者在多年的教学实践中看到，对本科生进行口译职业训练不仅可以让学生有机会了解和掌握初步的职业口译技巧，还可以帮助他们提高外语水平，因为职业口译是正常的双语交际行为，在正常的语言交际中学习语言比采用其他传统的语言学习方法更能帮助学生掌握活生生的语言，为他们进入翻译角色奠定良好的基础。对如何通过学习口译提高语言水平笔者曾在《口译技巧——思维科学与口译推理教学法》中有详细介绍，在此不再赘述。

另外有必要对中文与外文间数字翻译的问题进行讨论。在翻译中，译员首先要解决的是理解和记忆问题。以中译法为例，比较特殊的问题之一是数字翻译。按照一般的翻译理论，数字翻译属于代码转译，可以借助笔记记忆，无需花更多时间进行阐释。但在中法互译中，较大的数字经常影响译员对其他信息的听辨和理解。一位法国议会议员百思不得其解，他提出这样的问题："我几次到中国，几乎每次都遇到翻译将数字翻错。这到底为什么呢？"有学者专门对数字训练进行过研究，提出可以通过改善记忆方法解决中外数字表达的差异问题。笔者在对中法口译的观察后发现，数字的记忆和翻译同样需要借助语境和交际环境。例如，在翻译有关欧洲东扩的一篇法文讲话时，其中一位研究生在听到东扩后欧洲人口达到"450 millions"时出了差错，译成"四千万"，但她又很快纠正为"四亿五千万"。教师提出问题时，她解释说："当时我没有准确记住这个数字，但我想，25 个国家只有四千万是不可能的，法国就有近六千万人口，而且听到的是 cent millions，于是立刻进行了纠正"。法语数字由于其特殊的表达方法在口译中有一定的难度，因为，在法语表达中，70=60+10，80=4 个 20，90=4 个 20+10，或依此类推，直到 100；而到万后又变成 10 个千，10 万则是 100 个千，一亿是 100 个百万，而法语的一个 milliard 又变成中文的 10 亿。数字的进制差异给中法互译常常造成困难。因此，在听辨中借助语境和主题知识翻译法语的数字也是必需训练的能力。由此看，在单独的数字互译后，将数字放在讲话中进行数字与语境和认知知识结合的翻译训练是十分必要的。

对职业翻译需要进行更多的实证研究，对本科生和研究生的口译训练同样也可以进行类似的观察和分析，从而帮助我们发现具有代表性的问题，更全面地解释口译程序。应该说，对口译程序的研究可以解释和回答翻译的对象、翻译的实质等重要理论问题，这对翻译学学科的建设将有十分重要的意义。

二、对口译教学统一纲要的理论思考 [1]

　　摘要：本文从翻译的性质、对象、任务、翻译过程、双语思维特点、口译教学目标任务和方法及技能训练的心理学等理论高度阐述了制定口译统一教学纲要的科学性和合理性，从市场及纲要同教材的关系高度说明了制定口译统一纲要的必要性。

　　关键词：翻译学；思维特点；心智技能；纲要；教学

1　该文于 2002 年发表在《中国翻译》第 3 期。

前言

"目前国内把口译作为一门专业来教的教学单位只有三处，一处是北京外国语大学高级翻译学院，一处是广东外语外贸大学英文学院的翻译系，还有一处是厦门大学"（穆雷，1999：61）。口译教学长时间没有引起人们的重视，很多学校没有开设口译课。但随着中国改革开放步伐的加快，口译的需求量越来越大，学生对口译的兴趣越来越浓，呼声自然呈上升趋势。教育部门作出决定，将口译课变为外语高等学校各语种的必修课程，口译课无人问津的现象逐渐成为历史。然而，"口译教学理论和方法的研究相对滞后，口译教学在不少方面，如开设口译课的时间、口译教学原则、教学内容和训练方法等，都存在不尽人意的地方，值得进一步探讨和改进"（方健壮，1998）。

市场上目前能够找到的口译教材逐渐增多，几乎涵盖各个语种。无论称为"口译教程"，还是"口译手册"或是"口译训练技巧"，大致可以分为两大类：以语言训练为主线的传统语言学派教材，或以主题为特点的各项交际能力综合训练教材。前者强调语言的转换，后者以交际能力的培养为主要目标。由于口译学理论和方法相对滞后，教学可以说无纲可循，各自为战。教师抱怨口译课难上，没有好教材，学生在口译实践中呈盲目状态。

总体讲，口译课缺乏系统性和科学性。众所周知，在教材、教师和学生三个教学基本要素中，教材的地位举足轻重。而教材的撰写又必须根据教学培养目标和任务来完成。各学科教学大纲的制定必须遵守相关学科的客观规律，同时在教学理论的指导下兼顾教学的内在合理性和科学性，做到教师易于操作，学生在完成大纲规定的任务后能够达到预定的水平和要求。

教授口译必须借助相关的翻译学和口译理论研究成果，按照职业口译的客观规律、特点和范围制定相应的教学纲要。对职业口译研究结果表明，无论是从翻译的性质、对象和任务、翻译的过程、双语思维特点（逻辑思维、形象思维 . 灵感思维）和（注意力分配模式等）方法出发，还是从口译教学目标、任务和对象及技能训练方法看，无论是从市场需求出发，还是从不同语种的共性和个性看，编写口译统一的教学纲要不仅在理论上能够成立，在实践中也是可以操作的。

1. 从翻译的性质、对象和任务看口译统一纲要

翻译学是一门独立的、开放的综合性学科。"翻译作为一门科学，其基本任务是对翻译过程和这个过程中出现的一切问题进行客观的描写，以期揭示翻译中具有共性的、带有规律性的东西，然后加以整理使之系统化，上升为能客观反映翻译实质的理论。同时，它又将通过描写、归纳而上升为理论的东西作为某种准则，以指导具体的翻译工作"（谭载喜，2001：26）。

首先，我们探讨翻译的性质。无论是"把一种语言文字的意义用另一语言文字表达出来"的通俗解释，还是把翻译看作一种艺术创造的文艺学解释，或是认为翻译是话语转换而不是语言转换的现代语言学解释，都普遍认可一点，即翻译是用一种语言理解原篇章的意义然后用另一语言表达理解了的篇章意义。语用学、篇章语言学等学科近些年的研究视野不再局限于语言层面的研究，而是扩大到语言以外更广泛的领域。翻译实际上是一种双语交际行为，同单一语言的交际不同点在于它是用一种语言理解，而用另一种不同的语言表达。这种从原语到目的语的转换过程十分复杂，一切都在人脑的黑匣子中完成，如何借助相关学科研究成果客观地、科学地描述和解释翻译的转换过程，这是翻译学研究的工作重点之一，研究人员近些年也在该领域不断探索，取得了初步的成果。

研究结果表明，无论职业翻译中涉及的是哪两种语言，翻译的思维过程不会发生变化，语言知识只有同认知知识结合才能产生话语或篇章意义，换句话说，人在理解的时候，不可能先理解语言的表层含义（能指、语法等），再理解语言的深层含义（所指、概念），然后再根据交际环境和主题确定交际意义。对职业口译的研究和分析表明，意义是翻译的对象，因此，翻译的性质不会因语言的改变而改变，翻译的对象也不会因语言的改变而成为其他内容，翻译更不会因语言的改变而成为非交际行为。英中互译也好，法中互译也好，阿中互译也不会例外，翻译的主要目的（除纯粹的语言研究外）永远是交流信息和思想，翻译的对象和性质相同，这是制定统一口译教学大纲的基础之一。那么，各语种的翻译过程是否真的相同呢？

2. 从翻译的过程、双语思维特点和方法看口译统一纲要

如前所述，语言知识只有同认知知识结合才能产生话语或篇章意义。译员是如何在瞬间用原语理解、然后迅速用目的语表达理解了的意义呢？为什么说从原语到目的语有大脑加工的过程？对职业口译的观察和分析可以帮助我们回答这个问题。

在讨论翻译的过程前，应该说明，口译同笔译的性质和对象没有差异，但笔译中的文本相对稳定，译者有充足的时间完成大脑加工工作，不利条件是原作者和读者通常不在场，交际环境相对不利。但口译不同，参加交际的人和环境等交际因素相对理想，同使用单一语言的交际相比，口译的独特之处仅在于它是两种不同语言的交际：译员用一种语言理解，用另一不同的语言在理解的基础上进行表达。口译的不利条件是有声语链转瞬即逝，听不懂便译不出。但口译为解剖翻译的过程提供了相对理想的观察哨所，因为口译能较好地重现交际的本来面目。

1）大脑记忆的不是语言，而是意义

从早期对职业交替口译研究的结果看，研究人员首先观察到的事实是，译员不可能是翻译语言，因为，按照原讲话顺序记忆几分钟讲话使用的词汇是不可能的。应该承认，人的记忆能力十分有限，除个别记忆超常的人，一般说来，人在听完一段话语以后不可能将全部话语按照原来的表达顺序逐字逐句地记下来，如果按照每分钟 120 个词（电台新闻广播的信息流量大约为 220 字 / 分钟）的流量计算（这里指各语种讲话的平均速度），3 分钟长度的讲话就有约 360 个单词，译员既不能用大脑全部按顺序记忆每一个单词，也无法将全部内容速记下来（因为口译使用的笔记同速记相去甚远）。研究人员借助语言心理学研究成果对口译程序进行了深入的分析，发现在原语和目的语之间有"脱离原语言外壳"的过程，译员记忆的是话语意义，而不是语言。这样便可以初步解释译员为什么能够在几分钟的讲话结束后能忠实地翻译原讲话的意义这一事实。翻译的过程是转达交际意义的过程，而不是两种语言之间简单的形式上的变化过程。

2）译员的口译模式和精力分配模式可以解释口译的过程

口译过程中译员的言语理解和表述是怎样进行的呢？研究人员近期提出了

一种口译模式，用以解释口译中译员的思维过程。研究结果说明，口译模式由三大块组成：左边是原语输入，右边是译语输出，中间高处连接左右两边的是信息概念转换。全过程包括以下几个部分：信息源的输入；处理环节包括理解阶段有声辨认的输入、分析机制、综合机制、产出阶段的形式合成机制和发声机制；记忆部分主要由概念形成机制组成，其任务之一是把发言人的话语变为自己的交际意图，二是据此拟定话语计划，综合机制也部分负担记忆任务；储存部分主要指长期记忆，包括与输入、输出、内部监控相连接的心理词库（蔡小红，2001：27-28）。这种口译过程模式加上 Gile 的精力分配模式和 Anderson 的能力发展模式（见后述），可以动态地解释口译过程，而且能够分析其能力发展的过程。优秀的口译译员在很短的时间里理解、记忆和译出别人说出的话语，是因为他们构建了自己的知识模式，同时掌握了精力分配方法，具有信息控制和处理的高自动化水平，在话语理解、记忆和信息提取方面能够比一般人做得更好。

3）译员的思维模式

口译思维不是一般意义的抽象思维，因为译员接受的不是"直接现实"，而是原语的语言信息系统，是其系统的表层信息符号（言语链），其深层概念（所指事物）的产生需要译员根据表层信息系统的符号或言语链、通过大脑积极迅速的整合、分析、判断与推理，并在认知系统的不断参与下最终解决词语语义系统中的各类关系。翻译的特殊性恰恰在于译员在信息搜觅的同时还要产生另一言语的表述动机，形成语义初迹，为随后的言语表述作准备。可以说，口译的理解过程是分析、综合的过程，可以分为语音听辨、语法层次分析、语义和篇章分析、文体修辞分析、文化分析、社会心理分析、意义推断和整合。成功的口译和教学实践证明，讲话由话语组成，但讲话的意义却并非语言单词的简单相加。交际信息意义是语言＋交际环境提供的因素＋译员的认知知识之和。翻译的过程实际上是译员思维的过程，"思维是人脑对客观现实的一种概括的、综合的、间接的、假设的、预计的反映。思维的过程主要有分析、综合、比较、抽象和概括、具体化和系统化"（张景莹，1986：96-97）。人与人之间在思维品质上存在差异，例如，思维的广阔性和深刻性、独立性和批判性、灵活性、逻辑性以及敏感性等，但思维能力是正常人都拥有的。译员的思维特点主要表现在灵活性、逻辑性和敏感性上。

4）译员的知识图示

探讨口译思维，还可以从人的知识结构入手。众所周知，语言是文化的载体，不同的语言承载着不同的文化背景和思维方式，"人一生下来就在同外部世界的交往过程中开始认识周围的人、物体、各种时间和各种情景，在大脑中形成不同的认知模式。这样的认知模式不是大量事实经验的简单罗列和堆砌，而是围绕不同的事物和情景形成的有序的知识系统。人们把这种知识系统称为图式……图式是人的头脑中关于外部世界的知识组织形式，是人们赖以认识和理解周围事物的基础"（王立弟，2001：19）。心理学实验证明，知识图式在阅读理解和记忆提取方面扮演着重要的角色。知识图式为信息的提取提供一个导向，有助于信息的重建（ibid.：20）。

口译译员由于长期的工作实践和经验积累，形成了自己特有的双语思维模式，构成了独特的知识结构。这一观点可以通过鲍刚的失语现象得到验证。他长期从事口译理论研究和口笔译实践，除汉语外掌握法语和英语。他在去世前由于癌细胞自颈部向上发展，一度出现失语症状，其失语顺序为：汉语—英语—法语。经过诊治，他恢复了讲话的能力，其恢复顺序恰恰相反：法语—英语—汉语。用鲍刚自己的话讲，讲双语的人分为合成性双语者和并列性双语者。前者指同时"有了两个单独的语义或其他语言信息、语言外信息等编码系统，它们之间可以相互转换，但拥有共同的意义表征体系，不过其中先入为主的语言意义表征体系往往对另一语言的意义表征体系起着主导性的支配作用"（鲍刚，1998：61-62）；后者指在自然环境下长大的儿童，双语水平完全可以相提并论，都可以称为母语。并列性双语译员在翻译时的表现同合成性双语者完全不同。"并列性双语译员在听辨到原语（无论是 A 语还是 B 语）时会立即结合语言以及语言外的多种信息作出综合性的理解。他们在翻译时倾向于使用另一套独立的符号系统进行处理，因而较少受到原语影响，有时他们还可以脱离双语中任何一个语种的'纯'语言载体，转而使用一些在现场条件下更为方便的其他载体进行信息处理"（ibid.：63）。从这一现象我们可以看到，并列性双语者拥有的几种语言分别存储在大脑中，但享用同一认知知识系统。

正是这种特殊的知识图式在口译的听辨理解和记忆提取方面扮演了重要

的角色，非常有助于信息的理解和重建。我们的学生大都为合成性双语者，他们拥有的独立的语义或其他语言信息、语言外信息编码系统也是可以相互转换的，只是转换的自动化程度没有并列性双语者高。这种"先天不足"完全可以通过后天的努力得到补救。由此可以看出，无论是哪两种语言间的转换，翻译的过程没有特殊变化，译员在听到有声语链时会努力在大脑的知识系统中搜寻相关的交流信息意义，其言语理解和表达过程基本相同。虽然不同语言系统之间存在差别，口译中会因某种语言的特殊性影响精力的分配或某阶段超负荷分配，或由于文化差异造成思维方法上的差异，但是"语言中存在一些普遍特征，语言的任意性是相对的，所有人的智能基本相同，所有人在文化上也都有相似之处"（谭载喜，1999：63）。会讲两种以上外语的人在交际中从不同的图式中提取知识，但不是所有人都会采用交叉提取方法，因此，有不少人能讲两种以上的外语，但不能胜任翻译工作。译员在交际中承担中间人的角色，其任务不仅要根据交际环境和主题听懂一种话语意义，而且要借助自己独特的知识图式将其表达出来。工作语言可以不同，但译员的翻译过程，即思维过程是相同的，这便构成制定口译统一纲要的基本条件之二。

3. 从技能训练法看口译统一纲要

如上所述，口译的对象不是语言，而是意义，口译不仅有特殊的口译模式和精力分配模式，还有特殊的思维模式和知识图式。一些研究人员已经从翻译学、心理语言学、认知心理学和信息论的角度对此进行了论证，并作出了科学的回答。对翻译现实进行科学的描述是翻译学研究的重要工作之一，但如果想将这些研究结果用来指导实践，还会遇到许多其他问题。口译思维模式可以通过训练获得吗？口译精力分配能力也可以通过训练获得吗？

按照心理学的观点，可将人的技能分为动作技能和心智技能两类。无论是动作技能，还是心智技能，都是"顺利完成某种任务的一种活动方式或心智活动方式，它是通过练习获得的"（潘菽，1983：138）。翻译中信息的交叉提取和运用知识的方法可以称为心智技能。心智技能训练的核心是思维训练，口译思维训练的核心是逻辑思维和灵敏思维训练。

这里我们应该首先澄清对技能和能力理解方面的模糊认识。技能和能力既有不同，也有密切联系，技能是完成一定任务的活动方式，能力则是顺利完成学习和其他活动任务的个性心理特征。技能以一定的能力为前提，也体现了能力的发展水平和个别差异。

技能按其本身的性质和特点，可分为动作技能和心智技能两种。动作技能指开车、游泳等实际动作，心智技能是指"借助于内部言语在头脑中进行的认识活动，它包括感知、记忆、想象和思维，但以抽象思维为主要成分。在认识特定事物、解决具体课题中，这些心理活动按一定的合理的、完善的方式进行就是心智技能；掌握正确的思维方式、方法是心智技能的本质特征。"（ibid.：139）。心智技能又可以分为专门的和一般的心智技能。专门的心智技能是在某种专门的心智活动中形成的，口译属于专门的心智技能，有其特殊的规律。练习是技能形成的基本途径。但练习不是机械的重复，它是有目的、有步骤、有指导的活动。口译过程同认知知识的学习有密切的联系，因此，我们可以借用Anderson 认知学习及能力发展模式（ACT 理论）。按照 Anderson 的理论，任何认知知识的习得都要经过一个从陈述阶段过渡到程序性阶段的过程。口译能力发展的进程中，认知知识的提高要经历这样的过程，口译技能的获取也要经历这样一个过程（蔡小红，2001），这个过程绝对不会因为语言的改变而发生本质性变化。经过若干年围绕教学翻译和翻译教学的讨论，现在翻译界和教育界基本形成了一致的看法和说法，多数人同意翻译是技能训练，而不是简单意义的语言训练。既然如此，技能训练的内容、步骤和方法也不应该由于语言的不同发生变化，伴随语言差异而出现的思维和文化差异等相关问题可以通过选材、技能各阶段训练时间的长短和语言进修等方法解决，但不能因此对技能训练的共性产生怀疑。由此看来，我们应该从技能训练的理论依据和科学方法的高度认识制定口译统一教学纲要的必要性。

4. 从口译教学目标、任务和对象看口译统一纲要

口译的性质和目标已大致清楚，口译的过程也得到了初步的描述，对口译训练属于心智技能训练也没有本质上的争议了，剩下的则是与训练本身相关的

问题。提及训练，必定涉及训练的目标、任务和对象。从我国目前的情况看，各外语高等院校承担的是培养口笔译人才的任务。这里讲的是口译职业培训，而不是某专业的翻译培训。培养对象是具备母语和外语交际能力的大学生或研究生。教学任务是技能训练，其核心是思维训练，口译思维训练的核心是逻辑思维和灵敏思维训练，是让学员通过技能训练，使之具备口译工作者的基本条件和素质（语言功底和口头表达能力、良好的心理素质等），以达到反应敏捷、拥有坚实的知识底蕴、具有合作精神和职业道德等目标。

翻阅出版的各语种口译教材，以上内容基本都在前言中有不同程度的论述。这充分说明，口译教学的目标、任务和对象基本是相同的，除涉及的语言不同外，其他内容都是一致的。既然目标、任务和对象大致相同，制定统一口译纲要应该是不言而喻的事情。

5. 从市场需求看统一纲要

中国早已加入 WTO，对外交往和交流频率会由此大大提高，翻译人才市场的迫切需求已经成为不争的事实。数以千计的外国公司在中国安营扎寨，各类国际组织也争相在中国组织召开各类会议，举行各种大型活动，面对这种现实，许多高等院校都意识到开设口译课的重要性和迫切性，千方百计地寻找教师和教材，试图培养能够满足市场标准的口译人才。

从我们掌握的情况看，不少口译教师没有口译实践经验，或者实践经验甚少，自身缺乏对口译的理论和教学研究，又找不到合适的教材，只能各自为战，摸着石头过河，不仅无法实现教学目标，也不免走些弯路，致使学生毕业后无法胜任口译工作，导致市场上对高校的教学质量提出质疑。如果能够借助翻译界研究人员和教学法研究人员的力量，从翻译学、心理学、应用语言学、信息论、认知理论和教学法等高度设计编写统一的口译教学纲要，势必会加快并逐渐规范我国的翻译教学事业，为国家培养更多的合格翻译人才。

6. 统一纲要不等于统一教材

制定统一的口译教学纲要，并不意味着抹杀和忽视各语种的特点。纲要要解决的是教学目标、任务、基本条件、教学内容、教学方法、教学进度和教学质量评估等原则性问题，各语种可以根据纲要制定的原则和相关语言的特点灵活多样地选择口译材料，适当加大或缩短技能训练的某些环节，并根据学生对技能的掌握情况增加相应的内容或采取相应的手段，最终实现纲要的目标。例如，经贸方向的学校可以选择经贸方面的讲话和题材，法律方向的学校可以选择法律方面的内容，只是在选择时应该注意纲要的要求，注意体裁、难度及其他心智技能训练所应注意的各个环节。

7. 结论

口译的性质、任务和对象不会因语言的变化而变化，口译的言语理解和言语生成特点表明，语言差异不会影响口译程序；口译模式、精力分配模式、知识模式和思维模式是口译心智技能的表现方式，这种心智技能有规律可循，不会因语言不同而发生本质的变化。如果按照心理学理论进行合理的、科学的心智技能训练，学生可以获得口译技能，最终承担不同层次的口译任务。由此而论，制定统一的口译教学纲要在理论上是有根据的，也是站得住脚的。从实践角度看，市场的大量需求和师资力量的不足也呼唤统一教学纲要的出台。口译教学应以人为本，帮助并训练学生建立口译需要的知识系统，训练他们的双语思维能力，授之以"渔"，而不是授之以"鱼"，这是应试教育与素质教育的差别，更是时代的要求。统一的口译教学纲要会对编写各语种的口译教材起积极的指导作用，决不会禁锢教师的思想，压制他们的创造性，相反，则会增加教学的科学性和合理性。

三、译前准备与口译质量——从口译实验课谈起 [1]

摘要： 本文通过从实验课获得的具体数据说明译前准备与口译质量的关系，进而说明口译教学中译前准备训练的必要性。

关键词： 实验；译前准备；口译质量；教学法

---

1 该文于 2007 年发表在《语文学刊》第 7 期，主要内容为校级实验课结项报告。

2005 年 9 月至 2006 年 2 月对口译（法译中）进行了为期 5 个月的试验，实验对象为 02 级本科生 20 人[1]，且已接受一个学期的交替传译训练；另有 05 级研究生 6 人参加实验[2]。实验内容涉及认知知识与语言知识的关系，即探讨译前准备与口译质量的关系。试验目的在于获得相关数据，从而证明译前准备的必要性和该技能训练的必要性。

1. 问题的提出

按照法国释意理论，当学生的工作语言（母语和习得语言）没有达到娴熟水平情况下不能教授翻译，更不能教授口译。但中国的现实是：双语现象在中国基本不存在，在校学生大都在青春期前后开始学习一门外语（主要是英语），英语以外的各语种的大学生都是零起点，多数学校在三年级第二学期开设口译课，因此根本谈不上娴熟掌握外语，只能说学生已具备一定的外语交际能力。

外语院校的教学目标是"听、说、读、写、译"，可以说，获得翻译能力是很多人学习外语的目标之一。国家教育部批准自 2006 年起在广东外语外贸大学、复旦大学和河北师范大学试点招收翻译专业本科生，这无疑对翻译教学提出了更高的标准和要求。

中国的翻译市场很大，尤其是对经过培训的高质量翻译需求很大。但到目前为止，中国仅有 6 个翻译学院，20 多个翻译系，600 多所高校设有外语专业，这些学校承担着培养市场需求的各类和各层次翻译人员的任务。

高校目前的翻译教学在相当程度上还停留在逐句翻译上，从语言到语言，忽视了翻译职业本身的内在规律和特点。按照翻译理论，译员的知识结构分为三个板块：语言知识板块、百科（认知）知识板块和技能板块。根据以上对学生情况的描述和认知学原理，我们的推断是：认知知识越丰富，对语言知识的依赖越小。本科学生不存在接受技能训练的智力缺陷障碍，因此，如何丰富他

---

1 该班学生总数为 28 人，四年级有 8 人按照中法校际交流项目赴法国学习。

2 6 名一年级研究生中有 2 名由本校考入，外校的研究生基本没有接受过系统的翻译培训。另外，6 名研究生中只有 1 名为翻译方向，其余为语言学和文学方向。

们的认知知识，解决语言知识不足的问题，能否借助学生的认知能力学习职业翻译技能，并在学习翻译的同时提高外语和母语水平，这是中国目前形势下口译教学需要关注的重要问题之一。

2. 实验方法

该试验课程属于实证研究范畴，主要是获得相关的数据，为翻译理论研究提供依据，为设计更科学的翻译教学方法奠定基础。

背景：在实验前，笔译课上分别翻译（中外互译）过"禽流感"类文章和讲话以及与"神舟 6 号"主题相关的报道，学生对讲话主题已有了基本的了解。口译和笔译实验在不同时段完成，以免过多影响学生的正常学习。笔译可以带字典或其他参考资料，特别是个人译前准备的资料；口译为模拟现场，法国人作为某卫生机构代表来华介绍欧洲禽流感情况。

操作方法：学生被分成 3 个小组（每组含研究生 2 人），采用 3 种不同的方法在同一时间进行试验：

第 1 组：了解翻译主题并获得相应的关键词组；该方法接近职业翻译习惯，但译者必须根据掌握的信息作适当的译前准备。一周前提供相应信息。

第 2 组：了解翻译主题，但不掌握相应的关键词组；在职业翻译中会出现类似的情况，即会议或译文使用者不提供任何信息，完全由译者自己根据情况进行必要的准备。一周前提供主题。

第 3 组：既不了解主题，也不掌握关键词组。这一组为口译职业中非正常状态，但为翻译教学中容易忽视的环节。这种情况在口译职业中也偶有发生，往往影响口译质量。

口译评估标准：信息点占 70%，每个信息点理解或表达错误扣 2 分；语言占 20%，每个语法错误扣 2 分，其他错误酌情扣 1 分或 0.5 分，主要看是否影响信息的正确性；流畅清晰程度占 10%，重复或口头禅超过 3 个扣 1 分。

需要说明的问题：学生的分组是自愿的，没有考虑平时的学习成绩；学生的分组有偶然性，因为分在第 3 组的都是无需任何准备就可以参加测试的，因此，个别同学为免除预习负担选择参加第 3 组，也有个别人为检测自己的水平选择了第 3 组；由于是测试，也有个别同学重视程度不高，答题中有"敷衍了事"因素影响；口译由一位法国人讲，讲话速度比平时训练稍快，大概为 180 字 / 分钟，平时为 150-160 字 / 分钟；笔译 2 小时内完成，口译结果由同学分别录制在 MP3 上，之后汇总整理，再由学生自评、互评，教师最后对翻译结果和学生评估情况进行调整。

　　口译内容：欧洲出现禽流感病毒，共约 500 字；

　　笔译内容：美国"阿波罗"号航天飞机[1]。

3. 测试数据

表 7.19　参加试验学生和分组情况

	本科生	研究生	总人数	信息
第一组	7	2	9	掌握主题 + 关键词
第二组	7	2	9	掌握主题
第三组	6	2	8	无任何准备
	20	6	26	

表 7.20　学生自判结果[2]（笔译，满分：20）

本科	理解表达信息错误（个）	语言错误（个）	通畅	分数	调整分数
1	2	3	− 1	15	15
2				16	16
3	4	3	− 2	13	12
4	1	2		14	15

（待续）

1　由于原文为法文，考虑到读者群，本文中没有提供原始材料。

2　让学生对口笔译结果进行自判的目的是让他们按照上课讲的翻译原则和方法检查自己已经达到的水平，帮助他们自己发现问题。让学生了解教师评判的具体标准，对及时纠正自身问题很有帮助。

（续表）

本科	理解表达信息错误（个）	语言错误（个）	通畅	分数	调整分数
5	4			16	16
6	3	1		14	15
7	4	1		15	15
8	3	3		14	14
9	1	1		16	16
10	3	2		15	15
11	5	4	－ 2	12	11
12	4			16	16
13	4	4		15	12
14	7		－ 2	15	13
15	4	4	－ 2	13	12
16	2	4		15	14
17	2	4	－ 1	13	14
18	3	2		15	15
19	3	1		15	15
20	4			16	14
研究生	理解表达信息错误（个）	语言错误（个）	通畅	分数	调整分数
1	4	2	－ 1	14	14
2	3	2		15	15
3	1	4	－ 1	12	14
4	2	4	－ 1	14	14
5	2	4	－ 1	15	14
6	7		－ 2	13	13
	80	55			

备注：16分：5人；15分：10人；14分：5人；13分：4人；12分：2人

调整：16分：4人；15分：8人；14分：8人；13分：2人；12分：3人；11分：1人

表 7.21 三组成绩，等于参加测评人员的百分比（笔译）

参加测试	总人数	15-16 分	13-14 分	12 分	11 分以下
第一组	9	7=27%	1=3.8%	1=3.8%	
第二组	9	3=12%	4=15%	1=3.8%	1=3.8%
第三组	8	2=8%	5=19.2%	1=3.8%	
		46.8%	38%	11.4%	3.8%

表 7.22 学生自判结果（口译，满分：20）

本科	理解表达内容错误（个）	表达形式错误（个）	流畅	分数	调整分数
1				15	15
2	5	1	− 1	13	13
3	4	3	− 1	13	13
4	3			15	15
5	2			14	15
6	2	2	− 1	12	14
7	1			15	15
8	3	1		14	14
9	2			15	15
10	3	2		14	15
11	3		− 2	10	10
12	3			14	14
13	2			14	14
14	2	1	− 2	12	12
15	5	8	− 3	8	8

（待续）

（续表）

本科	理解表达内容错误（个）	表达形式错误（个）	流畅	分数	调整分数
16	2	2		15	15
17	4	3	－ 2	12	12
18	4	3	－ 2	12	12
19	4	3	－ 2	12	12
20	5	8	－ 3	8	8
研究生	理解表达内容错误（个）	表达形式错误（个）	流畅	分数	调整分数
1	2	3		15	15
2	2	3		15	15
3	3	3		14	14
4	3	2		14	14
5	4	4	－ 1	13	13
6	4	4	－ 2	12	12
	77	56			

备注： 口译没有作大幅度的分数调整，因为学生自评分基本符合评分标准。15分：9人；
14分：6人；13分：3人；12分：5人；11分以下：3人

表7.23 三组成绩，等于参加测评人员的百分比（口译）

参加测试	总人数	15 分	13-14 分	12 分	11 分以下
第一组	9	6=23%	3=11.5%		
第二组	9	2=7.6%	5=19.2%	1=3.8%	1=3.8%
第三组	8	1=3.8%	1=3.8%	4=15.3%	2=7.6%
		34.4%	34.5%	19.1%	11.4%

备注： 百分比数字只保留至小数点后面一位，故总数有细微差别。

4. 数据分析

按照分析成功经验和实验结果的原则，下面将口笔译测试结果进行对比和
分析，说明学生认知水平和能力可以帮助解决语言水平欠佳的问题。

1）笔译成功率

笔译优秀率（15-16 分）和优良率（13-14 分）分别为：

第一组：27%+3.8= 30.5%　　　　　第二组：12%+15%=27%

前 2 组优良率为：57.5%

第三组：8%+19.2%=27.2%

总优良率接近：85%

实验结论：

译前的适当准备对翻译质量提高有明显影响。理解错误为 64 个，表达内容和语言表达错误分别为 16 个和 55 个。由此可以看出，表达错误与理解有误密不可分，而语言形式错误仍然占很大比例，需要在教学中加大训练力度。翻译内容应该说不是非常容易，属于科普类文本。测评结果表明，虽然参加测试的学生为上大学后零起点的法语专业学生，但他们在一年的翻译技能训练后完全可以做到基本掌握职业翻译的译前准备手段和技巧。大学生的认知能力存在，翻译课可以借助他们的这种能力弥补语言知识的欠缺，从而实现教书育人的基本原则，即"授之于渔"。

2）口译成功率

口译优秀率（15 分）和优良率（13-14 分）分别为：

第一组：23%+11.5%= 34.5%　　第二组：7.6%+19.2%=26.8%

前 2 组优良率为：61.3%

第三组：3.8%+3.8%=7.6%

总优良率接近：68.9%

实验结论：

译前准备对口译质量的影响比笔译更为明显，笔译第三组的成功率达到 27.2%，口译第三组的成功率仅为 7.6%，而口译前 2 组达到 61.3%。这说明译前准备在口译中十分重要。换句话说，准备越充足，理解和表达就容易到位。

翻译内容虽不容易，但测评结果表明，参加测试的学生在一年的笔译课和半年的口译课训练后，可以做到基本掌握职业翻译的译前准备手段和技巧，特别是借助丰富的认知知识填补语言知识空缺，在充分准备基础上胜任口译工作。

口译对译前准备的依赖性更强，但这种准备绝对不仅是单纯的词汇积累，更是对主题的了解和把握。

学生对口译中的错误并未作认真的统计。实验主要考查表达的正确性和清晰度，其理由是，在口译交际中，语言形式错误只要不影响交际双方的理解常常会被忽略。但在 26 位参加测评的人中，没有人达到 16 分以上的成绩，这说明理解还有问题，口译还缺乏准确性。但结果基本符合平时教学观察和考查情况。

3）失败原因

按照法国的评分标准，12 分为及格，11 分以下为不及格。笔译不及格率为 3.8%，口译则为 11.4%。该结果基本符合平时情况：笔译通常每个教学班有 1-2 个不及格，口译 2-3 个不及格。主要问题是：大的理解错误超过 5 个，语言表达错误超过 20 个；也有个别同学在规定的时间内不能完成所有内容的翻译，故丢失 20-30 分（100 分满分），加上格式或开头结尾处理不当等错误，无法达到及格水平。（说明：该实验研究尚缺乏更多参数控制实验，主要原因是法语没有平行班，需要在不同年级印证，这对数据的确定性有一定影响。）

5. 实验结果的运用

1）加大译前准备力度

面向市场，扩大知识面，每次上课前指导学生作好主题准备，并在课堂上用 5-10 分钟进行检查和讲评；每次翻译前作"热身"准备，通过集体讨论和个人介绍，启动认知知识；每次翻译前请同学准备好相关的"术语"，并在课后作相应补充和整理。

2）加大译后语言水平训练

在翻译技能讲评分析后，重点讲解和解决出现的语言难点；小组内进行译后重复练习；个人根据具体情况进行巩固练习；

提出具体要求：凡在课堂讲解过的错误考试中不能出现，否则加倍扣分。

3）加大对课后训练的指导

为切实提高学生的翻译和语言水平，要求学生认真完成作业，讲评后进行第二次、甚至第三次修正，培养学生的责任心和职业道德。

6. 结论

实验数据基本证明了先期的假设和推断，对后面的教学和正在编纂的本科生口译课讲义有参考意义，并能提供帮助。实验只涉及口译课程的一个方面（译前准备——认知作用），还有很多因素和内容需要考证。部分数据还需要在不同语种 / 班级进行试验，从而获得更可靠的数据，以进一步证明理论上的推断。前后有三位法国学生参与了整个学期的教学（实验）活动，或作为讲话人或作为听讲人，或作为教师助手参与语言提高辅导工作。外国学生共同参与口译课，对中国学生帮助很大，也很受欢迎。希望翻译课能长期有外国学生的参与，这一模式对中外学生都有利。

四、政产学研：语言服务人才培养新模式探究 [1]

摘要：数据爆炸引发教和学的模式发生变化，教师从讲授者到学习辅助指导者、学生从被动到主动自主学习，学校从几乎封闭到面向社会开放，用人单位则从对高等教育不闻不问到直接参与，学校与用人单位的运行机制在发生变化，双方的联合办学成为必然。只依靠大学能否培养出合格的应用型翻译人才？如何与用人单位开展合作？校企联合培养的模式是什么？作者力图在文中围绕以上问题进行思考。

关键词：大数据时代；政产学研；翻译人才培养模式 ；评估体系

"汇聚学术与用人单位精英，共创新型伙伴关系"（Pooling Academic Excellence with Entrepreneurship for New Partnerships），这是国际大学翻译学院联合会（CIUTI）2014 年年会的主题，学术与用人单位精英的伙伴关系成为业

1　该文于 2014 年发表在《中国翻译》第 5 期。

界关注的焦点。从这样的主题不难看出,翻译教育已经将建立学校与用人单位的合作伙伴关系放在重要位置。

何谓合作伙伴?合作伙伴有三大类内涵:政治、经济、综合(含政治与经济)。合作层面可以在政府间、政府与企事业单位间或企事业单位之间。合作规模既有一对一的,也有一对多或多元化模式。具体讲,合作方式可以是供应链合作、实力型合作、主题性合作或竞争型合作。选择合作伙伴、建立合作关系的基础是具有共同的目标和价值观。

谈及翻译教育,学校一直是培养人才的主体。随着信息化的普及,随着市场对人才需求的变化,学校作为唯一教育主体的时代已经宣告结束。学校与用人单位之间的合作已经成为不可绕开且必须回答的问题。而在用人单位与学校之间,中国翻译协会或各地翻译协会或许可以扮演重要的桥梁作用,即将社会需求整合后根据各校特点建立三方合作机制。实际上,诸如 MBA 类的教育已经走在前面,教育主体的多元化与企事业单位合作多样化成为其重要特色。与此同时,中国还有专业技术学校与用人单位合作的成功案例。翻译专业硕士要培养的是应用型人才,即"眼中有活、懂得做什么、如何做、为什么做"的翻译人才。知识传输固然重要,但学生如果只有知识没有能力,翻译教育的目标就无法实现。那么,这样的翻译教育如何组织?如何与用人单位开展合作? 校企联合培养的模式如何确定?

1. 翻译教育的性质

什么是教育?"教育是一种事业,是人类培养新生一代的一种社会实践。在教育过程中,教育者按照一定的目的、计划和措施去影响受教育者;受教育者则通过自己的积极活动接受教育的影响。教育者在设法影响受教育者的同时,也要不断地教育自己……教育的目的和方针是由社会需要决定的"(潘菽,1983:1)。维基百科有这样的定义:"高等教育作为一种教育方式,是人生存方式的一个阶段,从时间上说,是人生存过程中的终生学习选择阶段,从空间上说,高等教育是人进入完全社会生活的最后一个准备场所。高等教育还是高深文化知识传播创新的社会组织机构;在传播高深文化的同时,高等教育还复制或者再制了社会的价值、行为模式和道德规范"。以上观点中有几个核心词，即"目的""计划""措施""生存方式""进入完全社会生活的最后一个准备场所""复制或者再制了社会价值、行为模式和道德规范"。这都对正确理解"教育"非常重要。

学生是翻译教育的核心，帮助他们在"最后一个准备场所"获得必要的知识与能力，尤其是学会遵守职业道德规范和价值观念，这是最终实现促进人类交流和进步的基础和不可或缺的条件。哪些知识是必要的？哪些能力是必须获得的？如何获得？大数据时代提供了全新的学习方式，教师的"主体"角色和学生的"被动"角色随之发生了变化。教师和学生均可以借助大数据和相关资源开展互动，尤其是随着慕课（MOOC）教学的发展，以学生自主选择、自主设计的自主学习方式在很大程度上改变了传统的教学模式。

众所周知，"翻译"作为一种跨文化交流工具其概念已经发生了很大变化，翻译活动不再是简单的文字转换。国外从事翻译活动的机构有翻译公司、中介公司、翻译事务所、调研部门、语言服务公司、语言或翻译培训学校等。与该活动有直接联系的有：翻译项目提供者（含监理和项目经理）、财会部门、采购部门、作者或设计者、校对（含审校）、技术人员、信息提供者、公司（含同事／同行）。信息革命与产业化对翻译职业提出巨大挑战：内网和互联网的使用、信息技术革命（如自动化处理）、翻译软件的推出、特殊翻译工具的开发和应用、翻译量的增加、翻译材料处理的多元性、翻译供应和处理的集中化、产业化工作流程和组织形式、产品的标准化（尤其是科技类产品）、质量管理的国际化—异地化—英语化（远程翻译、翻译业务外包），翻译公司的集中化和资本化、翻译分工与翻译人员的专业化、项目负责人与术语专家及信息处理工程师的专业发展，等等。

应该说，中国的翻译工作从 90 年代开始出现专门化趋势，即传统的翻译工作仅仅是一种工具，涉及的范围一般为外事翻译、文学作品翻译、马列经典翻译等，工作范围基本限制在政府机关和事业单位或科研机构及高校。如今的翻译工作已经辐射到自然科学和人文科学的各个领域。翻译作为一种语言和文化服务产业在不断壮大和发展。翻译形式也从原来的笔译和口译扩展到机辅翻译、本地化、语料库、术语、数据管理和开发等，项目管理、语言文化服务咨询产业链应运而生。承担翻译教育的教师在专业化和职业化程度上远远超越了语言师资应具备的条件。身处信息化时代，信息传播的方式和手段在不断变化，从最早的手写、打字、计算机处理到今天的互联网、微博、微信、机助人译、人助机译、译云、大数据处理、远程可视或远程同步会议、多语种电话咨询服务等，高速、高效、跨越时间和空间距离不再是梦想。这种变化必然引发翻译形式的多样化：编译、摘译、译述、译评、综述、语音自动转写、语音自动翻译，等等。这种变化必然会影响到翻译教育，而大数据时代提供的各种资源的整合、开发和利用、在线同步等方式更是给翻译教育的发展提供了新的机会和可能。在众多的可能性中，校企联合培养被提到议事日程，因为社会情境进入校园或学生进入社会实践成为培养学生动手能力的必然条件。王华树在一次讲座中将新时期的翻译服务特征归纳为：语言市场和运营全球化，服务标准国际化，服务方、购买方、语言技术开发商、行业协会、教育培训的产业化，影视翻译、软件系统、手机应用、游戏翻译、多媒体课件的多元化，计算机、即时通信、电子交付、SaaS 模式、众包平台的信息化，需求分析、方案设计、资源分配、过程监控、任务提交的流程化，翻译与技术部门、翻译与排版等协作化，个体翻译式微协作化，以及翻译、排版、技术、管理、营销、测试、培训的职业化。

根据以上观点，能否这样定义翻译教育：有目的、有计划地采用相应有效措施帮助学生复制或再制翻译职业行为模式和道德规范，培养依赖翻译职业生存的方式。翻译教育的目的是培养能够掌握多语言、为跨文化交际服务的人才。为实现这样的目标，就要根据翻译职业的规律合理安排教学内容和进度，采用理论联系实际的措施和方法，提供真实的翻译服务场景，从而为学生进入真实的社会生活奠定基础。翻译伦理是翻译行为和活动的道德规范，它的核心价值观念是"促进人类的交流和进步，缩减与消除民族之间的矛盾和为此而付出的代价"（杨自俭，2006：11）。

2. 学校与用人单位合作办学模式探究

2007 年国务院学位办批准第一批 25 所高校开设翻译专业硕士教育（MTI），2014 年设立翻译专业硕士教育的单位已经达到 205 所[1]。MTI 翻译教育指导委员

1　最新数据请参考 xii 页脚注 1。

会对培养单位的基本要求之一是建立实习基地。经过多年的尝试和思考，作者本人认为，如果想改变部分学校实习基地"名存实亡"的局面，需要从高质量人才培养高度进行思考：可以从现在的实习基地拓展到教学实践与实习基地，然后结合专业或课程特点开展校企合作，进而根据社会需求组织校企联合培养，四个层级的合作，四种有差异的办学模式，其目标是培养社会需求的高层次语言服务人才，这也是政产学研一体化合作办学的必由之路。

政产学研合作办学需要建立一个平台。该平台以学生为中心，学校和用人单位需要根据培养目标共同开发培养计划，双方为合作关系。

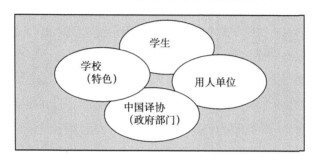

图 7.1　校企业联合培养图

中国译协在该平台扮演协调人和行业监督角色，主要任务有两点：一是将分散的企业/社会需求加以整合，然后根据各地区高校专业特色牵线搭桥，为学校和企业联合培养提供必要的信息，推动人才培养的社会化；二是行业管理，即根据用人单位要求设定入职门槛，并培养用人单位（客户）用人的规范性，同时为高校的翻译教育提供必要的参考指标。

讨论政产学研合作必然涉及教学大纲的制定、课程安排、课程内容、授课方式、评估体系等诸多环节。从承担教育任务的主体看，可以分为：学校、用人单位、学校和用人单位联合三部分。在遵循教育原则、尊重教育规律基础上，根据社会需求，学校应与用人单位共同讨论，合理调整教学大纲、课程内容及教学模式，围绕翻译人才培养积极探索教学模式的改革。

1）校内翻译教学改革

翻译教育的核心是人文素质、职业道德素养与职业技能的培养。随着科技的进步，翻译服务已经从最简单的文本翻译（含口译和笔译）转变为利用现代化工具提供以文本翻译为基础的多元化服务。以个体为单位的业态逐渐被翻译的程序化和团队协作替代。了解不断变化的社会现实、在具备广博知识基础上能够适应行业发展、具备良好的职业心态和职业道德，这是翻译教育的内涵。自我欣赏、故步自封、因循守旧则很难实现翻译教育目标。

众所周知，从寻找项目到结项，中间环节很多。学校的翻译教学过程就是利用各种手段指导学生获得相应的职业能力，或者叫职业技能，即指学生就业所需的技术和能力。按照教育心理学观点，技能是可以通过训练获得的，技能的获得也是分阶段的。在教学的不同阶段采用不同的教学方法和手段，努力做到教学安排的有序性和方法的可操作性，这无疑可以帮助或保证教学计划的实施和教学目标的实现。

每一种教学模式都有其特定的逻辑步骤和操作程序，它规定了师生在教学活动中先做什么、后做什么以及各步骤应当完成的任务。根据翻译活动过程可以将翻译教学操作程序分为宏观和微观的译前、译中和译后三个阶段。宏观指教学全过程，微观指每一个单元的教学活动。宏观的三个过程指测试和修订教学大纲和课程、具体的翻译教学活动组织、反思与评估。微观的三个过程则指项目获得、项目执行、项目跟踪和交付。如果从翻译本体出发，则指译前准备、翻译不同能力的分节训练和综合训练以及译后的自我训练提高与资料整理。这是翻译的过程教学模式与翻译项目管理程序化过程的对接。

近些年，学者们推出多种教学模式和方法：以翻译能力发展为核心的过程模式、教学评估过程模式、互动教学模式、全方位培养模式、升级考试模式、翻译能力指标量化模式、以成果为导向的教育模式、任务驱动模式等，还有诸如情景教学法、角色扮演教学法、笔记模仿法、案例教学法、以学生为主体的引导式教学法、探究式讨论法、比较翻译教学法、实况式翻译教学法等等。而搭建翻译教育教学实践平台，通过自省式、互动式、模拟式、实战式、团队式等五式教学方法，实现"学中干和干中学"，这是培养翻译职业能力的有效途径之一（刘和平，2011）。自省式以训练学员翻译能力自评为基础，基于心理学"内化"原理，是从感性到理性的升华过程，符合成年人学习习惯。而善于提出"问题"是教学互动得以开展的条件和基础。模拟式亦称"情景模拟教学法"，具有科学性、实用性、经济性特点。运用模拟教学手段，形象直观，环境与过程逼真，结果明确且相对准确，便于组织，安全可靠。实战式以"项目"为主导，教师在实战中教，学生在实战中学。该模式建立在任务型语言教学法基础上，综合了其他现行教学法的精华，通过任务的确定、设计和实施，带领学生在实战中理解、消化、总结、提高，逐步接触现实，培养实际应用能力。团队式以学员间互动为基础，重点解决个体能力与组织认同的矛盾，注重学生团队合作意识的培养与提高。作者所在学校翻译专业本科生三年级和研究生每年都组织"模拟口译"，从谈判主题的制定到谈判的分工、协调、准备，再到谈判现场的组织和谈判活动结束后的总结整理，全部由学生完成，大大提高了他们的译前准备能力、参与意识和团队合作精神。另外，电子文学图书翻译、产品指南、专著翻译、商务部高级官员研修班口译等项目不仅与课堂紧密衔接，而且帮助学生在真实的实践环境中获得相关能力。需要补充的是，教师根据培养方案，自行设计开发项目对提高教学质量也有十分积极的作用。《现当代文学作品与作家选编》是教师指导下学生完成的自创项目，学生从阅读开始，随后进入中文撰写，定稿后再由学生自己将其翻译成英语或法语。学生在这样的实践中不仅参与了翻译，更重要的是汉语和外语写作能力的全面提高，与此同时，项目开发、管理和质量评估能力也在不断提高。另外，学校还根据客户需求，将术语编辑和描述、技术写作等纳入课程，按照客户要求在规定的时间内完成包括翻译在内的语言服务项目，为企业提供有效服务。

上述教学模式的实施需要教学安排的弹性化和模块化，即在特定时间内集中完成相关项目。这需要调整课程安排，更需要用人单位派专家进入课堂或项目。作者所在学校与环球网的合作正是采用类似的方法，即学生上环球网平台实习，编辑和记者定期进课堂，负责该课程的教师根据项目进展调整教学内容和进度，学生的内省、互动、实战和团队合作均有充分体现，教学效果受到环球网和学生的一致好评。

教学大纲和课程安排的开放式、弹性化和模块化是校内翻译教学改革、教育内涵式发展和提高教学质量的重要保证。文中提及的五式教学法则是探讨教学改革的成果之一。在此基础上，还要进一步加强与用人单位的合作，使高等教育更好地满足社会需求，为社会输送更多有人文素质和职业素养的高端语言服务人才。

2）用人单位应积极参与翻译人才培养

外文局原副局长、中国译协副会长黄友义在 2009 年召开的翻译专业硕士与产业发展研讨会上指出：中国翻译市场正以前所未有的速度迅猛发展。中国翻译市场的需求急遽膨胀。翻译产业由于尚处于起步阶段，发展并不是很健全：一是中国的专业翻译人才紧缺，尤其中译外高端人才匮乏。大部分翻译学校和机构都缺少专业领域的翻译课程，比如法律和医学文献、术语管理、翻译项目管理、翻译技术等。二是翻译服务企业亟需做大做强。翻译服务企业虽然数量不少，但大多规模不大，服务能力不强，市场拓展能力有限，在体制、机制上较其他现代服务企业也有明显差距，因此在与国际同行的竞争中往往处于劣势。2007 年翻译服务 300 亿元的市场份额中，有相当一部分被国外同行获得。三是翻译市场管理亟待规范。中国目前没有一个政府部门主管翻译事业，对翻译行业统一、完整、系统的政策规范也就难以到位。他指出，今后翻译产业的发展将不断适应我国社会经济发展的新形势，并呈现四大发展趋势：一是翻译产业的发展将更趋于专业化、职业化、技能化。高层次、专业化翻译人才培养将越来越得到国家和社会的重视，翻译硕士专业学位教育的兴起与发展是一个重要的体现。翻译专业资格（水平）考试作为外语翻译专业人才评价的体系已经初步建立，并纳入国家职业资格考试的统一规划。新技术手段的广泛应用将不断提高翻译服务的技能。二是随着翻译服务业的不断成熟、成型和壮大，翻译产业将得到越来越多的知名企业的关注，形成规模化发展的趋势。一些传统的手工作坊式的小型翻译公司，将在发展中不断整合，向着具有多种经营内容、模式和手段，具有语言信息服务处理功能的现代化、综合型企业转型。小作坊式的翻译公司会长期存在，但是功能健全的大型公司将不断涌现。三是国际资金看到中国翻译市场的发展机遇，力争在翻译行业发展的初期阶段进入中国，占据有利位置。这是促使中国翻译行业发展的外在动力，同时也对国内翻译企业发展带来了竞争和挑战。四是翻译产业的发展将越来越规范化。顺应社会和市场的需求，需要国家标准，也需要如中国翻译协会这样的机构对翻译市场的规范化管理发挥越来越重要的作用 [1]。

翻译行业要发展，政府有关部门和语言服务类公司就必须积极参与翻译教育。当然，经济效益与社会效益的平衡是摆在企业面前亟待回答的问题。将员工岗前培训的人工和资金成本提前支付到学校，这也许是搞好平衡的手段之一。

另外，参与翻译教育，这也是企业应该承担的社会责任之一。上市公司每年的审计报告中有一项内容是不可缺少的，这就是社会责任承担和完成情况。企业的社会责任分为四个层次：经济层次、法律层次、伦理层次和慈善层次，具体指企业在追求经济效益的同时，应该承担对政府的责任、利益相关方的责任、消费者的责任，以及对社会、资源、环境、安全的责任，保护弱势群体、支持妇女权益、关心保护儿童、支持公益事业等，其总称为企业社会责任。西方一些国家设立了"学徒税"，该税并非由税务部门收取，而是直接缴纳给相关合作院校，用以培养企业需要的相关人才。

用人单位参与翻译教育的重要原则则是开放。按照教学大纲和实际需求定期接收实习生，对实习生实行全程培训、管理和评估，并择优录取优秀毕业生直接进入工作岗位。相对而言，学校应该与用人单位共同探讨实习学分比重，让实习从"专业不对口"或"形式高于内容"等现状中逐渐变为不可或缺的培养和教育环节。

3) 学校／用人单位合作框架下的翻译教育

用人单位管理人员，特别是人力资源管理者对毕业生质量似乎很不满意，这既有知识更新速度与学生学习内容不吻合的问题，也有所学与所需不协调的问题。当然，也有不少专家认为，高等教育是素质教育，是人文教育，专业发展应该是进入社会以后学习的内容。

教育问题是社会问题。从这种认识出发，用人单位积极参与高等教育是必然之路。换句话说，学校的教育改革也离不开社会的支持。社会效益与经济效益的矛盾只有在积极的合作中才能找到解决方案。高校单凭自己的资源也无法

1　网易新闻，2009，中国翻译教育与产业发展新趋势，http://news.163.com/09/1114/17/5O3KRJQJ000120GU.html（2015 年 6 月 8 日读取）。

实现翻译教育的目标。高校有教学资源，用人单位有职场资源，两者结合应该产生 1+1 > 2 的效果。

然而，高校与用人单位的合作矛盾突出，一个首先以社会效益为首要目标，另一个则将经济效益作为第一目标。如何解决这样的矛盾？

第一，学校的职能是为社会培养人才，而"人才"的定义来自社会。"社会需要"在这里特指广义的语言文化服务。那么，社会需要什么样的人才？Gouadec 教授在《职业翻译与翻译职业》（2011：48-58）中首先介绍了翻译市场，后对翻译职业作出描述。他认为，翻译职业涉及译前准备人员、档案员／资料查找员、术语专家、惯用语专家、译者、校对与审校人员、排版员、编辑、项目负责人／管理对接人、"复合型译者"、多语种多媒体传播工程师等。在 *Guide des métiers de la traduction-localisation et de la communication multilingue et multimédia* 一书中，他还增加了诸如质量监控、配音、文献工程、技术监督、字幕翻译等更为细化的岗位。学校与用人单位共同协商，针对用人单位特定需求和类别确定培养目标是完全可以操作的。我们必须承认，中国高校目前翻译教学的现状基本还是停留在单一的"文本"翻译层面，以上谈及的很多需求都尚未进入教学大纲。国外高级翻译学校有一规则，即授课教师必须是职业译者或译员，这一要求也写进了我国现行的教学指导方案。但现实很残酷，在 205 所开办 MTI 的大学中有多少教师能够满足这一要求？如果教师们仍然乐此不疲地停留在文本层面，这恐怕也不是他们的错误，因为他们是"被"推上讲台教授翻译的，其中大多数人的专业背景是语言，他们自己也没有接受过专门的职业教育。在这样的情况下，如果企业能够提供帮助，将翻译职业"现实"引入教学，这对教学质量的提高将会产生积极意义。

第二，高校教师与用人单位资源互补共享是培养所需人才的必由之路。充分发挥高校教师知识结构体系或学术优势，同时引入用人单位相关人员共同承担或分担专业课程，这是最大限度利用社会资源的需要，也是培养所需人才的需要。学校可将用人单位专家承担的课程折合为学分，抵消相关课程，学分比例则按照专业要求的数量和质量划分。这里需要解决的问题是：业内专家教师资格的认定与教学大纲的联合开发。

第三，教学计划的实施需要因地制宜，分别在学校和用人单位进行。学校的课堂环境与真实的多语文化交流情景是完全不同的，学生总有"为完成任务而学"或"为教师而学"的被动学习情绪，"积极学习"的态度不足。实践证明，如果能把"学中干"与"干中学"相结合，即部分实践型课程在用人单位进行，教学效果会有很大差异。"师傅带徒弟"这一简单的应用型人才培养方式有其特点和优势。用人单位导师与学校老师对任务完成的"苛刻"要求不同，加上"客户需求"，学生会在实践中培养"客户意识"或称"服务意识"，逐渐走向职业化。

第四，将用人单位的部分经典项目引入课堂，创造真实的社会活动场景。用人单位可以拿出"典型案例"作为课程内容，或由教师讲解，或由用人单位专家直接授课。"真实"远比"空洞无物"更有效果，因为"真实"解决的是面对挑战培养分析和解决问题的能力，而脱离交际环境的训练更多的是知识传播。80后和90后面对"过时知识"感觉"没有意思"，因为"缺乏挑战性"。按照心理学观点，学习动机不强，学习效果会直接受到影响。

第五，校企联合培养，共同搭建针对性更强的实践和实习平台。以往学生在大四或研究生最后一年的实习带有极大的盲目性，实习岗位与所学专业无关，与未来就业无关，实习变成了完成任务的代名词。而用人单位也总觉得大学生"不好用"或"不中用"，所做非所学，所学非所需。因此，学校培养与社会需求的脱节只能借助联合培养得到改善。

第六，寻找更有效的教学方法，这是实现合作的保证。从操作层面讲，双导师制、用人单位专家进课堂、用人单位带项目进课堂、专业方向选择与联合培养、实习基地双向管理、加强实习的计划性与制度化、实习与就业挂钩、从学生培养高度设定实习岗位、从用人单位需求出发实行弹性教学安排、学分的双向认定，等等，这些是实现校企合作的基本条件。

然而，校企合作呈现的必然性无法掩盖可能出现的困难和问题，例如，如果专业方向或课程内容涉及范围过于狭窄，如果用人单位最终不选用参加合作的毕业生，这些学生是否能够找到类似的工作成为潜在的新问题。学校的教学体系（大纲和实践安排）与用人单位的用人需求常常出现矛盾：学校的教学安排缺乏弹性，用人单位的用人需求又带有很强的随机性，大批毕业生都想在毕业前进入"理想"实习单位，而用人单位无法同时容纳过多实习生，等等。校企联合培养模式还需要深入探索。

3. 全新人才质量评估体系的探索与建立

高等教育为社会服务，这一点是不容置疑的。但人才质量是否真正符合社会的要求，谁来评估教学质量和人才质量，这是学校与用人单位合作必须解决的问题。传统的翻译水平考试无非是通过文本翻译或讲话翻译检测学生的水平，例如学校的期末考试。而用人单位单方的考试对学生知识体系和素质的整体评估又会有"偶然性"，依赖文聘高低评价毕业生质量已经不再适应当今社会的用人标准。

国内目前与翻译相关的资格或水平考试有数种，影响较大的有人事部的翻译资格（水平）考试、教育部的翻译水平考试、上海地区的翻译水平考试、厦门大学组织的翻译资格考试等。仅以人事部翻译资格（水平）考试为例，该考试的综合能力测试部分与教育部各语种的四级和八级考试有相同之处，重点在语言能力。该考试还有翻译实务，即使这部分与翻译职业现实有所接近，但仍缺乏真实性，如考生事先无法了解考试的主题、没有时间作译前准备、对作者／讲话人和作品／讲话的交际背景、对客户的要求知之甚少，再加上口译考试段落切分与口译职场现实存在差异，其考试结果无法真实或完全反映考生的实际水平。直率地讲，这种考试具有片面性，缺乏客观标准，或者说翻译人才质量评估标准还有待商榷。

按照国际惯例，选择第三方评价机构对相关能力作出客观评价是未来评估机制和体系发展的需要。学生在校的课程考试成绩、实习所在单位的意见和评分、职业资格考试成绩等应有一个合理的权重，应该制定学校、用人单位和第三方机构共同参与、分别实施的考核办法，更加全面地对语言服务人才进行培养和考核，这也是用人单位与学校合作发展的需要。

4. 结语

"汇聚学术与用人单位精英，共创新型伙伴关系"应该成为翻译教育从业者和用人单位共同思考和回答的问题。有目的、有计划地采用相应有效措施帮助学生复制或再制翻译职业行为模式和道德规范，培养依赖翻译职业生存的方式、培养能够掌握多语言、为跨文化交际服务的人才，这是翻译教育的目标。高校教学模式的改革迫在眉睫，工作重点应放在内涵式发展和提高质量上，不断改善教学方法，努力做到以翻译理论及相关理论为基础，使教学内容体现翻译职业的规律与特点，教学模式符合翻译能力发展规律与要求；教学以学生为中心，以"实践"为抓手，以任务和成果为导向，将社会需求和翻译职业现实引入教学，不断开拓新的平台与合作模式，探索建立全新的人才评估体系，为国家培养更多的跨文化语言服务人才。

五、翻译思辨能力发展特征研究——以 MTI 翻译理论与实务课程为例 [1]

摘要：翻译理论与实务是翻译专业学生必修课，课程内容含量高，但无论是本科还是硕士阶段都只有 36 课时。如何将知识型课程变为以学生思辨能力发展为核心的课程？采用何种手段方可实现掌握基本翻译理论并对实践有所反思或指导这一教学目标？翻译专业硕士生思辨能力发展有何显著特征？本论文以研究生一年级一个学期的翻译理论与实务课程为例，分析学生思辨能力发展特征，探索理论与实务课程授课的途径和方法。

关键词：MTI 学生；翻译理论与实务；思辨能力发展特征

1. 引言

《礼记·中庸》说："博学之，审问之，慎思之，明辨之，笃行之。"这其中的"思"和"辨"就是思辨一词的本意，也是批判性思维的精髓所在。2000 年中国教育部颁布了新的《高等学校英语专业英语教学大纲》，特别强调要培养学生分析问题、独立提出见解和创新能力，思辨能力成为教学关注的焦点。思辨能力可分为思考能力和表述能力两部分。国内外近些年先后出现思辨技能测

1　该文于 2015 年发表在《中国翻译》第 4 期。

试量表，如加利福尼亚批判性思维技能测验、剑桥大学批判性思维技能测试、华生—格拉泽批判性思维评价、我国外语类大学生思辨能力量具等。本文主要探讨批判性思辨能力的培养，即培养训练面对做什么或附和什么而作出合理性决定的一系列思考技能和方法。

为什么翻译专业的学生要培养思辨能力？首先，翻译学的任务之一就是要研究译者特殊的思维活动规律，而译者具有极强的思辨特征，从阅读、聆听到表达，逻辑分析和思辨抉择贯穿整个翻译过程。学习翻译，即学习翻译的特殊思维模式，而这种思维模式的训练应贯穿在教学大纲的每一门课程中，翻译理论与实务课程自然是非常重要的训练思维模式课程之一。这是因为，这门课程除传输相关理论知识外，更重要的是培养学生阅读、选择、思考、思辨、逻辑分析、寻找合理结论的能力。其次，翻译具有体验性、互动性、创造性、语篇性、和谐性等特征（王寅，2005：15-20；颜林海，2014：10）。在理论与实务课上解决理论联系实际问题，尤其应凸显翻译实践和实战特征，这是培养学生翻译能力的必要途径和手段。另外，现代教学法五要素中学生是核心，采用科学的手段、选择合适的内容，让学生在教学环境和社会构建活动中成为主要"演员"，这也是社会建构主义教学模式的突出特征，更是实现教学目标的基本保证。这是因为，能力培养的关键在于"动"，动在交际环境中，动中学，学生之间互动，师生之间互动，在"对话"与"合作"中培养思辨能力。除此之外，此课程还可以为学生撰写毕业论文奠定基础。应该说，这也是一门方法论课程。

北京语言大学翻译理论与实务课程在本科第五学期和翻译专业硕士第二学期开设，这样设计的主要考虑有两点：一是学生已有一个学期的翻译实践培养，需要对实践中遇到的问题有所反思，内省是成年人心理特征之一，"感性"到"理性"的升华有助于翻译实践；二是为毕业论文选题做铺垫。本论文主要分析 2013 级翻译专业硕士（MTI）学习情况。该年级 MTI 英语和法语方向共 83人，含外国学生 3 人。教学大纲设计授课时间为 17 周，教学内容为翻译理论基本知识和理论，相关主题约 20 个，除许钧、穆雷（2009）主编的《翻译学概论》涉及的内容外，还包括语言服务市场、本地化和国际相关机构的信息查询等。

开学初，在介绍教学大纲和课程内容后，教师对小组构成和作业质量提出要求。为培养学生的团队合作精神和责任心，小组成员由英语和法语方向同学搭配构成，小组组长即为项目经理，负责统筹团队工作。小组作业主要以 PPT 形式完成，每周定期以邮件形式交给教师，教师就每组作业撰写评语并打分。上课时教师根据作业质量或出现的问题随机邀请同学介绍、讲解或回答问题，组织全班讨论，课后各组学生上传作业到公共网盘，实现成果共享。

现代科技给青年人提供了很好的学习平台和手段，学院也开设了机器辅助翻译和项目管理课程，这对本课程制作 PPT 很有帮助。教师也对 PPT 形式和内容提出了具体要求，且在第 1-3 周重点解决格式、色彩等与主题的关系，资料出处及选择的合理性，以及提要、标题、参考书等必须首先解决的基本问题。随后将关注重点转入主题的切入点、内容的逻辑性、对作者观点的思考和分析、理论与实践结合的论证等，其核心是学习如何提出问题并尝试找到解决问题的途径和方法，或许很多问题可在阅读中寻找初步答案。阅读后能够提出问题、通过与作者对话寻找得当的解决方法的"讨论"（作业）会获得高分，因为该课程的考核重点从知识重述变为逻辑思考与分析、观点概述和信息综合能力。本文从平时成绩、问卷调查结果、期末阅读报告三方面对学生思辨能力发展特征进行分析。

2. 平时成绩与"高原现象"

本课程平时成绩与期末成绩各占 50%，小组平时成绩即每个成员的平时成绩。除前两周因学生尚不熟悉打分标准由教师打分外，其余作业为小组自评分＋他组评分＋博士生评分＋教师评分，四项平均分为最终成绩。

评分标准重点大致呈现为四个阶段：PPT 呈现形式和技巧（色调、排版、图示等）、学术规范与基本方法（引注、参考书目格式、文献选择等）、结构（逻辑性、思路清晰度、理据得当等）、分析思考（选题、视角、切入点、与实践结合、创新性等）。

综合 16 个小组共 12 次作业，学期总平均成绩为 88.2 分，得分最高 1 次班平均分为 89.9 分，达到优秀程度。12 次成绩方差分析结果如表 7.24 所示：

表 7.24 全班平时成绩 ANOVA 分析结果表

ANOVA

	Sum of Squares	df	Mean Square	F	Sig.
Between Groups	338.941	11	30.813	3.857	.000
Within Groups	1437.984	180	7.989		
Total	1776.926	191			

Sig.(.00) 表明 12 次成绩确有提高，且具有显著性，说明成绩的提高并非偶然。

成绩曲线（实线）及对数趋势线（虚线）如图 7.2 所示。

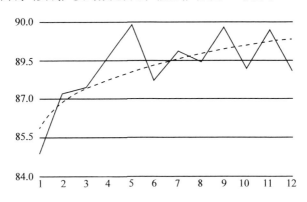

图 7.2 小组作业平均成绩曲线图

对数趋势线展示出成绩的总体演变：前期成绩较快提升，之后上下浮动但稳定在一定区间，总体呈缓慢上升趋势。前半期增长速度较快，后半期增速减缓。这完全符合教育学中的"高原现象"（潘菽，1992：142-148），即具有学习的四个阶段性特征：1）接触新事物初期阶段进步速度相对较慢；2）学生在掌握了新知识，特别是具备了基本技能后，成绩明显提高，信心增加，进步很快；3）"高原期"，呈持平甚至略有下降阶段，主要原因是基础知识已经掌握，基本能力已经具备，心理上出现"停滞不前"或倦怠情绪；4）克服高原现象阶段，不断改进和完善学习方法，深入学习思考，能力逐步上升

（见图 7.2）。实际上，一个学期的课程结束时，学生的思辨能力仍在"爬坡"，在随后的其他课程上，相关能力还会以不同方式得到提升，从而接近教学目标要求。

学生完成的 PPT 作业，从开始的"突兀"（色调和内容大相径庭、结构混乱、图示和内容不搭配、标示混乱、参考书不符合标准等等）到整体逻辑清晰并具有"可视性"，从"漫天文字"到"提纲挈领"，逐渐达到职业化要求。后期学生的 PPT 版式典雅大方，内容逻辑、清晰、丰富。在团队合作以及与其他小组竞争的心理下，学生纷纷发挥自己的特长，不仅在 PPT 制作的技术上有了很大提高，还在作业中加入个性特征和创新元素，选择独到的切入点，与自身的翻译实践与思考相结合，不断尝试解决遇到的各种问题。

3. 思辨能力发展特征分析

教育学探讨学生诸多"能力"的培养，包括伦理能力、预测能力、学习能力、综合能力、决策能力、规划能力、组织能力、落实能力、现行活动能力、授权能力、参与能力、沟通能力、适应能力、谈判能力、检出能力、激励能力、责任能力和创新能力。结合译者应具备的能力，本文将重点探讨译前准备能力（资料查询、甄别筛选、文献梳理等）、阅读思考能力、提出问题和解决问题的能力、理论联系实际能力、团队合作能力。为此，在课程结束后我们做了调查问卷，试图通过学生对课程的评价对课程教学结果作出评价。

1) 学生自评：能力的提高与掌握

按照心理学理论，知识是认知经验的概括，技能是活动方式的概括，能力是心理水平的概括；但知识和技能的掌握并不必然导致能力的发展，知识和技能的掌握只有达到熟练程度，通过广泛迁移，才能促进能力的发展。为此，我们在问卷中首先要求学生对自身能力提高程度进行打分，然后再对能力掌握程度打分。前者用来评价知识和技能的掌握情况，后者为能力状况自评结果，从而通过学生的自我判断观察能力提高程度。

表 7.25 列出了要求学生打分的 11 项能力。学生分别就"提高程度"与"掌握程度"两项从 1-5 分区间打分。汇总 66 人有效问卷得到结果如表 7.25 所示：

表 7.25 学生自评各项能力提高程度与掌握程度结果详表

	能力	能力提高程度自评平均分	掌握程度自评平均分	排序
1	团队合作能力	4.35	4.18	1/1
2	查找、识别文献能力	4.06	3.7	2/4
3	梳理文献能力	3.95	3.73	3/3
4	准确提炼作者观点能力	3.83	3.77	4/2
5	独立思考能力	3.74	3.68	5/5
6	多角度思考能力	3.73	3.53	6/7
7	提出问题的能力	3.65	3.39	7/11
8	合理判断与评价能力	3.64	3.56	8/6
9	解决问题能力	3.62	3.44	9/10
10	理论与实践结合能力	3.56	3.53	10/7
11	综合分析能力	3.56	3.47	11/9

问卷还让学生补充其他自我感觉提高较大的能力。在该项中，被提到最多的能力是 PPT 制作能力 / 文档编排能力（21 人，占答卷人数 32%）。其他补充的能力还包括：演讲能力、耐力、抗压能力、合理安排时间的能力、创新能力等。

表 7.26 课程效果自评结果

问题 ＼ 打分人数占比	1 分	2 分	3 分	4 分	5 分	平均分
目前你对翻译理论的兴趣程度	3.03%	7.58%	40.91%	42.42%	6.06%	3.41
你认为翻译理论对实践的作用程度	3.03%	6.06%	25.76%	50.0%	15.15%	3.68
本课程对你个人的实用性	3.03%	1.52%	31.82%	43.94%	19.7%	3.76
本课程在 MTI 学习阶段的必要性	0.0%	1.52%	12.12%	31.82%	54.55%	4.39

　　问卷以开放性问题的形式要求学生解释为何认为"本课程在 MTI 学习阶段是否有必要开设"，61% 的学生强调理论对实践的指导作用；另有 21% 的学生明确表示，在课程中学到的并不仅限于翻译理论，通过课程所培养的独立思考、分析问题的能力以及其他各方面的综合素质是更为重要的收获。由上表可见，MTI 学生对于理论学习十分认可（4.39 分）。课程不仅培养了学生对翻译理论的兴趣，也对个人或他人的翻译实践有机会加以思考和分析，一句话，"实务"或"实用"得到学生的认可。

2）相关能力的培养与提高

　　经过对学生 11 项子能力提高程度打分的因素分析，可提取出四个维度及子能力，如表 7.27 所示。

表 7.27　四个维度与子能力

	能力	子能力	提高程度	掌握程度
1	与实践相关的能力	团队合作能力	4.0	3.9
		理论与实践结合能力		
2	与阅读相关的能力	查找、识别文献能力	3.9	3.7
		梳理文献能力		
		准确提炼作者观点能力		
		合理判断与评价能力		
3	与思考相关的能力	独立思考能力	3.7	3.6
		综合分析能力		
4	与问题相关的能力	提出问题能力	3.7	3.5
		多角度思考能力		
		解决问题能力		

　　表 7.27 展示本科生 11 项子能力的并项结果，我们取各子能力并项后的平均分作为单项分数，以此作为分析基础。

a. 与实践相关的能力

与实践相关的能力包括两项子能力："团队合作能力"和"理论与实践相结合能力"，是学生自评提高最多的能力。

就子能力来说，在学生自评中，无论是提升程度还是掌握程度，团队合作能力均占首位（见表 7.25：提升 4.36 分，掌握 4.18 分）。这一方面体现出学生该能力的显著提升以及本人对这项能力的认可程度，另一方面也说明学生在开课前该项能力相对薄弱。有的学生表示，之前从未有过这样的上课形式，个人从未有过以团队形式写作业的经验。

团队能力普遍被视为职业核心能力之一，很多用人单位对于应聘者团队合作能力的重视程度不亚于专业技能。然而，我们却常常听到对大学生缺乏职业沟通团队合作能力的担忧，甚至有团队能力已成为学生就业短板的舆论。由此反思我们的教育，这项能力的培养不应该成为大学教学的任务吗？

在期中、期末总结报告中，学生对团队合作的重要性有深刻感悟，他们反馈的主要收获包括：

- 沟通能力：在一次次讨论和争论中学会了有条理地陈述与辩驳。据一组学生的统计，在前半学期的 8 次作业中，小组共开会讨论了 17 次，此外还有在 QQ 群、微信群等其他形式的讨论，"在讨论中碰撞出思想的火花。"

- 协调能力：小组需要协调选题的方向、重点的选择、观点的妥协。

- 团队分工合作能力：发挥各个成员的长处，整合团队综合能力，同时也锻炼了项目管理能力。

- 规划能力：作业时间有限，在短时间内保证团队高效运转，必须做好规划，这在一定程度上治疗了学生中广泛存在的"拖延症"。经过一段时间的训练，各小组逐渐形成了自己的工作流程，有的小组有严格的时间进度表，工作方式呈现职业化趋势。

- 互相帮助和互相理解。团队成员在一次次"任务"中也收获了深厚的友谊。

众所周知，大学的一些课程常常呈现"上课睡觉或轮流逃课、下课玩游戏或打工挣钱、作业你抄我抄，最后浑浑噩噩拿文凭"的情况，而且分小组集体完成作业是"难解题"，因为小组作业常常变成每周一个人做，一个学期下来，每个学生能完成一半作业都值得庆幸，对其他未参与完成的作业内容"根本不知晓"也就不足为奇了。但翻译理论与实务课程一直受到本科生和硕士生的高度重视，小组作业质量也在不断提高。2013级是近几年人数最多的班级，如何有效组织教学成为教师必须解决的问题。课程内容和安排提前下发、课上随机抽检、小组间相互评分、平时成绩占比加大（50%）、阅读报告与毕业论文指导等方式促进了小组合作形式的完善。实际上，本科三年级第一学期的同类课程和另外两个硕士班课程调查结果均验证了此种教学模式对团队合作能力有十分积极的作用。社会建构主义教学法、慕课和翻转课堂强调的均是将学生变为教学的主体，即课前的作业自己完成，在完成中和其他成员一起尽可能通过讨论和查找解决遇到的问题，上课成为学生与学生、教师与学生的互动环节，教师帮忙答疑，针对性显著提高，学生的思辨能力在"自学、阅读、思考分析、讨论、求助"链条中不断得到提高。

MTI教学指导委员会对翻译专业硕士生培养目标有如下描述："培养德智体全面发展，能适应全球经济一体化及提高国家国际竞争力的需要，适应国家经济、文化、社会建设需要的高层次、应用型、专业性口笔译人才"[1]。该培养目标的核心概念为"高层次、应用型、专业性口笔译人才"。如何区别研究型和应用型人才培养目标，选择怎样的教学模式、教学内容和方法，这都是我们始终关注的问题。因此，如何在理论中联系实际、使学生积极参与理论学习与思考、培养他们的思辨能力成为该课程主要面对的问题。多数MTI学生对本课程的诉求在于"提高实践能力，回答实践中遇到的问题"。而对翻译理论的学习，则可帮助他们对翻译实践进行梳理、反思，提出、解答问题。

b. 与阅读相关的能力

与阅读相关的能力包括四项子能力：查找、识别文献能力，梳理文献能力，准确提炼作者观点能力，合理判断与评价能力。

1　全国翻译专业学位研究生教育指导委员会，2013，翻译硕士专业学位研究生教育指导性培养方案，http://cnmti.gdufs.edu.cn/info/1015/1003.htm（2015年1月28日读取）。

资料查询、文献梳理、提炼有效信息是与阅读相关的重要能力。这些能力既是基本的学术研究能力，也是译者必须具备的译前准备能力。尤其在信息爆炸、互联网、大数据时代背景下，面对大量资料如何快速查询与筛选，如何获得最有价值的信息尤为重要。此次统计过程与结果如下所述。

课程前期亟待解决的主要问题是文献的选择鉴别、写作过程中对引用文献的使用规范等。这个阶段的主要问题是引用文献质量低、引用出处不明、没有规范的参考文献目录。随着课堂内容的不断深入，学生在探索过程中逐渐形成一套行之有效的文献查找方法和途径，逐渐学会在浩如烟海的论文库中查找与讨论主题相关的文献，并且学会鉴别文献的价值和质量。与该课程相关的"搜智"课程也对该能力的形成作出了贡献。学生在几周的训练后便可以根据作者、关键词、主题、出版社、目录、简介、时间等重要信息选择相关文献，快速找到有价值的信息。学生在总结中表示："我们对文献的选择、筛选能力以及独立总结和思考能力都在一个个课题的完成中得到不断提升。"

理论课程需要学生大量阅读，否则对相关主题无法有基本认识。翻译理论与实务课程主要参考书自然是高等学校外语专业教学指导委员会规定的教科书，但一本教材一门课无法实现学生思辨能力的培养这一教学目标。我们可以从学生12次平时作业后列出的参考文献统计看他们的实际阅读量：按一学期参考文献总数看，平均每组列出论文39篇、著作34本，共计73份。在每次作业中，平均每个小组引用3篇论文、3本著作（不包括在前期作业中个别小组因不了解学术规范而未列出的参考书目）。大量有针对性的文献阅读让学生了解了翻译理论的基本框架，扩充了知识，同时也提高了人文素养。可以说，一本教材支撑一门课程的现状得到了改善。

c. 与思考相关的能力

与思考相关的能力包括两项子能力：独立思考能力与综合分析能力。

逻辑思维能力是指正确、合理思考的能力，即对事物进行观察、比较、分析、综合、抽象、概括、判断、推理的能力，采用科学的逻辑方法，准确而有条理地表达自己思维过程的能力。所谓逻辑思维能力就是正确、合理地进行思考的能力。思想在辩论中产生，包括自己和自己辩论，而译者思维特殊性何在？搜集、整理有价值的资料，对浩瀚如海的信息作出判断和选择，预测翻译将要面对的问题并寻找解决方案，作好翻译准备。"思维和推理是人类两种复杂的认知活动……翻译是一种跨语言、跨文化的认知活动。它离不开译者的思维和推理，而思维和推理的最终目的是解决问题"（颜林海，2008：84）。翻译理论与实务课程能否在传授翻译学知识的同时帮助学生获得这些能力，尤其是独立思考和综合分析的能力。在对开放性问题"你认为做好翻译学研究最重要的三项（及以上）条件是什么？"的回答中，"思考"成为出现最多的词语：41% 的学生将"独立思考"（提高程度 3.74 分）列入前三项最重要的条件之一。

d. 与问题相关的能力

与问题相关的能力包括三项子能力：提出问题能力、多角度思考能力、解决问题能力。

研究的涵义是什么？研究即发现问题、讨论问题和解决问题，换句话说，研究能力中首先要具备提出问题的能力，随后才是解决问题的能力。问题导向是培养思辨能力的重要手段。不会提问题，解决问题则为空话。而多角度思考是讨论问题的方法，是解决问题的过程。图 7.3 展示 12 次作业中各小组在 PPT 中提出的问题数量的统计结果：

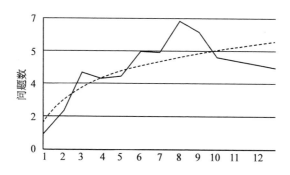

图 7.3　历次平时作业提出问题数量曲线图

全班每次每小组平均提出 4 个问题。提出问题最多的一组（G6），平均每次作业提出 12 个问题。从单次作业来看，提问最多的一份作业（G6 组第 6 次作业）问题多达 32 个。图 7.3 中的对数趋势线（虚线）走向与图 7.2 吻合，同样呈现出"高原现象"：初期无意识提问，不会提问，经过一段时间的"挣扎"后，达到一定程度，又从"提问题过多"逐渐回归到"问题恰如其分"。学生作业逐渐形成以提出问题—解决问题—再提出问题为线，层层推进，深入思考的结构。除开篇的提问外，还有反思、小结中仍有待回答的问题，这为之后的研究奠定了基础。一位同学表示："从最初的被动解决问题，到现在可以主动提出问题，这是我最大的进步。"

在 78 份期末阅读报告中，有 50 份标题是提问形式，占总人数的 64%。如"翻译项目中'赞助人'真的只是'隐形的手'吗？""从伽达默尔哲学解释学三大原则看作者'本意'是否可寻？""翻译史的最佳划分方法是否存在？为什么？"等。尽管有的标题并不完全符合阅读报告的格式，但学生开始养成提出问题、解决问题的思维习惯，问题意识逐渐养成。

e. 创新能力

我们没让学生对创新能力的"提高"与"掌握"进行自评，是因为我们认为创新是年轻人的优势与特质，教师的职责是让激发学生的创造力，让他们这一优势得到发扬、发挥、找到用武之地。

学生的创新能力体现在方方面面，除 PPT 制作创新外，主要体现在选题创新和工作流程创新上。年轻人充满活力，充满潜在的创新能力。他们有自己的关注点，新颖且富有价值。

学生在技术方面有其特别的优势，尤其在团队成员带领下，人人学会了专业 PPT 制作。除上网搜索、下载模板和素材外，有设计特长的学生还自行设计精美的 PPT 模板，甚至制作动画短片呈现作业内容，彰显创意个性。中后期的 PPT 制作所呈现的不再是满满的文字，更多的是生动、有趣、形象逼真、图片与图表结合、便于理解和富有趣味性的画面。

年轻人有自己的关注点，很多新颖的话题跃然纸上，如"众包翻译模式下的电影字幕翻译""游戏软件翻译"等，他们从网上搜集大量资料，了解该市场演变与发展情况，结合自己的个人兴趣，有针对性地培养进入市场所需要的知识和能力。

选题创新也表现在独立思考方面。例如围绕"翻译教学"主题，一位同学撰写了《对北京语言大学 MTI 技术课程设置的思考》阅读报告。作者对照国内外高效技术课程培养大纲，分析了该课程体系，指出了其中的问题，并提出了自己的建议。报告中，作者还分析了针对该问题进行的问卷调查结果，分析有理有据，其建议已经被学院采用。

创新还体现在小组工作流程上。有的小组尝试不同的合作模式，如更换角色、调整进度、网络沟通、讨论协作、发放调查问卷、采访职业人员、实地考察等。每一个成员都能在团队合作框架下得到不同程度的发展。

4. 思辨能力发展特征对教学的启示

1）阅读报告成绩分析

学期期末作业为每个人根据自己的兴趣和阅读内容撰写一篇阅读报告，该报告可以是独立的，也可以是毕业论文的前期准备。下面对阅读报告进行分析，以问题意识到其他若干能力的发展特征为主线，探讨学生认知发展特征和对教学的启示。

分析阅读报告成绩：90 分以上占 32%；80 分以上占 67%。该成绩说明，翻译理论与实务课程实现了预定的教学目标，这一点还可从阅读报告的主题分类（图 7.4）和评语分析（表 7.28、表 7.29）得到验证。

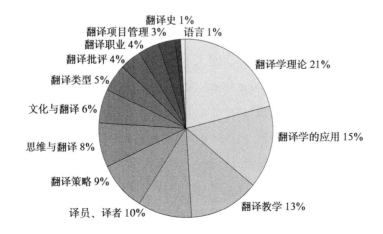

图 7.4 阅读报告主题分类图

表 7.28 阅读报告特点列表

排序	优点	人数	百分比
1	选题好、有特点	32	41%
2	思路清晰	31	40%
3	切入点好	16	21%
4	细致的分析，与作者对话的感觉	16	21%
5	论证有理有据	15	19%
6	与自身实践相结合	11	14%

表 7.29 阅读报告尚待改善的问题列表

排序	缺点	人数	百分比
1	格式不符合阅读报告标准	36	46%
2	无阅读，空谈	15	19%
3	分析不到位，不扣题	11	14%
4	偏重介绍，缺乏个人的思考与观点	9	12%
5	过于宏观	8	10%
6	与个人实践脱节	4	5%
7	写作语言不够学术化	3	4%

2）翻译理论与实务课程对应用型人才培养的启示

什么是一堂好课？其标准是什么？教学目标明确、教学内容充实、教学方法合理、教学过程紧凑、教学效果明显、学生相关能力得到明显提升，这应该是检测教学效果的基本标准。培养应用型翻译人才，关键是应用。但学习者是成年人，有其特殊的学习心理特征。成年人心理特征之一则是理解基础上的记忆，或称理性学习。因此，以"思辨"能力为基础的教育显得十分重要。这也从实践的角度证明了王寅和颜林海之前所述，即翻译具有体验性、互动性、创造性、语篇性、和谐性等特征。

　　教学目标明确是人才培养的基础。除工作语言外思辨能力是翻译人才的最基本特征，而思辨能力体现在广泛阅读、资料查询、信息筛选、分析判断、发现问题和解决问题上。因此，这一教学目标应该体现在教学的各个环节上，可以在课程中帮助学生在特定环境下通过阅读思考，通过反思或内省，对相关能力有所感悟，并在此基础上从"动"中学习，在"动"中成长。

　　教学内容充实是实现教学目标的保证。多少年来，一门课程一本教材是常态，考试成绩所占比例高于平时成绩也是常态。在知识大爆炸时代，一本教材能够涵盖的知识是有限的，学生完全可以通过自己的阅读和知识结构选择教材或学习资源，进行创造性学习，从而实现个性化培养目标。一个学期下来，学生除阅读 4-5 本与翻译学相关的基本教材或专著外，还大量阅读了10 多篇与主题相关的论文，读书不再为了考试，而是为了解决遇到的问题，展示自己对这些问题的思考，其收获远比教师"唱独角戏"更为丰富，因为，书本上的知识和教师要讲的内容通过学生的反省与思考进入其认知体系。

　　教学方法合理是培养人才的基本手段。按照现代教育学理论，在学生、教师、教材三要素中必须增加"教学环境"和"社会环境"。笔者认为，创造有利于学生学习的教学环境至关重要，也是实施教学法的基本条件。围绕学生培养目标确定教学内容后，学生自主学习、相互讨论、提出问题、寻找答案、教师指导，这五个环节是培养学生思辨能力的基本方法。教学过程紧凑更是当代人才培养的需要。一个学期 36 课时，加上每周阅读、讨论和完成作业所需的时间，这为学生大量的实践奠定了良好的"内省"基础。有限的授课和学习时间与充实的教学内容带来的必然结果是教学过程紧凑。而这样的教学模式自然引发学生的青睐。

　　实际上，这样的理论课程离不开与其他课程的相互辐射，尤其是翻译实践课程。我们发现，学生会对实践课上或实习中遇到的诸多问题进行思考或反思，这种反思即为内省过程，是成年人的专利。反思过后，对后来的实践会产生积极的作用，进而促进翻译实践能力的不断提高。

　　一门好课，最基本的评价当然应该是教学效果得到学生的广泛认可。翻译理论与实务课程的讲台从始至终属于学生，教师的角色变成"一设二导"：即

"设计""引导"和"指导",这样的做法与目前盛行的慕课和翻转课堂原则可谓异曲同工。

六、科技口译与质量评估 [1]

摘要：本文主要从科技口译的特点、讲话人的言语计划、目的语听众的言语期待、口译程序和口译质量评估手段等方面讨论科技口译同一般会议口译的差别及评估标准。

关键词：言语计划；言语期待；口译程序；评估标准

1. 引言

科技口译和一般会议口译有何差别？讲话人的言语意图对译员的影响是什么？听众的期待在翻译中的作用是什么？科技口译质量评估的标准是什么？ 忠实于原讲话人、忠实于目的语语言规则和忠实于听众能否作为科技口译的质量评估标准？若想评介口译质量，首先应该制定口译标准，而口译标准的制定又要求明确区分口译的种类，分析讲话人的言语计划和特点，并根据目的语听众的期待和翻译的结果全方位进行评价。这是因为，政治家的即席演讲有其特殊要求，一般会议有一般会议的要求，而科技口译由于其内容的特殊性和听众对讲话期待的特殊性，评介标准自然因这些因素而不同。"翻译一词在正常使用中有多种意义，也可以从不同的角度加以研究，从而产生各种不同的理论。用母语描写一种外语，从事语言教学，翻译各类复杂棘手的谈判，对一篇文章进行转译，对已消失的文化进行资料辨译，给计算机提供分析、造句规则，凡此种种，均因出发点不同而对翻译作出截然不同的解释"（塞莱丝柯维奇，1983，1990，刘和平译：48）。换句话讲，讲话人的言语计划不同，目的语听众的期待有异，研究的方法和结论自然会出现差别。研究科技口译标准，不能离开科技口译正常进行时必备的环境、条件和译员的翻译过程空谈标准。众所周知，一般性会议指 Delisle 定义的实用性讲话翻译，即必须借助口译进行的谈判、

1　该文于 2002 年发表在《上海科技翻译》第 1 期。

研讨会或讨论会，这是以传递信息内容为主要交际目的的讲话翻译。翻阅关于科技翻译的论文，可以看到一种基本一致的观点：科技翻译在信息传递的准确性上比一般性会议口译要求更高。我们不否认这一推断和观点，但科技口译的准确性到底表现在哪些方面？与讲话人的计划和目的语听众的期待是否有直接关系？是否存在一个统一的或一成不变的标准？

2. 定义

1）科技口译

"科技口译"指逻辑性强、概念清楚、用词准确、表达简练且专业性较强的讲话翻译。从语篇特点看，科技类语篇没有过多的描述，一般是开门见山，简短明快，使听众能迅速抓住问题的重点。如果在实地翻译，相关的物品经常可以使口译简化，有时甚至不翻译听众已经完全明白其所指意义。从语言角度分析，前置性陈述居多，即句子的主要信息前置，而且经常使用被动态，简洁、中肯和明晰是科技翻译的三大主要品质（田传茂、许明武，2000：56-61），准确则是科技翻译的灵魂（许树椿，1984：26-28）。从科技口译的过程看，其过程可以分为：感知、分析思考、记忆、译出四个环节（夏年生，1986：34-40），但这四个环节在口译中不是一个一个分开进行的，而是一个相互贯通、互相联系、互相交错，几乎同时进行的一个十分复杂的过程。作者曾参加过多种不同主题的科技类交传或同传，例如，核反应堆的后循环和后处理、卫星定位系统、三峡工程技术谈判、自动化楼宇系统、防爆产品等，内容涉及专业和高科技，这些均属于科技口译范畴。

2）一般性会议口译

一般性会议中大都为 Delisle 定义的实用性讲话，这类讲话突出特点是信息量大，交流速度快，交际双方的信息反馈迅速，情感（文学翻译讲的风格）色彩的表述常常借助语音、语调、面部表情或手势等方式表现，有利于译员的理解。对职业译员而言，其内容相对简单，因此，译前需要准备的时间比科技翻译也相对减少。实用讲话的口译程序可以用听辨、分析理解和记录及表达说明，这同前面描述的科技翻译程序没有大的区别，只是由于译员对主题知识的了解程度不同在听辨时启动认知知识和利用上下文理解讲话意义方面有一定差别。作者参加过诸如联合国人口大会、城市可持续发展大会以及欧元、中外保险、商务谈判、董事局会议、大型招商会等主题会议的交传或同传，而这些均属于一般性会议口译。

3）译员

之所以在讨论口译质量前对译员作出定义，不仅因为译员的语言水平决定翻译的质量，其认知知识水平同质量紧密相关，而且译员临场根据讲话人的言语计划和目的语听众的期待等因素所采取的对策会对翻译结果产生一定程度的影响。本文所讲的译员不是在某一特定领域工作数年的专家，而是职业译员，是以翻译为职业谋生的人员。这些人接触的主题十分广泛，著名口译专家 Seleskovitch 从事翻译数十年，翻译涉及的领域达几十个。如此说来，一位职业译员不可能成为所有领域的专家，只能是对某些领域了解更多些，但永远不可能与特定领域专家拥有的知识相提并论。随着中国专业人员外语水平的提高，一些人开始承担所在领域的翻译任务，这是可喜的现象。但应该看到，科技和实用讲话会议翻译还仍经常借助职业翻译人员进行，因此，文中提及的译员特指这些职业口译人员。

3. 观察与思考

前面提到核反应堆的后循环和后处理、卫星定位系统等科技口译，对一般人来说，见到这样的题目会感觉有点"高深莫测"，隔行如隔山，很难想象译员如何翻译这类的内容。我们介绍一下职业译员接到科技口译任务后的反应、操作过程和方法，然后剖析译员的翻译过程，揭开译员"万金油"的奥秘。

1）前期语言和主题准备：认知补充

众所周知，人一生下来就在同外部界的交往过程中开始认识周围的人、物体、事件和情景，在大脑中形成不同的认知模式。"这样的认知模式不是大量事实经验的简单罗列和堆砌，而是围绕不同事物的情景形成的有序的知识系统"（王立弟，2001）。这种有序的知识系统可以分为两大类，一类是对外部世界的直接认识结果，一类是通过书本或其他途径间接获得的。随着生活经验的丰富和增加，随着知识结构的不断调整和更新，人的知识系统会发生不断的变化，对事物的认识会更加深刻，其覆盖面会更加宽泛。如前所述，译员的工作是一种挑战，接触的是高新技术，因此接到口译任务后会立刻调整自己的认知知识，采取不同的方法补充和完善相关知识，奠定理解某专业知识的基础（但不是掌握），或者说在翻译前能够清楚相关专业的内在逻辑性，并作好必要的语言方面的准备。例如翻译后循环、后处理，就应该大体上明白利用核能发电和核电站运行的情况，知道核废料的威胁，尤其应该清楚后循环和后处理在该领域的地位，等等。具体讲，译员应该清楚中国在该领域的发展情况，知道核废料的处理是摆在中国相关部门面前的一个大问题，同时借助拿到的材料整理自己的思路，尽可能做到有的放矢，同时作相关的术语准备。

2）与讲话人接触：言语计划

按照国际惯例，在会议前译员一般都有机会同讲话人接触，目的是进一步了解讲话人的"言语计划"，包括讲话内容要点、要达到的主要目的、讲话难度等等。后循环、后处理是法国开发的先进技术，法国专家十分清楚中国的核反应堆将面临退役，这一技术的引进是必然的。由此推论，介绍这一先进技术，最终让中国专家能够信服并引进该技术是讲话人要实现的主要目标。如此来看，技术本身是十分关键的内容，译员必须清楚里面的技术难点。为此，几位译员就材料上的内容难点或不懂的问题向法国专家进行长达四小时的询问，让他们解答其工作是一种挑战，因为接触的是高新技术，译员需尽力在翻译前能够清楚相关专业的"内在逻辑性"，并作好必要的语言方面的准备。例如翻译后循环、后处理中的逻辑关系，力争在翻译的时候不迷失方向。

3）了解听众情况：听众的期待

实际上，讲话人的言语计划同目的语听众的期待有直接关系。参加会议的听众来自中国的核工业部门或设计院，都是该领域的资深专家，他们对外国专家的讲话内容一方面有很大的期待，另一方面可以说是"心有灵犀一点通"，即使译员使用的词汇不够专业，他们完全可以明白其意思。确切地讲，这样的会议是专家与专家的对话，专家听众是带着问题而来的，是带有选择地听讲话人发布的信息，目的是找到问题的答案。应该说，这样的背景十分有利于翻译的进行。后循环和后处理的可靠性、技术难度、必要的条件和资金等成为听讲人的主要期待。

4）口译过程中的认知知识补充：知识系统的调整和完善

无论是叙述类讲话，还是论述或描述类讲话，话语的理解、记忆和信息提取正确与否都与使用该语言人的知识体系有关。如果只是分别运用两种不同的语言，问题也许不那么突出，因为人在理解讲话的时候总是不自觉地将语言知识同认知知识结合在一起，但译员的情况比较特殊，他/她在理解、记忆和表达过程中要跨越不同的文化和知识体系：首先是跨文化问题，其次是翻译相关内容需要的知识体系。语篇结构、编译码方式、交际风格，乃至词法、句法等方面的不同无疑会给跨文化交际造成困难或产生冲突（贾玉新，1997：96）。即使排除语言方面的困难，职业译员还必须具备跨文化意识才能较好地处理两种语言信息的转换。实际上，科技翻译中由于不同文化造成的思维方式方面的差异并不十分明显，主要困难来自主题知识的缺乏。能否有意识地启动相关的认知知识成为翻译成功的基础。Lederer 认为，交际意义是语言加语言外知识之和。先前讲到译员的译前准备，即使这样，在翻译时也不能保证完全理解准确，使用的专业术语也不一定符合业内标准。言语理解的过程可看作是"一个句子的表层结构到深层结构的过程，经历一系列相继的信息加工阶段"（王甦，王安圣，1992：347），通过采用一定的言语理解策略，对信息进行整合和推理，为言语产出作前期的准备。那么，译员是怎样工作的呢？

5）科技口译译员的思维特点

参加科技会议的人员大都是专业人士，例如，讲话人是后循环和后处理方面的专家，参加会议的是核工业部和核能研究所的高级工程师以及中国气象局的专家，作报告的是外国搞卫星定位系统研究的专家，等等。这些专业人员虽然语言不通，但由于"心有灵犀一点通"，一个词甚至都可以让他们明白对方的意思，有时，译员的表达并不完整，但专家们在对话中都在无意识地表达着完整的意义，而且将不准确的词"纠正"过来。译员在翻译过程中一般都十分注意专家的表达方法，不仅有意识地丰富自己的认知知识，而且注意随时矫正和完善与主题相关的知识系统，从而为下面的翻译铺平道路。同一般会议翻译比较，科技口译译员在听辨、理解、整理、表达方面没有特别突出的不同，但在翻译中借助上下文、通过同讲话人的交流不断丰富调整认知，经历着一个认知心理学中讲的自下而上和自上而下的感知过程。法语的 appareillage 本来是

"设备"或"附属装置",但在低压电器领域特指开关插座。译员在讲话开始的时候很难把握这类词的翻译,但讲话人在后面的讲话中一直在谈开关插座产品,根据上下文,译员很快会明白其特指。法语中 coeur 是心脏的意思,但在后循环后处理中出现了 conception du coeur et aspect de sureté,译员开始使用的是"心脏的设计与确定",听讲的人回过头来望着译厢里的译员微笑,但从他们的微笑中可以窥测到,他们明白了意思。这时译员的思维速度加快,边翻译边思考为什么人们听了刚才的讲话会笑,他无法停下来,但紧接下来一位中国专家的提问让他顿开茅塞:"堆芯的设计和安全是我们最关心的问题"。

在实践中还会出现另一种情况:讲话人使用计算机投影辅助讲解,这种情况下,听讲人只要看到屏幕上的文字便可以明白内容,因为,中国人的外语阅读能力通常远远高于其口头表达能力。译员的话有时还没有结束,听讲人就发言提问。可以设想,译员眼前是外文,听到的是中文,他的分析和整理速度加快,可以借助这种有利环境准确翻译讲话内容,而且显得非常专业。由此可以看出,在翻译过程中,科技口译译员在听辨的同时更注重确认或定位。一次技术谈判中,中方希望外方供应商部分享受其国家提供的政府贷款,其余部分采用抵偿形式购买。外方决定购买 yellow cake 的方法出口设备。什么是 yellow cake?译员从未碰到过在这种场合用这个词,但肯定不是蛋糕。根据她在相关企业工作的经验,猜出是反应堆使用的燃料,于是将其译成"燃料"。一位中方专家后来告诉她,中文就叫"黄饼"。这一实例表明了认知知识补充在翻译中的作用。实际上,无论是哪种语言,所有话语都含有每个词的价值和与其结合为一体的知识。无论是口译训练,还是语言进修,都应让学员清楚讲话发生的时间、地点、参加交际的人、相关的情况,否则会导致学员逐字逐句翻译,无法发挥成年人的优势。

4. 口译标准讨论

前面分析了科技口译的特点,为制定科技口译标准奠定了基础。科技口译的特点、讲话人的言语计划、目的语听众的言语期待等是制定科技口译标准的基本参数。忠实和准确是科技口译最基本的标准。

1）正确把握原讲话人意图

按照法国释意派理论，翻译的忠实标准有三个：忠实于原讲话人意图，忠实于目的语表达方式，忠实于听众（Hurtado, 1990：79）。正确理解讲话人的意图是保证翻译质量的首要标准。进一步讲，意图指希望达到某种目的的打算，或前面讲的言语计划，同时又必须根据听讲人的言语期待处理好两者的关系。下面的两种情况同时出现在一次金融业务培训中，如何评价译员的行为是我们思考的重点。

例一，讲话人介绍卖方信贷和法国政府贷款的具体操作技术，由于译员长期在法国银行工作，非常了解此项业务，故在法国专家简短的讲话后她却用了两倍的时间翻译讲话，讲话人几次想继续，但又不知道为什么译员总说不完，只好道歉。实际上，译员以为讲话人可能一带而过，担心听众不明白，故在翻译后又进一步解释其内容。结果是，专家并不知道译员说了些什么，他开始详细解释，解释的内容实际上是译员刚刚讲的内容。此时此刻，译员的面部表情发生了变化，她后悔不该自作主张，提前解释不该由她讲的内容，她显得十分无奈，只好又重复了一遍相同的内容，把听众搞得莫名其妙。理解和把握讲话人意图重在忠实和准确，绝对不能"超前发挥"取代讲话人的位置。

例二，中国专家到一家屠宰场参观，进车间前先同中方人员交谈，了解情况，以便做到有的放矢。他的问题是 Quelle est votre production bovine par an? 译员尚没有完全进入角色，也没有迅速启动认知知识进行分析，将问题直接翻译成"你们的年牛产量是多少？"中方人员理解为所在地区的牛产量，讲出了数字，但法方的技术人员立即摇头，说：Impossible! Je voulais savoir combien de vaches ils peuvent tuer par an.（不可能！我想知道的是他们每年能屠宰多少头牛？）译员恍然大悟，又重新正确地提出了问题。忠实和准确重在内容，而不仅仅是形式上的一致，之所以出现例二中的错误，是因为译员忽视了内容，只是作了形式上的转换。当然，译员没有迅速启动主题知识也是导致误译的另一原因。

2）符合目的语表达方式

使用的语言正确、简洁和清楚是外译中的基本标准。实际上，科技翻译通常使用十分简练的表达方法，例如，在介绍有关核反应堆安全方面的问题时，专家说："Passons l'impact sur le contrôle de la réactivité et sur les accidents de refroidissement, et puis nous allons voir le comportement en réactivité des rayons MOX et l'impact sur l'accident de perte de réfrigérant primaire... "译员的翻译自然也应该做到简洁，不应该因为某些专业方面的问题解释讲话内容："现在讲对反应堆控制和冷却事故的影响，然后看 MOX 吸收棒反应性能及其对反应堆冷却剂丢失事故的影响。"由于译员不是相关领域的专业人士，翻译时有时会使用外行话，甚至是不符合译入语标准的表达方式，套用原语形式，让听众感到莫名其妙。如果将上面的一段讲话翻译成："现在来看对反应堆控制和冷却的影响，然后讲 MOX 源反应时的表现和对冷却剂丢失事故的影响"，专家听众会猜出意思，但会感到很不舒服，因为中文拗口，不完全符合其语言习惯。可以将 appareillage électrique 和 postier 翻译成"电气设备"和"门房"，实际上是指"开关插座"和"对讲系统"。由此可以看出，没有相关知识不行，使用不符合译入语规则的表达方法也不行。

3）言语产出与满足听众的期待

言语理解是从句子的表层结构到深层结构的过程，言语的产出则相反，它是从深层结构到表层结构的过程。言语产出过程首先需要确定哪些信息要表达出来，也即决定（写）说什么，然后再决定这些信息如何表达，也即确定怎么说（写）。确定说什么是一种思维活动，有时是很复杂的思维活动。它受动机、情绪以及当前的任务和情境等主客观因素的制约，还会涉及许多其他非言语的认知过程（王甦、汪安圣，1992：358-359）。随着翻译市场的扩大和多样化，翻译需求方面的差异则成为译员不可忽视的因素。

在口译实践中，我们常听到这样的要求："你不用都翻，告诉我主要内容就可以了！"或"一字不漏地翻给我，我要知道他到底在说什么。不好听的话也要翻"。不同语言社团的人在一起，交际是主要目的，因此，如果制定口译标准，应该考虑听众的愿望，译员可以根据需求"投机取巧"，选择翻译或绝对"忠实"的翻译。由于听众的知识水平不同，翻译的方法则有所不同。专家听一个词可以理解的东西，一般听众可能要听完整整一段话，因此，理解和表达应因人而异。在低压电器行业，直接使用 MCB 和 MCCB，听讲人完全可以理解，但如果是普通百姓，则应该选择"塑壳断路器""空气开关""小型断路器"等易于理解的表达方法；同样，TAS1、TAS2、TAS3 等行话在业内可以照搬，但在客户培训中应该变为"断路器""开关插座""可视对讲系列产品"等，目的是让听众能够充分接受信息，达到预期的目的，所谓"见什么人说什么话"在翻译中是十分必要的。

5. 口译质量评估方法

口译专家胡庚生 1988 年初步探讨了口译效果评价的八种方法，即：现场观察法、自我鉴定法、采访征询法、记录检测法、回译对比法、模拟实验法、考核评定法、"信任"模型法（刘宗和，2001：422）。这些方法可以帮助检测口译的质量，但操作起来似乎有一定的难度。无论采用哪一种方法，考查内容是不可忽视的。为保证评估效果及其客观性，可以将以下内容制成表格，根据翻译的内容和情况随时打分，最后累计分数，得出相对客观的评估结果。

1）**讲话信息或内容转达准确，占总分的 80%**

a.**将内容量化，采用百分制记分**。讲话信息或内容转达准确，占总分的80%，完成 95% 以上内容传达的可以给 70 分，90%-94% 左右给 65 分，89%及以下的可给 60 分，但不能低于 85%，否则双方的交流会受到严重影响。

b.**逻辑性强，概念清楚**。句间衔接自然，上下连贯，表达简明清楚。可以统计原讲话中的关联词、转折词等，然后检查译文翻译情况，以便作出中肯的评价。完成好的可加 5 分。

c.**风格、口吻和语气恰当**。科技翻译并不是平淡、无风采、枯燥无味的代名词，讲话人都有自己的风格，译员要根据讲话内容和讲话人的风格和口吻 处理。一次，法兰西学院的院长来华讲座，题目是"数学与卫星"。当他讲到全球的人可以从卫星上看到中国长城的时候，有人问："你能告诉我们中国的长城在您那张图纸上的位置吗？"院长停顿了一下，微笑着回答："我知道长城就在这张图上，但我不能准确标出其位置。"全场的听众听后都笑了。翻译这样的话语译员不能面无表情。虽然讲座的内容是地道的科技内容，但必要的幽默和风趣应保留，表达圆满的可加 5 分。

2）**翻译表达的准确和流畅程度 (符合目的语表达方式)，占总分的 10%**

a. **衔接速度**。原则上讲，当讲话人结束讲话内容后 3 至 5 秒钟内，译员必须开始翻译，过长的等待会让听众产生焦虑。结束语也要同内容衔接紧密，丢失或忘记结束语均不符合要求。完成很好的给 3 分。

b. **从记录的停顿、重复、卡壳数量看表达的流畅性**。按照职业口译的要求和规律，译员讲话使用的时间通常比原讲话人使用的时间相对短些，主要原因是译员在听讲的过程中已经把握了讲话的主要内容，并借助笔记将其记录下来，当他 / 她重新表达时，已经没有更多的思考。掌握好的可以加 3 分。

c. **记录译员读笔记的次数**。一般情况下，如果读笔记，翻译的效果很可能是蹦词"，很不通畅，而不是表达思想。将讲话长度按 1 分钟计算，不能超过 2 次 / 分钟。没有大问题的可以加 3 分。

d. **口头禅的数量**，绝对不能超出 2 次 / 分钟，否则，听讲人会感到很不舒服。另外，使用的词汇符合业内人士的说法，符合要求的另加 2 分。

3）**满足听众的期待，占总分的 10%**

a. **体裁与听众期待一致**，加 4 分。

b. **重点和非重点、简略程度与听众的要求相吻合**，加 3 分。

c. **译语能够产生与原语一致的内容和情感效果**，加 3 分。

为保证评估的客观性，可以参考刘宗和提出的若干评估办法，邀请不懂外语的听众参与打分，请大会组织者根据听众的反馈打分，让译员自我打分等多种方式，最后综合不同的考评结果，给出平均分。

6. 结论

科技口译有其内在的规律和要求，具有逻辑性强、概念清楚、用词准确表达简练且专业性较强的特点，这就要求译员作好前期的语言和主题准备，利用认知补充弥补专业知识欠缺的先天不足，并尽可能与讲话人接触，清楚了解其言语计划，同听众接触，了解其期待，在翻译过程中充分利用认知知识补充调整和完善知识系统，努力完成翻译任务。由此可见，正确把握原讲话人意图，表达符合目的语规则和习惯，符合行业习惯，满足听众的期待是科技口译质量评估的基本标准。

参考文献

Bell, R. T. (2001). *Translation and Translating*. Beijing: Foreign Language Teaching and Research Press.

Bell, R. T. (1989). *Translation and Translating: Theory and Practice*. London: Longman.

Christoffels, I. K., de Groot, A. M. B., & Kroll, J. F. (2006). Memory and language skills in simultaneous interpreting: Expertise and language proficiency, *Journal of Memory and Language, 54*, 324-345.

Christoffels, I. K., de Groot, A. M. B., & Waldorp, L. J. (2003). Basic skills in a complex task: A graphical model relating memory and lexical retrieval to simultaneous interpreting, *Bilingualism: Language and Cognition, 6*, 201-211.

De Groot, A. M. B. (2000). A complex-skill approach to translation and interpreting. In S. Tirkkonen-Condit, & R. Jääskeläinen (Eds.), *Tapping and Mapping the Processes of Translating and Interpreting*. Amsterdam/Philadelphia: John Benjamins.

Dejean Le Feal, K. (2009). Les phases critiques de la formation en interprétation: approaches didactiques. In C. Laplace, M. Lederer, & D. Gile (Eds.), *La traductionetses métiers, aspects théoriques et pratiques*. Paris/Caen: Lettres Modernes Minard.

Delisle, J. (1988). *Translation: an interpretive approach*. Ottawa: University of Ottawa Press.

Eysenck, M. W., & Keane, M. T. (2002). *Attention and performance limitations*. Cambridge, MA: The MIT Press.

Gile, D. (2000). Issues in Interdisciplinary Research into Conference Interpreting. In B. E. Dimitrova, & K. Hyltenstam (Eds.), *Language Processing and Simultaneous Interpreting*. Amsterdam: John Benjamins.

Gile, D. (1990), L'Evaluation de la qualité de l'interprétation par les délégués: uneétude de cas. *The Interpreters' Newsletter, 3*, 66-71.

Gile, D. (2015), Bulletin N°50, *CIRIN Bulletin*, Conference Interpreting Research Information Network，http://www.cirinandgile.com.

Goudec, D. (2009). *Guide des métiers de la traduction-localisation et de la communication multilingue et multimédia*. Paris: la maison du Dictionnaire.

Hatim, B., I. & Mason, (1997). *The translator as communicator*. London & New York: Routledge.

Ido-Bergerot, H. (2009). L'enseignement de l'interprétation – principeuniversel et connaissances spécifiques. In C. Laplace, M. Lederer, & D. Gile (Eds.), *La traductionetses métiers, aspects théoriques et pratiques*. Paris/Caen: Lettres Modernes Minard.

Jonassen, D. H. (1991). Evaluating constructivistic learning. *Educational Technology, 31*(9), 28-33.

Kiraly, D. C. (2003). A passing fad or the promise of a paradigm shift in translator education? In

B. J. Baer, & G. S. Koby (Eds.), *Beyond the Ivory Tower: Rethinking Translation Pedagogy.* Amsterdam Philadelphia: John Benjamins.

Laplace, C., Lederer, M., & Gile, D. (Eds.). (2009). *La traductionetses métiers, aspects théoriques et pratiques.* Caen: Lettres Modernes Minard.

Lederer, M. (Ed.). (2006). *Le sens en traduction.* Caen: Lettres Modernes Minard.

Löscher, W. (1991). *Translation Performance, Translation Process, and Translation Strategies.* Tübingen: Gunter Narr.

Matsubara, S., Takagi, A., Kawaguchi, N., & Inagaki, Y. (2002). Bilingual Spoken Monologue Corpus for Simultaneous Machine Interpretation Research. *LREC, 1,* 153-159.

Moser-Mercer, B., Lambert, S., & Williams, S. (1997). Skill Components in Simultaneous Interpreting. In Y. Gambier, D. Gile, & C.Taylor (Eds.), *Conference Interpreting: Current Trends in Research: Proceedings of the International Conference on Interpreting--What Do We Know and How?* Amsterdam: John Benjamins Publishing.

Neubert, A. (2000). Competence in language, in languages, and in translation. *Benjamins Translation Library, 38,* 3-18.

Nord, C. (1991). Scopos, loyalty, and translational conventions. *Target, 3*(1), 91-109.

Nord, C. (2008). *La traduction, une activité ciblée: introduction aux approaches fonctionnalistes.* Artois presses université.

PACTE. (2003). Building a translation competence model, In F. Alves (Ed.), *Triangulating Translation: Perspectives in Process Oriented Research* (pp.43-66). Amsterdam/Philadelphia: John Benjamins.

PACTE. (2005). Investigating translation competence: Conceptual and methodological issues, *Meta 50*(2), 609-619.

Pöchhacker, F. (2000). The community interpreter's task: Self-perception and provider views. *BENJAMINS TRANSLATION LIBRARY, 31,* 25-28.

Pöchhacker, F. (2004). *Introducing Interpreting Studies.* London and New York: Routledge.

Pressas, M. (2000). Bilingual competence and translation competence. In C. Shäffner, & B. Adab (Eds.), *Developing Translation Competence* (pp. 19-32). Amsterdam/ Philadelphia: John Benjamins.

Pym, A. (1992). Translation error analysis and the interface with language teaching. In C. Dollerup, & A. Loddegaard (Eds.), *The Teaching of Translation* (pp. 279-288). Amsterdam: John Benjamins.

Sawyer, D. (2011). *Fundamental Aspects of Interpreter Education – Curriculum and Assessment.* Shanghai: Shanghai Foreign Language Education Press.

Schäffner, C. (2000). Running before walking? Designing a translation programme at undergraduate level. In C. Shäffner, & B. Adab (Eds.), *Developing translation competence* (pp.143-156). Amsterdam/ Philadelphia: John Benjamins.

Setton, R. (2001). Deconstructing SI: a contribution to the debate on component processes. *The*

Interpreters' Newsletter, 11, 1-26.

Shreve G. M. (1997), Cognition and the evolution of translation competence. In J. H. Danks *et al.* (Eds.), *Cognitive Process in Translation and Interpreting* (pp.120-136). Thousand Oaks: Sage.

Tohyama, H., & Matsubara, S. (2006). Collection of simultaneous interpreting patterns by using bilingual spoken monologue corpus. *LREC 2006. Italy.*

Tohyama, H., Ryu, K., Matsubara, S., Kawaguchi, N., & Inagaki, Y. (2004). Ciair simultaneous interpretation corpus. *Proceedings of Oriental COCOSDA-2004, 2*, 72-77.

Toury, G. (2001). *Descriptive Translation and Beyond.* Shanghai: Shanghai Foreign Language Education Press.

Xu, Z. Y. (2015). *The Ever-changing Face of Chinese Interpreting Studies: A Social Network Analysis.* PeerJ PrePrints.

Xu, Z. Y., & Archambault, É. (2015). Chinese interpreting studies: structural determinants of MA students' career choices. *Scientometrics, 105*(2), 1041-1058.

Xu, Z. Y. & Pekelis L. (2015). A survey of Chinese interpreting studies: who influences who . . . and why? *PeerJ Computer Science, 1* (e14): 1-43.

Yan, J. X., Pan, J., Wu, H., & Wang, Y. (2013). Mapping interpreting studies: The state of the field based on a database of nine major translation and interpreting journals (2000–2010). *Perspectives, 21*(3), 446-473.

艾赫贝尔，1982，《口译须知》，孙慧双译。北京：外语教学与研究出版社。

鲍川运，2004，大学本科口译教学的定位及教学，《中国翻译》（5），27-31。

鲍川运，2009，翻译师资培训：翻译教学成功的关键，《中国翻译》（2），45-47。

鲍刚，1998，《口译理论概论》。北京：旅游教育出版社。

鲍刚，2005，2011，《口译理论概述》再版。北京：中国对外翻译出版公司。

蔡小红，2001，以跨学科的视野拓展口译研究，《中国翻译》（2），26-29。

蔡小红，2002，《口译研究新探——新方法、新观念、新趋势》。香港：开益出版社。

蔡小红，2007，《口译评估》。北京：中国对外翻译出版公司。

蔡小红，2008，口译互动式教学模式绩效研究，《中国翻译》（4），45-48。

蔡小红、曾洁仪，2004，口译质量评估的历史回顾，《中国翻译》（3），49-54。

陈海庆、咸修斌，1996，语言习得规律与外语教学，《山东外语教学》（2），6-9。

陈菁，1999，交替传译和同声传译的不同能力与子能力表，《新编英语口译教程》。上海：上海外语教育出版社。

陈菁，2009，口译课程设计理论与实践，《中国翻译》暑期教师培训班教材，10。

陈菁，2013，《视译》。上海：上海外语教育出版社。

陈菁、符荣波，2014，国内外语料库口译研究进展（1998—2012）———项基于相关文献的计量分析，《中国翻译》（1），36-42。

陈振东，2010，翻译的伦理：切斯特曼的五大伦理模式，中国学术期刊电子杂志出版社（3），

85-88。

D. 塞莱斯科维奇，1983, *La traduction dans l'enseignement des langues*, Paris: Table ronde de FIT, UNESCO, 刘和平译，1990，语言教学中的翻译问题，《语言教学与研究》，48-53。

D. 塞莱斯科维奇、M. 勒代雷，1990，《口译理论实践与教学》，汪家荣等译。北京：旅游教育出版社。

D. 塞莱斯科维奇、M. 勒代雷，2011，《口译训练指南》，闫素伟、邵炜译。北京：中国对外翻译出版社。

达尼尔·吉尔，2008，《笔译训练指南》，刘和平、郭微微译。北京：中国对外翻译出版社。

达尼尔·葛岱克，2011，《职业翻译与翻译职业》，刘和平译。北京：外语教学与研究出版社。

大卫·B·索亚，2011，《口译教育的基本建构：课程与测试》，柴明颎导读。上海：上海外语教育出版社。

方健壮，1998，口译教学改革刍议，《中国科技翻译》(1)，38-41。

冯百才，1996，《实用法译汉教程》。北京：旅游教育出版社。

弗朗兹·波赫哈克，2010，《口译研究概论》，仲伟合等译。北京：外语教学与研究出版社。

高彬、柴明颎，2009，西方同声传译研究的新发展——一项文献计量研究，《中国翻译》(2)，12-16。

高彬、柴明颎，2013，猜测与反驳——同声传译理论发展路线研究，《中国翻译》(2)，12-16。

桂诗春，1988，《应用语言学》。长沙：湖南教育出版社。

郭建中，2000，《文化与翻译》。北京：中国对外翻译出版公司。

郭兰英，2007，《口译与口译人才培养研究》。北京：科学出版社。

龚光明，2004，《翻译思维学》。上海：上海社会科学出版社。

何其莘，2007，翻译和外语教学，《中国翻译》(4)，11-12。

胡庚申，2009，生态翻译学：译学研究的"跨科际整合"，《上海翻译》(2)，3-8。

贾玉新，1997，《跨文化交际学》。上海：上海外语教育出版社。

蒋勇，2004，语用三角模型对空间复合理论和关联理论的整合，《语言的认知研究——认知语言学论文精选》。上海：上海外语教育出版社。

杰里米·芒迪，2007，《翻译学导论——理论与实践》，李德凤译。北京：商务印书馆。

金堤，1989，《等效翻译探索》。北京：中国对外翻译出版公司。

黎难秋，2002，《中国口译史》。青岛：青岛出版社。

李明秋，2009，《口译能力要素对译员素质培养要求分析》。北京：中国传媒大学出版社。

李瑞林，2011，从翻译能力到译者素养：翻译教学的目标转向，《中国翻译》(1)，47-49。

刘和平，1999，翻译的动态研究与口译训练，《中国翻译》(4)，28-32。

刘和平，2000，再论教学翻译与翻译教学，《中国翻译》(4)，30-44。

刘和平，2001，职业口译程序与翻译教学，《论翻译教学》，刘宗和主编。北京：商务印书馆。

刘和平，2001，口译理论与教学研究现状与展望，《中国翻译》(2)，17-18。

刘和平，2001，口译与翻译学，青岛"译学学科建设专题讨论会"。

刘和平，2002，科技口译与质量评估，《上海科技翻译》（1），33-37。

刘和平，2002，对口译教学统一纲要的理论思考，《中国翻译》（3），56-58。

刘和平，2002，翻译的动态研究与口译训练，《面向 21 世纪的译学研究》，张柏然，许钧主编。北京：商务印书馆。

刘和平，2003，职业口译新形式与口译教学，《中国翻译》（3），32-36。

刘和平，2004，译员在跨文化交流中的新角色：从一家合资企业股份回购谈起，*FORUM*，2003（2），in *L'HARMATTAN*。

刘和平，2004，翻译教学方法论思考，《中国翻译》（3），39-44。

刘和平，2005，口译理论研究成果与趋势浅谈，《中国翻译》（4），71-74。

刘和平，2008，再谈翻译教学体系的构建，《中国翻译》（3），35-39。

刘和平，2008，论口译教学与语言教学的差异及口译教学的系统化，《语文学刊》（5），118-121。

刘和平，2009，论本科翻译教学的原则与方法，《中国翻译》（6），34-41。

刘和平，2009，《法语口译教程》教师用书。上海：上海外语教育出版社。

刘和平，2009，《法语口译教程》学生用书。上海：上海外语教育出版社。

刘和平，2011，翻译能力发展的阶段性及其教学法研究，《中国翻译》（1），37-45。

刘和平，2013，翻译教学模式：理论与应用，《中国翻译》（2），50-55。

刘和平、鲍刚，1994，技能化口译教学法原则——兼论高校口译教学的问题，《中国翻译》（6），20-22。

刘和平、许明，2014，探索全球化时代的口译教育——第九届全国口译大会暨国际研讨会论文集。北京：外语教学与研究出版社。

刘宓庆，2003，《翻译教学——实务与理论》。北京：中国对外出版公司。

刘宓庆，1999，《文化翻译论纲》。武汉：湖北教育出版社。

刘绍龙，2007，《翻译心理学》。武汉：武汉大学出版社。

刘绍龙、王柳琪，2007，对近十年中国口译研究现状的调查与分析，《广东外语外贸大学学报》（1），37-40。

刘润清，2001，《论大学英语教学》。北京：外语教学与研究出版社。

刘润清，2014，大数据时代的外语教育科研，《当代外语研究》（7），1-6。

刘宗和等，2001，《论翻译教学》。北京：商务印书馆。

吕俊，2007，《吕俊翻译学选论》。上海：复旦大学出版社。

M. 勒代雷，2001，《释意学派口笔译理论》，刘和平译。北京：中国对外翻译出版公司。

M. 勒代雷，2010，论翻译学研究方法，刘和平译，《中国翻译》2010（2），11-18。

M. W. 艾森克、M. T. 基恩，2002，《认知心理学》，高定国等译。上海：华东师范大学出版社。

马会娟，2013，《汉译英翻译能力研究》。北京：北京师范大学出版社。

梅德明，1998，《口译教程》。上海：上海外语教育出版社。

苗菊、高乾，2010，构建 MTI 教育特色课程——技术写作的理念与内容，《中国翻译》（2），35-38。

穆雷，1999，《中国翻译教学研究》。上海：上海外语教育出版社。

穆雷，2011，《翻译研究方法概论》。北京：外语教学与研究出版社。

穆雷、邹兵，2014，中国翻译学研究现状的文献计量分析（1992-2013）——对两岸四地近700篇博士论文的考察，《中国翻译》（2），14-19。

潘菽，1983，《教育心理学》。北京：人民教育出版社。

潘菽，1992，《教育心理学》再版。北京：人民教育出版社。

让·德利尔，1998，《翻译理论与翻译教学法》，孙惠双译。北京：国际文化出版公司。

任文，2010，《联络口译过程中译员的主体意识性研究》。北京：外语教学与研究出版社。

邵瑞珍，1990，《学与教的心理学》。上海：华东师范大学出版社。

谭载喜，1999，《新编奈达论翻译》。北京：中国对外翻译出版公司。

谭载喜，2001，《翻译学》。湖北：湖北教育出版社。

田传茂、许明武，2000，试析科技英语中的隐性逻辑关系及其翻译，《中国翻译》（4），56-61。

仝亚辉，2010，PACTE 翻译能力模式研究，《解放军外国语学院学报》（5），88-93。

王斌华、穆雷，2008，口译研究的路径与方法——回顾与前瞻，《中国外语》（2），85-87。

王德春、吴本虎、王德林，1997，《神经语言学》。上海：上海外语教育出版社。

王立弟，2001，翻译中的知识图式，《中国翻译》（2），19-25。

王甦、汪安圣，1992，《认知心理学》。北京：北京大学出版社。

王茜、刘和平，2015，2004-2013 中国口译研究的发展与走向，《上海翻译》（1），77-82。

王寅，2005，认知语言学的翻译观，《中国翻译》（5），15-20。

文军，2004，论翻译能力及其培养，《上海科技翻译》（3），1-5。

文军，2005，《翻译课程模式研究——以发展翻译能力为中心的方法》。北京：中国文史出版社。

夏年生，1986，科技口语翻译临场心理学与专业素养浅谈，《中国翻译》（2），34-40。

肖晓燕，2002，西方口译研究：历史与现状，《外国语》（4），71-76。

许建忠，2009，《翻译生态学》，李亚舒序。北京：中国三峡出版社。

许钧，2003，《翻译论》。武汉：湖北教育出版社。

许钧、穆雷，2009，《翻译学概论》。南京：译林出版社。

许明，2007，口译认知研究的心理学基础，《天津外国语学院学报》（6），69-73。

许明，2010，口译认知过程中"deverbalization"的认知诠释，《中国翻译》（3），5-11。

许明，2012，跨学科视野下的口译能力研究，《中国外语教育》（5），40-69。

许树椿，1984，准确——科技翻译的灵魂，《中国翻译》（2），26-28。

颜林海，2008，《翻译认知心理学》。北京：科学出版社。

颜林海，2014，试论认知翻译操作模式的建构，《外语与外语教学》（2），9-14。

杨承淑，2000，《口译教学研究》。台湾：辅仁大学出版社。

杨鹏，2007，认知心理学视角下的翻译过程探微，《牡丹江师范学院学报》（4），73-75。

杨自俭，2006，《翻译学——一个建构主义的视角》。上海：上海教育出版社。

俞佳乐，2006，《翻译的社会性研究》。上海：上海译文出版社。

俞敬松、王华树，2010，计算机辅助翻译硕士专业教学探讨，《中国翻译》（3），38-42。

张景莹，1986，《大学心理学》。北京：清华大学出版社。

张美芳，2002，语篇语言学与翻译研究，《中国翻译》(3)，3-7。

张美芳，2005，《翻译研究的功能途径》，上海：上海外语教育出版社。

张梦井，2007，《比较翻译概论》，武汉：湖北教育出版社。

张威，2009，口译语料库的开发与建设：理论与实践的若干问题，《中国翻译》(3)，54-59。

《中国翻译》编辑部，1987，《科技翻译技巧论文集》。北京：中国对外翻译出版公司。

仲伟合，2003，译员的知识结构与口译课程设置，《中国翻译》(4)，63-65。

仲伟合，2006，翻译专业硕士（MIT）的设置——翻译学学科发展的新方向，《中国翻译》
(1)，32-35。

仲伟合，2007，口译课程设置与口译教学原则，《中国翻译》(1)，52-53。

仲伟合，2011，高等学校翻译专业本科教学要求，《中国翻译》(3)，20-24。

仲伟合，2012，《口译研究方法论》。北京：外语教学与研究出版社。

仲伟合、贾兰兰，2015，中国口译研究的发展和研究走向浅析——项基于国内口译研究博士
论文的分析，《中国翻译》(2)，17-25。

附件1：部分口译研究参考书目（专著／论文集／译著）

爱布茹·迪利克，2010，《脱离／再入语境的同声传译》（第2辑），戴惠萍译。上海：上海外语教育出版社。

艾赫贝尔，1982，《口译须知》，孙慧双译。北京：外语教学与研究出版社。

鲍刚，2005，《口译理论概述》再版。北京：中国对外翻译出版公司。

贝尔托内，2008，《巴别塔揭秘：同声传译与认知、智力和感知》。北京：外语教学与研究出版社。

蔡小红，2002，《口译研究新探——新方法、新观念、新趋势》。香港：开益出版社。

蔡小红，2007，《口译评估》。北京：中国对外翻译出版公司。

陈菁，2005，《口译交际过程中的跨文化噪音》。北京：外文出版社。

D. 塞莱斯科维奇，1979，《口译技巧》，孙慧双译。北京：北京出版社。

D. 塞莱斯科维奇，1979，《口译技艺：即席口译与同声传译经验谈》，黄维忻等译。上海：上海翻译出版公司。

D. 塞莱斯科维奇、M. 勒代雷，1990，《口译理论实践与教学》，汪家荣等译。北京：旅游教育出版社。

D. 塞莱斯科维奇、M. 勒代雷，1992，《口笔译概论》，孙慧双译。北京：北京语言大学出版社。

D. 塞莱斯科维奇、M. 勒代雷，2011，《口译训练指南》，闫素伟、邵炜译。北京：中国对外翻译出版公司。

冯建中，2007，《口译实例与技巧》。太原：书海出版社。

弗朗兹·波赫哈克，2010，《口译研究概论》，仲伟合等译。北京：外语教学与研究出版社。

郭兰英，2007，《口译与口译人才培养研究》。北京：科学出版社。

胡庚申，1993，《怎样学习当好译员》。北京：中国科学技术大学出版社。

胡开宝、郭鸿杰，2007，《英汉语言对比与口译》。大连：大连理工大学出版社。

蒋凤霞、潘速，2010，《交际法测试理论指导下的口译测试模式研究》。吉林：吉林大学出版社。

黎难秋，2002，《中国口译史》。青岛：青岛出版社。

李逵六，1994，《口译——理论与实践、语言与交际》。北京：外语教学与研究出版社。

刘和平，2001，《口译技巧——思维科学与口译推理教学法》。北京：中国对外翻译出版公司。

刘和平，2005，《口译理论与教学》。北京：中国对外翻译出版公司。

刘和平、许明，2014，《探索全球化时代的口译教育——第九届全国口译大会暨国际研讨会论文集》。北京：外语教学与研究出版社。

刘宓庆，2004，《口笔译理论研究》。北京：中国对外翻译出版公司。

吕国军，2005，《口译与口译教学研究》。北京：外语教学与研究出版社。

M. 勒代雷，2001，《释意学派口笔译理论》，刘和平译。北京：中国对外翻译出版公司。

琼·赫伯特，1984，《高级口译手册》，张晨君编译。北京：北京出版社。

邱鸣、潘君寿、张文，2009，《同声传译与翻译教学研究》。北京：中国传媒大学出版社。

任文，2010，《联络口译过程中译员的主体意识性研究》。北京：外语教学与研究出版社。

任文，2012，《全球化时代的口译——第八届全国口译大会暨国际研讨会论文集》。北京：外语教学与研究出版社。

孙婷婷，2014，《中国政府记者招待会中口译员的角色研究》。北京：外语教学与研究出版社。

铁军，2007，《通向翻译的自由王国：日语同声传译及翻译教学研究》。北京：中国传媒大学出版社。

王恩冕，2008，《进入 21 世纪的高质量口译》。北京：外语教学与研究出版社。

吴文梅，2015，《口译过程认知心理模型构建》。厦门：厦门大学出版社。

夏菊芬，2008，《日语高级口译研究》。北京：对外经济贸易大学出版社。

徐亚男、李建英，1998，《外事翻译口译和笔译技巧》。北京：世界知识出版社。

杨承淑，2005，《口译教学研究——理论与实践》。北京：中国对外翻译出版公司。

杨承淑，2010，《口译的讯息处理过程研究》。天津：南开大学出版社。

曾传生，2010，《英语同声传译概论》。北京：北京大学出版社。

张坤鹏、韦红佩，1993，《口译知识与技巧》。南宁：广西教育出版社。

张威，2011，《口译认知研究：同声传译与工作记忆的关系》。北京：外语教学与研究出版社。

张文，2006，《口译理论研究》。北京：科学出版社。

仲伟合，2012，《口译研究方法论》。北京：外语教学与研究出版社。

仲伟合，2010，《口译在中国：新趋势与新挑战（第七届全国口译大会暨国际研讨会论文集）》。北京：外语教学与研究出版社。

周兆祥、陈育沽，1984，《口译的理论与实践》。北京：商务印书馆。

附件 2：部分翻译研究刊物及网址

Babel: http://www.benjamins.nl/cgi-bin/t_seriesview.cgi?series=babel

CIRIN: http://perso.wanadoo.fr/daniel.gile/Bulletin[26].htm

Forum: https://www.forumtranslation.com/

Interpretation Studies: http://www.cl.aoyama.ac.jp/ ～ someya/19-JAIS

Interpreting: http://www.benjamins.com/cgi-bin/t_seriesview.cgi?series=INTP

Journal of interpretation: http://www.interpnet.com/nai/Publications/Journal_of_Interpretation_
　　Research/nai/_publications/Journal_of_Interpretation_Research.aspx?hkey=4b57b935-

Meta: http://www.erudit.org/revue/meta/2016/v61/n2/index.html

Target: http://www.benjamins.com/cgi-bin/t_seriesview.cgi?series=Target

The Translator: http://www.tandfonline.com/toc/rtrn20/current

《中国翻译》：http://www.zgfyzz.com/

《中国科技翻译》：http://zgkjfy.qikann.com/X

《上海翻译》：http://shfy.qikann.com/

《外语教学与研究》：http://www.fltr.ac.cn:8080/wyjxyj/CN/volumn/current.shtml

《外语与外语教学》：http://www.wyywyjx.com/

《东方翻译》：http://www.ejtrans.com/